Advanced Language Learning

● ● ●

吉田 泉
Izumi Yoshida

本気で学ぶ

中・上級

フランス語

フランス語の総合力をアップさせる
中・上級者のための本格的な学習書

無料音声
ダウンロード付

ベレ出版

はじめに

― 戦争が終わったら、またフーケで会おうな。
― いいとも。どっちの側だ？ シャンゼリゼ、それともジョルジュサンクの側？
― ジョルジュサンクの側だ。

（レマルク『凱旋門』）

　コロナ禍がようやく終息に近づきつつある昨今、レマルクの大ベストセラーとなったこの小説の一節をよく思い出します。この小説では、主人公とその友だちが戦争でこれからまた別れ別れになるのですが、運よく生き延びたら、またパリ凱旋門わきのフーケのオープンカフェで、待ち合わせるともなくブラッと再会しようぜ、と言い合っているシーンです。私はこの会話がどういうわけかとてもパリらしく感じられて好きです。

　フーケは今では高級レストランのようになってしまいましたが、小説に書かれたころはきっと普通のカフェだったのでしょう。二つの通りに面しているので、シャンゼリゼ、それともジョルジュサンクの側、と場所を質問しているのです。ここ数年のコロナで人々はパリから去っていき、しかし終息とともにまた帰ってくるのでしょう。上の引用のようなセリフとともに別れ、そしてまた出会う人々も、もしかしたらいるかもしれません。

　私はコロナの始まりとともにフランス語の会話集を書き、途中もう一冊表現集を書き、今回終息とともに中・上級の文法書を出すことになりました。この間、みなさんはフランスへ旅をしなかったかもしれませんが、このような本の中での旅もまた可能であったとしたら、とても嬉しく思います。そしてコロナの終焉の結果、ジョルジュサンクの側であなたが現実に誰か友人と会えたなら、それもまた私にとっても嬉しいことです。

　私は自分が文法の本を書くことはないと、これまで思っていました。文法書の柄ではないと思っていました。しかし書き進めながら、思い出は、自然に初めて

正式にフランス語の文法に出会った駒場の学生時代に遡りました。まだ世間は学生紛争の余熱が感じられるころで、きちんと文法など勉強する雰囲気は全体としてありませんでした。しかし大きな夢も抱いていたころですから、実はやや独学でのフランス語文法も楽しかったといえば楽しかったことになります。

　今回、私は初心に帰り、もう一度フランス語文法を学び直すつもりで一歩一歩進みました。そしてフランス語がいかに論理的な美しい言語であるかを、今更ながら痛感しました。「明晰でないものはフランス的でない」という言葉にあるように、フランスは多くのすぐれた哲学者を生んだ国でもあります。出来あがった本を振り返ってみると、図らずも動詞と代名詞の分野にかなりのページを割いたことがわかりますが、ある言語が論理的であるとは、その動詞と代名詞の体系が整っていることになるのかもしれません。

　コロナは去りつつあり、ここにまた新たに文法書を上梓するということになりました。私は一人でも多くのフランス語愛好者のかたが、親しみをもってフランス語文法に接し、文法を全体的にとらえながら、解りやすく学習を進められるようにとの祈りをこめて、この本を書きました。一面では独学している人を想定して、その人に語りかけつつ書いたとも言えるかもしれません。独学であってもなくても、かつての私のように楽しいフランス語体験をしていただけるよう、心より願っています。最後になりましたが、一時帰国の間際にもかかわらず、今回もまた音声収録を快く引き受けてくれた Nathalie Lo Bue さんに感謝します。

吉田　泉

4

ダウンロード音声について

　本書の「A 用法」のフランス語音声（フォルダ 1）、「D 暗唱例文」のフランス語と日本語訳（フォルダ 2）、フランス語例文の後にリピーティングポーズが入った音声（フォルダ 3）の 3 種類の音声があります。

　　フォルダ 1　A 用法 [フランス語] 音声
　　フォルダ 2　D 暗唱例文 [フランス語＋日本語] 音声
　　フォルダ 3　D 暗唱例文 [フランス語＋ポーズ] 音声

①　「ベレ出版」ホームページ内、『本気で学ぶ中・上級フランス語』の詳細ページにある「音声ダウンロード」ボタンをクリック。
　　（URL は https://www.beret.co.jp/books/detail/839）
②　8 ケタのコードを入力してダウンロード。

　　　　ダウンロードコード　　**f7WTeZeh**

《注意》こちらのサービスはパソコンからのダウンロードをお勧めします（スマートフォン、タブレットからのダウンロード方法については、小社では対応しておりません）。

＊ダウンロードされた音声は MP3 形式となります。zip ファイルで圧縮された状態となっておりますので、解凍してからお使いください。

＊zip ファイルの解凍方法、iPod 等の MP3 携帯プレイヤーへのファイル転送方法、パソコン、ソフトなどの操作方法については、メーカー等にお問い合わせくださるか、取扱説明書をご参照ください。小社での対応はできかねますこと、ご理解ください。

＊CD 再生機器しかお持ちでない方へ。本書のダウンロード音声を入れた CD も販売しております。小社ホームページのお問い合わせフォーム、もしくはお電話でご注文ください。ご注文いただいてから発送まで 2 週間ほどかかります。《書店での取り扱いはございません》

＊本サービスは予告なく終了する場合がございます。

☞ 音声の権利・利用については、小社ホームページ内 [よくある質問] にてご確認ください。

第1章

動詞をめぐって

01 直説法

1 ● 直説法現在形

A　用法

❶TRACK_001

1 〈現在の習慣〉を表します。

Je **prends** mon bain tous les soirs.

私は毎晩お風呂に入ります。

Elle **sort** souvent avec lui.

彼女はよく彼と出かけます。

André **fréquente** les cinémas.

アンドレはよく映画に行く。

2 〈Si（「もし」＝ If）の節中で未来〉を表します。

Si tu **viens**, nous irons ensemble.

もし君が来れば一緒に行きましょう。

S'il **neige** demain, je pourrai faire du ski.

もし明日雪なら、スキーができるな。

Si je **suis** riche un jour, j'achèterai un château en France.

もしいつか金持ちになったら、フランスにお城を買うだろう。

3 〈過去から現在まで続いている行為〉を表します。

J'**habite** à Paris depuis l'année dernière.

私は昨年からパリに住んでいます。

Il ne **boit** plus depuis son opération.

彼は手術以来、酒をもう飲まなくなった。

Depuis combien de jours **est**-elle absente?

彼女は何日前から休んでいるの？

4 〈現在行われている行為や状態〉を表します。

Il **voyage** en avion maintenant.

彼は、今飛行機で旅行中です。

Tu **es** où?

君、どこにいるの？

À qui **penses**-tu?

誰のことを考えているの？

5 〈一般的な事実や真実など〉を表します。

Les Français **aiment** le vin.

フランス人はワインが好きです。

Cette maladie n'**est** pas contagieuse.

この病気は感染しません。

La paix **est** toujours difficile à maintenir.

平和というものはいつも維持しがたいものだ。

B 解説

🍓 ひとくちメモ

英語では時や条件を表す副詞節では未来形を使わないという規則があります
がフランス語では Si（もし～なら）に限られます。

Appelle-moi aussitôt que tu **seras** prêt.

（用意が出来しだい呼んでね。）

aussitôt que ～（～しだい）は時を表す副詞節ですが tu **seras** と直説法単純
未来形を使っています。

1 〈現在の習慣〉を表します。

Je **prends** mon bain tous les soirs.
　私は毎晩お風呂に入ります。

tous les soirs（毎晩）という現在の習慣です。

Elle **sort** souvent avec lui.
　彼女はよく彼と出かけます。

souvent（しばしば）という現在の習慣です。

2 〈Si（「もし」＝ If）の節中で未来〉を表します。

Si tu **viens**, nous irons ensemble.
　もし君が来れば一緒に出かけましょう。

viens は venir（来る）の現在形、irons は aller（行く）の単純未来形です。tu **viens**（君が来る）のは未来のことですが、Si の中では未来のことであっても未来形を使いません。

S'il **neige** demain, je pourrai faire du ski.
　もし明日雪なら、スキーができるな。

neige（雪が降る）は Si の節の中だから未来のことですが現在形、pourrai は主節ですから pouvoir「できる」の単純未来形を使います。

3 〈過去から現在まで続いている行為〉を表します。

J'**habite** à Paris depuis l'année dernière.
　私は昨年からパリに住んでいます。

（＝ I have lived in Paris since last year.）

英語なら現在完了形（継続）を用いる場面ですが、フランス語には現在完了形はありません。現在形で代用します。

1

Il ne **boit** plus depuis son opération.

彼は手術以来、酒をもう飲まなくなった。

(= He has not drunk any more since his operation.)

ne **boit** plus で（もう飲まない）です。飲まない状態が継続しています。

4 〈現在行われている行為や状態〉を表します。

Il **voyage** en avion maintenant.

彼は、今飛行機で旅行中です。　　　（= He is traveling by plane now.）

英語なら現在進行形を用いる場面ですが、フランス語には現在進行形はありません。現在形で代用します。（ちなみに過去進行形もありません。）

Tu **es** où?

君、どこにいるの？

「～にいる」という現在の状態をいっています。携帯で話しているのでしょう。

5 〈一般的な事実や真実など〉を表します。

Les Français **aiment** le vin.

フランス人はワインが好きです。

一般的な事実にあたります。

Cette maladie n'**est** pas contagieuse.

この病気は感染しません。

科学的な真実にあたります。

C 練習問題

次のカッコ内の動詞を現在形に直し、和訳してください。

また5種類（〈現在の習慣〉〈Siの節中で未来〉〈過去から現在まで続いている行為〉〈現在行われている行為や状態〉〈一般的な事実や真実など〉）のどの〈用法〉にあたるかを言ってください。

1 Si nous (prendre) un taxi, nous arriverons à temps.
   和訳：

2 Tu (faire) toujours la même erreur.
   和訳：

3 Depuis quand (être)-il ici?
   和訳：

4 On (boire) beaucoup de bière en Allemagne.
   和訳：

5 Je le (voir) chaque jour.
   和訳：

6 Je (étudier) l'anglais depuis longtemps. (J' で始めてください。)
   和訳：

7 Ne faites pas de bruit, il (dormir).
   和訳：

8 S'il (pleuvoir) demain, le match sera annulé.
   和訳：

9 L'argent ne (faire) pas le bonheur.
   和訳：

10 A qui (penser)-vous?
   和訳：

D 暗唱例文

① André **fréquente** les cinémas.

アンドレはよく映画に行く。

② Si tu **viens**, nous irons ensemble.

もし君が来れば一緒に行きましょう。

③ J'**habite** à Paris depuis l'année dernière.

私は昨年からパリに住んでいます。

④ À qui **penses**-tu?

誰のことを考えているの？

⑤ Cette maladie n'**est** pas contagieuse.

この病気は感染しません。

E さらに発展

1 現在形は会話で近い未来を表します。

J'arrive! 今行きます。（玄関にお客さんが来た時）

Je descends! 降ります。（混んでいる電車で）

2 小説などで過去時制の中で急に現在形が出てきたら、語り手の内的独白を表すことがあります。

—Elle a ouvert la porte, mais **qu'est-ce qu'elle attend** maintenant?

（彼女はドアを開けた。だが今度は**何を待っているんだろう**？）

（Elle a ouvert la porte（ドアを開けた）のは複合過去で書かれています。下線部の現在形がこの用法です。）

2 ● 直説法複合過去形

1　口語的な過去形として用います。

Il **a dit** ça un jour.
　彼はいつかそう言いましたよ。

J'**ai perdu** mon portefeuille.
　私は財布をなくしました。

Je **suis allé** au cinéma hier soir.
　私は昨夜映画に行きました。

Elle **a acheté** ces oranges.
　彼女はこれらのオレンジを買いました。

Il **a téléphoné** ce matin.
　彼は今朝電話をしました。

Elles **ont chanté** très bien.
　彼女たちはとてもうまく歌いました。

Nous **sommes sortis** ensemble il y a une semaine.
　私たちは1週間前一緒に出かけました。

Avez-vous **vu** ce film?（倒置疑問文）
　あなたはあの映画を見ましたか？

Je **me suis promené** cet après-midi.（代名動詞）
　私は今日の午後散歩しました。

Elle **s'est couchée** très tard hier soir.（代名動詞）
　彼女は、昨夜はとても遅く寝ました。

16

2　（英語の）現在完了的な意味を持つことがあります。

J'ai été à Paris plusieurs fois.

　　私は何度もパリに行ったことがあります。（経験）

On **a gâté** cet enfant.

　　この子は甘やかされている。（結果）

Il n'**a** pas encore **fini** son travail.

　　彼はまだ仕事を終えていません。（完了）

3　未来を表すことがあります。

Si tu **as fini** ton devoir, tu joueras dehors.

　　君は宿題を終えたら外で遊びなさい。

Si demain l'état **a empiré**, vous me rappellerez.

　　もし明日容態が悪くなったら、そう言ってください。

4　過去の時制の中で限定された期間においての継続を表します。

J'ai étudié l'allemand pendant six ans.

　　僕はドイツ語を 6 年間勉強しました。

Pendant cinq ans, il m'**a**, soir et matin, **regardé** travailler.

　　5 年間、彼は朝も夜も私が働くのを見てきたのです。

B　解説

🍓 ひとくちメモ

1）複合過去形は話者の記憶にある経験を事実として述べる時制と言われ、
主観的に現在と繋がりを持っています。

　（それに対して単純過去形は過去を客観的に描きます。ただし単純過去形
は使われなくなり、今日では複合過去が常に会話では用いられます。）

Aujourd'hui, maman **est morte**. Ou peut-être hier, je ne sais pas.

（今日、ママンが死んだ。あるいは昨日かもしれないが僕にはわからない。—『異邦人』）

この小説全体が複合過去で書かれているのは、画期的だったとも言えます。それだけ主人公の内面が迫ってきます。

2）il と elle が主語となっている複合過去形（avoir ＋（過去分詞）の形のもの）の倒置疑問文は、次のように（主語）と（助動詞 a）のあいだに t を入れハイフン（トレデュニオン）で結びます。

Il **a gagné** le match? → **A-t-il gagné** le match?
（彼はその試合に勝った？）

Elle **a acheté** des fraises? → **A-t-elle acheté** des fraises?
（彼女はイチゴを買いましたか？）

また人名が入ったときは次のようにします。

Marie **a joué** au tennis? → Marie **a-t-elle joué** au tennis?
（マリーはテニスをしましたか？）

Jean **a tiré** au flanc? → Jean **a-t-il tiré** au flanc?
（ジャンはさぼったの？）

1　口語的な過去形として用います。

J'**ai perdu** mon portefeuille.
私は財布をなくしました。

avoir（持つ）の現在形 ai に perdre（なくす）の過去分詞 **perdu** をつけます。まるで英語の現在完了形の形です。したがって常に現在が意識された過去形といえます。

Je **suis allé** au cinéma hier soir.
私は昨夜映画に行きました。

être（である）の現在形 **suis** に aller（行く）の過去分詞 **allé** をつけます。《être ＋過去分詞》で複合過去形をつくる動詞は以下のものです。

> aller, venir, arriver, sortir, monter, descendre, partir, sortir, rester, naître, mourir, passer, tomber, retourner, rentrer, devenir, etc.

これらの動詞の特徴は

1）自動詞
2）【移動】の意味
3）【ある状態から別の状態に移る】ことを意味する

となります。例えば

> Il **est tombé** amoureux.「彼は恋に落ちた」

恋に落ちる前と後では彼の世界（彼の状態）が変わったことは想像にかたくありません。

また例えば déménager「引っ越す」の助動詞は《動作》を表す時は avoir、《状態》を表す時は être を用います。

> Il **a déménagé** à Londres.（彼はロンドンに引っ越した。）
> Il **est déménagé** à Tokyo.（彼は東京に引っ越している。）

Elle **a acheté** ces oranges.
　彼女がこれらのオレンジを買いました。

---

avoir の現在形 **a** に acheter（買う）の過去分詞 **acheté** をつけます。

Nous **sommes sortis** ensemble il y a une semaine.
　私たちは 1 週間前一緒に出かけました。

être の現在形 **sommes** に sortir（出かける）の過去分詞 **sorti** をつけます。ただしこの時、主語が nous「私たち」と複数ですから過去分詞の **sorti** には複数の s がつきます。もしこの nous が女性複数形なら sorti にはまず e をつけてから複数の s をつけます。したがって

Nous **sommes sorties** ensemble il y a une semaine.

il y a ～（～前に）は過去を示す副詞句です。

Avez-vous **vu** ce film?
あなたはあの映画を見ましたか？

Vous **avez vu** ce film. を倒置疑問文にしたもので Vous と **avez** を逆にして
ハイフンを入れます。

Je **me suis promené** cet après-midi.（代名動詞）
私は今日の午後散歩しました。

---

promener「散歩させる」という意味ですから se promener「自分を散歩さ
せる」＝「散歩する」となり、この se は直接目的語となりますから、このとき
promener の過去分詞 **promené** は主語の性と数に応じて変わります。

もし Je が女性なら

Je **me suis promenée** cet après-midi.

また主語 Nous が全員男性なら

Nous **nous sommes promenés** cet après-midi.

また主語 Nous が全員女性なら

Nous **nous sommes promenées** cet après-midi.

また主語 Nous が男性と女性なら（全員男性扱いと同じになります）

Nous **nous sommes promenés** cet après-midi.

（過去分詞の一致については〈第4章 過去分詞の一致をめぐって〉を参照し
てください。）

Elle s'est couchée très tard hier soir.（代名動詞）

彼女は、昨夜はとても遅く寝ました。

Elle s'est couchée（彼女は寝た）は Elle se couche の複合過去形です。s' が直接目的語で女性を指すので coucher（寝かせる）の過去分詞 couché に e がつきます。

2　（英語の）現在完了的な意味を持つことがあります。

J'ai été à Paris plusieurs fois.

私は何度もパリに行ったことがあります。（経験）

été は être の過去分詞ですからここは I have been to Paris several times. にそっくりです。現在完了の《経験》と考えられます。

On a gâté cet enfant.

この子は甘やかされている。（結果）

On は一般主語で単数扱いになります。gâté は「ダメにする」で子供に用いて「甘やかす」です。行為の結果としてそうなっているというニュアンスです。

Il n'a pas encore fini son travail.

彼はまだ仕事を終えていません。（完了）

Il a fini son travail. を否定文にしてものです。助動詞 a を ne 〜 pas で挟みます。ne ＋ a ＋ pas → n'a pas は母音消失です。pas encore で（まだ〜していない）となります。

3 未来を表すことがあります。

Si tu as fini ton devoir, tu joueras dehors.
　君は宿題を終えたら外で遊びなさい。

　tu **as fini** は複合過去形ですが joueras（jouer（遊ぶ）の単純未来形）の前に完了している時制（前未来）を表します。この意味で複合過去形は前未来形の代用をしています。

（前未来形については 第 1 章 01 直説法 8 前未来 を参照してください。）

4 過去の時制の中で限定された継続を表します。

J'ai étudié l'allemand pendant six ans.
　僕はドイツ語を 6 年勉強しました。

　pendant six ans（6 年間）は過去の時制の中で限定された継続の期間ですから、このときは複合過去形が使われます。そしてこの表現には【今はドイツ語を勉強していないこと】が含まれます。

C 練習問題

(1) 次のカッコ内の動詞を複合過去形に直して和訳してください。

1　Vous (voir) cette exposition hier après-midi.
　　和訳：

2　Nous (oublier) de poster notre lettre.
　　和訳：

3　Je (rendre) visite à ma mère. (J' で始めてください。)
　　和訳：

4　Hier elle (faire) du tennis.
　　和訳：

5　Je lui (répondre) par téléphone.
　　和訳：

6 Tu (parler) à Monsieur Kondo?

和訳：

7 Qu'est-ce qu'ils (manger) au restaurant?

和訳：

8 Hier soir, je (se coucher) très tôt.

和訳：

9 Hier matin, je (se lever) très tard.

和訳：

(2) 次のカッコ内の動詞を使って、例にならって複合過去形の倒置形疑問文を
作って和訳してください。

　　例　(Comprendre) -vous son discours?
　　　　　　　→ Avez-vous compris son discours?

1 (Voir)-tu ce film?

和訳：

2 (Réussir)-il à son examen?

和訳：

3 Combien (payer)-vous cette cravate?

和訳：

D 暗唱例文

⑥ J'ai **perdu** mon portefeuille.

私は財布をなくしました。

⑦ Je **suis allé** au cinéma hier soir.

私は昨夜映画に行きました。

⑧ Nous **sommes sortis** ensemble il y a une semaine.

私たちは 1 週間前一緒に出かけました。

⑨ **Avez**-vous **vu** ce film?

あなたはあの映画を見ましたか？

⑩ Je **me suis promené** cet après-midi.

私は今日の午後散歩しました。

⑪ J'ai **été** à Paris plusieurs fois.

私は何度もパリに行ったことがあります。

⑫ On **a gâté** cet enfant.

この子は甘やかされている。

⑬ Si tu **as fini** ton devoir, tu joueras dehors.

君は宿題を終えたら外で遊びなさい。

⑭ J'ai **étudié** l'allemand pendant six ans.

僕はドイツ語を 6 年間勉強しました。

E さらに発展

［動作の素早さ］を強調して複合過去形を用いることがあります。

J'ai **fini** dans un instant.

（すぐ終えてしまいます。）

Dix secondes, et je **suis arrivée**!

（あっという間に着いてしまうわ。）

3●直説法半過去形

A 用法　　　　　　　　　　　　　🔈TRACK_003

1　過去の事実・状態などを表します。

Autrefois, les Romains **étaient** un grand peuple.
かつてローマ人は偉大な国民でした。

Sa voiture **était** rouge, mais maintenant il a une voiture bleue.
彼のクルマは以前は赤でしたが今は青のクルマを持っています。

Picasso **avait** assurément du talent.
ピカソは確かに才人でした。

2　過去の習慣・反復などを表します。

Il **venait** chaque jour me dire des mots d'amour.
彼は毎日私のところに愛の言葉を言いにきたものです。

Elle **avait** l'habitude de parler à voix haute.
彼女は大きな声で話す習慣でした。

Je **buvais** trop, et j'**avais** mal à la tête.
私はよく飲みすぎては頭痛がしたものでした。

3　過去進行形として用います。（複合過去形と組み合わせて。）

Quand je suis arrivé chez moi, ma femme **prenait** une douche.
私が家に着いた時、妻はシャワーを浴びていました。

Quand il m'a téléphoné, je **travaillais** dur.
彼が電話してきた時、私は猛勉強中でした。

Je **lisais** quand elle est entrée.

彼女が入って来た時、私は読書をしていました。

4 過去における現在を表します。

Elle m'a demandé si je l'**aimais**.

彼女は私に、愛しているの？と聞きました。

Il a voulu savoir comment je **travaillais**.

彼は私がどう勉強しているかを知りたがりました。

Ils ont déclaré qu'ils **voulaient** me demander un conseil.

私にアドバイスがほしいと、彼たちはきっぱりと言いました。

Je lui ai dit que je **partais** bientôt.

近いうちに出発すると彼に言っておきました。

5 「～しようとしていた」「～するところだった」の意味で使います。

Je **sortais**.

今出ようとしていたところです。

J'**achevais** mon droit en 2011 à Paris.

私は 2011 年にパリで法律の勉強を終えようとしていました。

B 解説

🍓 ひとくちメモ

半過去形動詞の語尾は　je -ais, tu -ais, il(elle) -ait,

nous -ions, vous -iez, ils(elles) -aient

となるので比較的見分けやすい語尾です。感情の陰影をもっとも表す時制だと言われています。

1　過去の事実・状態などを表します。

Sa voiture **était** rouge, mais maintenant il a une voiture bleue.

彼のクルマは以前は赤でしたが今は青のクルマを持っています。

　Sa voiture **était** rouge（彼のクルマは以前は赤でした）は過去の事実を表しています。**était** は être の半過去形です。

Picasso **avait** assurément du talent.

ピカソは確かに才人でした。

　Picasso **avait** assurément（ピカソは確かに持っていた）は過去の状態を表しています。**avait** は avoir の半過去形です。

2　過去の習慣・反復などを表します。

Il **venait** chaque jour me dire des mots d'amour.

彼は毎日私のところに愛の言葉を言いにきたものです。

　Il **venait** chaque jour...（毎日きたものです）は過去の反復を表しています。**venait** は venir の半過去形です。

Elle **avait** l'habitude de parler à voix haute.

彼女は大きな声で話す習慣でした。

　Elle **avait** l'habitude（彼女は習慣を持っていた）はまさに過去の習慣を表しています。à voix haute（大きな声で）です。à voix basse（小さな声で）も知っておきましょう。

3　過去進行形として用います（複合過去形と組み合わせて。）

Quand je suis arrivé chez moi, ma femme **prenait** une douche.

私が家に着いた時、妻はシャワーを浴びていました。

ma femme **prenait** une douche（妻はシャワーを浴びていました）は過去進行形を表します。Quand je suis arrivé chez moi（私が家に着いた時）という複合過去形が過去のある一時点を示し、そのときにおいて進行中の事柄を表しています。

prendre（取る）の半過去形 **prenait** もよく使われます。

4　過去における現在を表します。

> ### Elle m'a demandé si je l'**aimais**.
> 彼女は私に、愛しているの？と聞きました。

Elle m'a demandé: "Tu m'aimes?"（彼女は私に聞いた、「あなたは私を愛しているの？」）という直接話法を間接話法にするときには、セリフの現在形の部分を半過去形にします。また Tu と m' も je と l' と変え si je l'**aimais**（aimer の半過去形）（私が彼女を愛しているかどうか）となります。この部分が過去における現在ということになります。

> ### Il a voulu savoir comment je **travaillais**.
> 彼は私がどう勉強しているかを知りたがりました。

savoir（知る）の目的語として comment je **travaillais**（travailler の半過去形）（私がどのように勉強しているか）が続いています。語順は平叙文の語順と同じです。そしてこの部分が過去における現在ということになります。

> ### Je lui ai dit que je **partais** bientôt.
> 近いうちに出発すると彼に言っておきました。

Je lui ai dit: "Je pars bientôt."（私は彼に言った、「僕は近いうちに出発するよ」）を間接話法にしたものです。Je pars. は現在形ですが、近い未来を表すので（近いうちに出発する）という訳になります。これも広い意味では過去における現在といってもよいでしょう。

5 「～しようとしていた」「～するところだった」の意味で使います。

Je **sortais**.

今出ようとしていたところです。

sortais（sortir（出る）の半過去形）も英語にすれば過去進行形で表現することになるでしょうが、過去の継続や状態というよりも、過去の継続や状態が今終わろうとしていることを示します。

J'**achevais** mon droit en 2011 à Paris.

私は 2011 年にパリで法律の勉強を終えようとしていました。

過去の継続や状態が今（ここでは今は 2011 年の時点ということになります）終わろうとしていることを示します。**achevais**（終える）です。

C 練習問題

(1) 次のカッコ内の動詞を半過去形に直して和訳してください。

1 Nous (faire) ce travail une fois par semaine.

和訳：

2 L'année où je suis allé là-bas, il y (avoir) M. Cadot.

和訳：

3 Elle ne (vivre) que pour l'argent.

和訳：

4 Le livre que j'ai lu (être) intéressant.

和訳：

5 Elle m'a demandé si je (aimer) la France.

和訳：

（2）次のカッコ内の動詞を半過去形か複合過去形に直して和訳してください。

1 Je (quitter) la salle pendant qu'elle (lire).

和訳：

2 Lorsqu'ils (arriver), je (jouer) au tennis.

和訳：

3 Tandis que je (se promener), il (commencer) à pleuvoir.

和訳：

4 Cette nuit-là je (dormir), quand je (sentir) le tremblement de terre.

和訳：

5 Ils (venir) chez moi tandis que je (m'apprêter) à sortir.

和訳：

D 暗唱例文

2&3 TRACK_003

⑮ Picasso **avait** assurément du talent.

ピカソは確かに才人でした。

⑯ Il **venait** chaque jour me dire des mots d'amour.

彼は毎日私のところに愛の言葉を言いにきたものです。

⑰ Je **buvais** trop, et j'**avais** mal à la tête.

私はよく飲みすぎては頭痛がしたものでした。

⑱ Quand il m'a téléphoné, je **travaillais** dur.

彼が電話してきた時、私は猛勉強中でした。

⑲ Je **lisais** quand elle est entrée.

彼女が入って来た時、私は読書をしていました。

⑳ Elle m'a demandé si je l'**aimais**.

彼女は私に、愛しているの？と聞きました。

㉑ Je lui ai dit que je **partais** bientôt.

近いうちに出発すると彼に言っておきました。

1

動詞をめぐって

㉒ **J'achevais** mon droit en 2011 à Paris.

　私は 2011 年にパリで法律の勉強を終えようとしていました。

E　さらに発展

1　条件法（仮定法）において、条件文（仮定の文）内で半過去形が使われます。

S'il **faisait** beau, je sortirais.

　（天気が良ければ出かけるのだが。）

〈第 1 章 動詞をめぐって 02 条件法〉でまた詳しく説明しますが、sortirais が sortir の条件法現在形です。faisait は faire の半過去形です。

　　　Si ＋（主語）＋（半過去形…）,（主語）＋（条件法現在形〜）.

で「もし…ならば、〜するのだが」という《現在の事実の反対を仮定してその帰結を想定する》用法です。

2　絵画的半過去形

Nous **partions**; nous **entrions** dans un café et nous le **quittions** peu après.

　（私たちは出かけた。カフェに入ったが、すぐにそこを出た。）

　半過去形の特徴である継続や反復のニュアンスがまったくなく、瞬間的な動作を読者にいきいきと伝えるための用法だと言われています。したがって、この用法は話し言葉では使われませんが、アニメのコマの表現に似ているともいえます。

3　《同時進行》を表します。

Elle **faisait** la vaisselle tandis que je **faisais** la lessive.

　（彼女は皿を洗っており、一方私は洗濯をしていた。）

この場合の tandis que は対立を示しています。

4●直説法大過去形

A　用法　　　　　　　　　　　　　　　　❶TRACK_004

1　過去完了（過去のある時点における完了）として

Lorsque la police est arrivée, le voleur était déjà parti.
警察が到着したとき、泥棒はすでにいなくなっていました。

J'avais étudié le français avant de venir en France.
私はフランスに来るまでに、フランス語を勉強していました。

Je lui avais parlé mais nous n'avions rien de commun.
彼に話しかけてみましたが、我々に何も共通点はありませんでした。

2　過去における過去として

J'ai remarqué qu'il avait acheté une nouvelle voiture.
私は彼が新しくクルマを買ったことに気づきました。

Elle m'avait donné ce conseil quelques jours avant notre
rencontre.
彼女は会う数日前にそのアドバイスをしてくれました。

Je lui ai demandé ce qui lui était arrivé en ces dix ans.
私はその 10 年間で何が起こったかを彼（女）にききました。

3　過去における習慣として（半過去形とともに）

Quand j'avais trop bu, j'étais malade.
飲みすぎてしまったときは、気分が悪くなったものでした。

Il travaillait quand le soleil s'était couché.
彼は陽が沈んでから働いたものでした。

B 解説

🍓 ひとくちメモ

1 話し言葉、書き言葉の両方に使います。

2 （作り方）

直説法大過去形＝ avoir の半過去形（j'**avais**, tu **avait**, nous **avions** など）
　＋動詞の過去分詞

または、être の半過去形（j'**étais**, tu **était**, nous **étions** など）
　＋動詞の過去分詞

1　過去完了（過去のある時点における完了）として

Lorsque la police est arrivée, le voleur était déjà parti.
警察が到着したとき、泥棒はすでにいなくなっていました。

la police est arrivée（警察が到着したとき）を過去のある時点としたときに、すでに完了していたこと（le voleur était déjà parti（泥棒はすでにいなくなっていました））を表しています。英語の過去完了の〈完了用法〉に似ています。

J'avais étudié le français avant de venir en France.
私はフランスに来るまでに、フランス語を勉強していました。

英語の過去完了の〈継続用法〉に似ています。venir en France（フランスに来た）過去のある時点までの続いていた〈継続〉といえます。avant de 〜「〜する前に」です。

Je lui avais parlé mais nous n'avions rien de commun.
彼に話しかけてみましたが、我々に何も共通点はありませんでした。

ここも Je lui avais parlé（彼に話しかけていた）が英語の過去完了の〈継続用法〉に似ています。nous n'avions rien de commun（共通点がない）ことがわかるまでの〈継続〉といえます。

2 過去における過去として

J'ai remarqué qu'il **avait acheté** une nouvelle voiture.
私は彼が新しくクルマを買ったことに気づきました。

J'ai remarqué（気づいた）よりも il **avait acheté**（買った）がさらに古い過去を示しています。

une nouvelle voiture「新しく買ったクルマ」（新車とは限らない）

une voiture nouvelle「新型車」

une voiture neuve「新車」

となります。

Elle m'**avait donné** ce conseil quelques jours avant notre rencontre.
彼女は会う数日前にそのアドバイスをしてくれました。

quelques jours avant notre rencontre（会う数日前）という過去のそのまた過去ですから時制は Elle m'**avait donné**（彼女はアドバイスをしてくれました）という大過去形になります。

Je lui ai demandé ce qui lui **était arrivé** en ces dix ans.
私はその 10 年間で何が起こったかを彼（女）にききました。

Je lui ai demandé（私は彼（女）にきいた）は過去のある時点です。そこまでの en ces dix ans（その 10 年間で）のことを表しているので過去における過去ですから、大過去形を使います。

3 過去における習慣として（半過去形とともに）

Quand j'**avais** trop **bu**, j'étais malade.
飲みすぎてしまったときは、気分が悪くなったものでした。

j'étais malade（気分が悪くなったものでした）は過去の習慣を表す半過去形です。そうなる前の動作 j'**avais trop bu**（飲みすぎてしまったとき）も過去の習慣の一部となります。

C 練習問題

(1) 次のカッコ内の動詞を大過去形に直して各文を和訳してください。

1 Aussitôt que je (prendre) mon bain, je regardais la télé.

和訳：

2 Il a refusé ce que je lui (demander).

和訳：

3 Comme je (arriver) en retard, elle n'était pas contente.

和訳：

4 Ils (arriver) avant nous.

和訳：

5 Il a appris que je (quitter) ma fiancée.

和訳：

(2) 日本語の意味に合うように（　）内のフランス語を並べかえてください。
書き始めは大文字になっています。

1 彼女は買った本をなくした。

avait / qu'elle /a / perdu / les / Elle / livres / achetés / .

2 ラジオで我が国の大統領が離婚したと聞いた。

entendu à / radio / que / notre président / J'ai / avait / la / divorcé / .

3 私はお金を受け取っては彼女に会いに行ったものだ。

j'avais / voir / reçu / mon / Quand / j'allais / la / argent / . / ,

4 彼が私のものを盗んだことは明らかだった。

m'avait / constaté / J'ai / volé / qu'il / .

5　彼女は怒っていた。というのも私が遅刻したからだ。

Elle / retard / s'étais / fâchée / ,car / j'étais / en / .

D　暗唱例文

㉓ Lorsque la police est arrivée, le voleur **était** déjà **parti**.
警察が到着したとき、泥棒はすでにいなくなっていました。

㉔ J'**avais étudié** le français avant de venir en France.
私はフランスに来るまでに、フランス語を勉強していました。

㉕ Je lui **avais parlé** mais nous n'avions rien de commun.
彼に話しかけてみましたが、我々に何も共通点はありませんでした。

㉖ J'ai remarqué qu'il **avait acheté** une nouvelle voiture.
私は彼が新しくクルマを買ったことに気づきました。

㉗ Je lui ai demandé ce qui lui **était arrivé** en ces dix ans.
私はその 10 年間で何が起こったかを彼（女）にききました。

㉘ Quand j'**avais** trop **bu**, j'étais malade.
飲みすぎてしまったときは、気分が悪くなったものでした。

E　さらに発展

1　単独で大過去形を使い、完了の意味合いを強めます。

Je te l'**avais** bien **dit**!
（そのことは君にちゃんと言っておいただろう！）

2　条件法（仮定法）において、条件文（仮定文）内で大過去形が使われます。

S'il **avait fait** beau, je serais sorti.
（もし（そのとき）晴れていたら、出かけたのだが。）

Si ＋直説法大過去形（条件節），条件法過去形（帰結節）

条件法〈第 1 章 動詞をめぐって 02〉でまた詳しく説明しますが、上記の形が過去の事実の反対を仮定してその帰結を述べる条件法（英語の仮定法）となります。上の例文では je serais sorti が条件法過去形（être の条件法現在形 serais ＋（動詞の過去分詞））です。

3　直説法大過去形の否定形（＝ A）＋ que（や quand など）

＋直説法複合過去形など（＝ B）

「A しないうちに B した」の構文

Le voyageur n'avait pas **fait** dix kilomètres qu'il est tombé malade.

（その旅人は 10 キロも行かないうちに病に倒れた。）

＊直訳は「病に倒れたとき、その旅人は 10 キロ行っていなかった」です。

5 ● 直説法単純過去形

A 用法
❶TRACK_005

1 歴史の時制として

Napoléon **naquit** en 1769 et **mourut** en 1821.

ナポレオンは 1769 年に生まれ、1821 年に死んだ。

Einstein **découvrit** la théorie de la relativité.

アインシュタインは相対性理論を発見した。

La Seconde Guerre mondiale **vit** la défaite des Allemands.

第二次世界大戦でドイツは敗れた。

2 物語りの時制として

Il **se redressa**, **remit** son chapeau, **fit** deux pas, **disparut**,

彼は起き上がり、帽子をかぶりなおし、数歩歩き、消えた。

Un évènement **donna** un tour inattendu à cette aventure.

ある出来事がこの冒険に思わぬ展開をもたらした。

Ce **fut** une extraordinaire nuit de liberté exaltée.

これは興奮にみちた自由の、たぐいまれな夜であった。

B 解説

🌰 ひとくちメモ

1 書き言葉に使い、話し言葉には出てきません。

2 過去の事実を点としてとらえる時制で、歴史や物語りの時制です。

3 主に三人称（il(s), elle(s)）を主語とします。

4 単純過去形動詞の活用は

arriver（第 1 群規則動詞（er 型規則動詞））だと

　　il(elle) **arriva**,　nous **arrivâmes**,　ils(elles) **arrivèrent**

finir（第 2 群規則動詞（ir 型規則動詞））だと

　　il(elle) **finit**,　nous **finîmes**,　ils(elles) **finirent**

など一部に独特の形が表れてきます。

1　歴史の時制として

Napoléon **naquit** en 1769 et **mourut** en 1821.
ナポレオンは 1769 年に生まれ、1821 年に死んだ。

naquit は naître（生まれる）の単純過去形です。Il(elle) naquit,　ils(elles) naquirent あたりを押さえておけばいいと思います。**mourut** は mourir（死ぬ）の単純過去形で、il(elle) mourut,　ils(elles) moururent と活用します。

Einstein **découvrit** la théorie de la relativité.
アインシュタインは相対性理論を発見した。

découvrit は découvrir（発見する）の単純過去形です。il(elle) découvrit, ils(elles) découvrirent と活用します。

La Seconde Guerre mondiale **vit** la défaite des Allemands.
第二次世界大戦でドイツは敗れた。

vit は voir（見る）の単純過去形です。il(elle) vit,　ils(elles) virent と活用します。なお時代（や歴史上の出来事）を主語にして voir を使うと「…の時代において〜があった」の意味になります。無生物主語です。

2　物語りの時制として

Il **se redressa**, **remit** son chapeau, **fit** deux pas, **disparut**,
彼は起き上がり、帽子をかぶりなおし、数歩歩き、消えた。

se redressa, remit, fit, disparut はそれぞれ se redresser（再び立ち上がる）、

remettre（再び身につける）、faire（（ある距離を）進む）、disparaître（姿を消す）の単純過去形です。過去の事実を点としてとらえ、キレのよい描写になっています。

> Un évènement **donna** un tour inattendu à cette aventure.
> ある出来事がこの冒険に思わぬ展開をもたらした。

donna は donner（与える）の単純過去形です。un tour はここでは「成り行き」という意味です。il(elle) donna, ils(elles) donnèrent と活用します。この例文は〈**E　さらに発展**〉でもう一度取り上げます。

C　練習問題

次のカッコ内の動詞を単純過去形に直して各文を和訳してください。

1　Il (finir) son discours et tout le monde l'(applaudir).
　　和訳：

2　Je dormais quand il (entrer) dans ma chambre.
　　和訳：

3　Nous (prendre) le bateau à Marseille.
　　和訳：

4　Cet incendie hier soir (faire) beaucoup de morts.
　　和訳：

5　Aidez-moi! (crier)-t-elle.
　　和訳：

6　Elle (sortir) aussitôt après son arrivée.
　　和訳：

7　C'est Michel-Ange qui (peindre) la voûte de la Sixtine.
　　和訳：

8　Il faisait trop froid le soir où nous (arriver) à Helsinki.
　　和訳：

9　Mon amie (se souvenir) de ce que je lui avait dit.

和訳：

10　Quand (naître) Alfred de Musset?

和訳：

D　暗唱例文

2&3 TRACK_005

㉙ Napoléon **naquit** en 1769 et **mourut** en 1821.

ナポレオンは 1769 年に生まれ、1821 年に死んだ。

㉚ Einstein **découvrit** la théorie de la relativité.

アインシュタインは相対性理論を発見した。

㉛ Un évènement **donna** un tour inattendu à cette aventure.

ある出来事がこの冒険に思わぬ展開をもたらした。

㉜ Ce **fut** une extraordinaire nuit de liberté exaltée.

これは興奮にみちた自由の、たぐいまれな夜であった。

E　さらに発展

1　注意：（単純過去形）＋（関係詞）＋（単純過去形）の形式のとき

《動作の順序は文に動作が表れてきた順序、つまり前から後ろです。》

Il **choisit** un livre qu'il n'**ouvrit** pas.

（彼は本を選んだが、それを開かなかった。）

＊英語でいえば関係詞 which（上では qu' の部分）をカンマがなくても継続用
法のように訳すことになります。

2　二文の違い（その 1）

a. Nous **attaquâmes** l'ennemi qui **se retira**.

（我々は敵を攻撃し、敵は退却した）

b. Nous **attaquâmes** l'ennemi qui **se retirait**.

（我々は退却中の敵を攻撃した。）

　a 文は（単純過去形）＋（関係詞）＋（単純過去形）の形ですから前から訳して大丈夫ですが、b. 文は **se retirait** が半過去形ですから l'ennemi qui **se retirait**（退却しつつある敵）については qui の後ろから訳します。

3　注意：（半過去形）＋ quand(lorsque)＋（単純過去形）の形式のとき
　B 解説で出てきた最後の例文

> Un évènement **donna** un tour inattendu à cette aventure.
> ある出来事がこの冒険に思わぬ展開をもたらした。

の前に半過去形の文章を付けてみます。

> Les vacances **s'approchaient** de leur fin, **quand** un évènment
> **donna** un tour inattendu à cette aventure.
> （バカンスは終わりに近づいていた。そのとき、ある出来事がこの冒険に思わぬ展開
> をもたらした。）

　s'approchaient が**半過去形**ですから過去進行の状態を表します。quand の後ろの単純過去形 **donna** はそのときに点的に生じた事件になりますから上のような日本語訳になります。

4　二文の違い（その 2）

> Il était calme.
> （彼は冷静だった。）

> Il **fut** calme.
> （彼は冷静になった。）

　était は être の半過去形ですから状態を表し、**fut** は être の単純過去形なので点としてとらえますから、やはり「冷静になった」の日本語訳になります。

6●直説法前過去形

A 用法

単純過去とセットで用います。

Aussitôt qu'il **fut sorti**, il la vit.

彼は外出するとすぐに、彼女に会った。

Quand il **eut déclaré** ses sentiments, elle pleura.

彼が思いを述べると、彼女は泣いた。

Dès que nous **eûmes fini** notre repas, nous travaillâmes.

我々は食事を終えるとすぐに、働いた。

Dès qu'ils **eurent lâché** cet homme, il retomba.

彼たちがその男を放すと、その男はまた倒れた。

Aussitôt qu'il **eut appris** la bonne nouvelle, il sauta de joie.

彼は良い知らせを知るとすぐに、喜びで小躍りした。

Lorsque l'avion **eut décollé**, elle s'effondra.

その飛行機が離陸したとき、彼女は倒れこんだ。

B 解説

🌰 **ひとくちメモ**

1 書き言葉に使い、話し言葉には出てきません。

2 単純過去形を基にして使われます。

3 従属節でのみ使います。

4 ある過去の行為の直前に完了した行為を表します。

5 時を表す接続詞（aussitôt que, quand, dès que など）の中で使います。

6 （作り方）

直説法前過去形＝【avoir の単純過去形（il eut など）または

êtreの単純過去形（il fut など）】＋動詞の**過去分詞**

Aussitôt qu'il **fut sorti**, il la vit.
　彼は外出するとすぐに、彼女に会った。

il **fut sorti**（外出する）が前過去形で、il la vit（彼女に会った）が単純過去形です。このように前過去形は単純過去形とセットで出てきます。（彼女に会った）前に（彼は外出する）動作が完了しています。

　Aussitôt que は「〜するとすぐに」の意味の接続詞です。

Quand il **eut déclaré** ses sentiments, elle pleura.
　彼が思いを述べると、彼女は泣いた。

il **eut déclaré**（思いを述べる）が前過去形で、elle pleura（彼女は泣いた）が単純過去形です。（思いを述べる）ことが（彼女は泣いた）前に完了しています。

Dès que nous **eûmes fini** notre repas, nous travaillâmes.
　我々は食事を終えるとすぐに、働いた。

　Dès que も接続詞で、aussitôt que 〜（〜するとすぐに）とほぼ同じ意味です。nous **eûmes fini**（終える）が前過去形で、nous travaillâmes（働いた）が単純過去形です。（食事を終える）ことが（働いた）前に完了しています。

Aussitôt qu'il **eut appris** la bonne nouvelle, il sauta de joie.
　彼は良い知らせを知るとすぐに、喜びで小躍りした。

il **eut appris** la bonne nouvelle（彼は良い知らせを知る）が前過去形、il sauta de joie（喜びで小躍りした）が単純過去形です。（良い知らせを知る）ことが（喜びで小躍りした）ことの直前です。

C 練習問題

次のカッコ内の動詞を前過去形に直して各文を和訳してください。

1 Quand il (arriver), nous lui racontâmes.

和訳：

2 Aussitôt que Monsieur Cadot (manger), il reprit son travail.

和訳：

3 Lorsqu'ils (accepter) notre offre, nous sortîmes boire un pot.

和訳：

4 Quand il (descendre) du taxi, il paya.

和訳：

5 Lorsqu'elle (faire) une leçon, elle quitta la classe.

和訳：

6 Dès que je (rentrer) chez moi, elle me téléphona.

和訳：

7 Dès qu'il (poser) la question, je répondis.

和訳：

8 Quand tu (partir), ils me parlèrent de toi.

和訳：

9 Quand vous (écrire) une lettre, vous fûtes content.

和訳：

10 Aussitôt qu'elles (arriver), nous leur demandâmes une faveur.

和訳：

動詞をめぐって

㉝ Aussitôt qu'il **fut sorti**, il la vit.

彼は外出するとすぐに、彼女に会った。

㉞ Dès que nous **eûmes fini** notre repas, nous travaillâmes.

我々は食事を終えるとすぐに、働いた。

㉟ Dès qu'ils **eurent lâché** cet homme, il retomba.

彼たちがその男を放すと、その男はまた倒れた。

㊱ Lorsque l'avion **eut décollé**, elle s'effondra.

その飛行機が離陸したとき、彼女は倒れこんだ。

E さらに発展

À peine se fut-il couché **que** le téléphone sonna.

（彼が横になるとすぐに、電話が鳴った。）

À peine ... que 〜「... するやいなや〜した」の構文があります。

se fut-il couché（横になる）が前過去形、le téléphone sonna（電話が鳴った）が単純過去形です。

（À peine を文頭に出すと ... の部分は倒置になります。また次に見るように、ほかの時制でも使えます。）

À peine était-il rentré **que** le téléphone a sonné.

（= Il était **à peine** rentré **que** le téléphone a sonné.）

（彼が帰宅するとすぐに電話が鳴った。）

était-il rentré（彼が帰宅する）は直説法大過去形、le téléphone a sonné（電話が鳴った）は直説法複合過去形です。

7●直説法単純未来形

A　用法

1　一般的な未来のことがらを表します。

Je **ferai** le voyage en Italie l'année prochaine.
来年イタリア旅行に行く予定です。

Quand nous **reverrons**-nous?
僕たち今度またいつ会う？

Elle me **téléphonera** après-demain.
彼女から明後日、電話があるでしょう。

Ma sœur **deviendra** infirmière.
私の妹は看護師になるでしょう。

2　（命令形または単純未来形）＋（時を表す接続詞）＋（単純未来形）

Je lui **dirai** lorsqu'il **viendra**.
彼が来たときに彼に言ってやります。

Sors dès que tu **seras** prêt.
準備が出来しだい、出ておいで。

Téléphonez-moi lorsque vous **arriverez**.
お着きになったらお電話ください。

Quand elle **sera** grande, elle **comprendra**.
彼女も大きくなったらわかるさ。

3　Si ＋（現在形）,（単純未来形）

Si je suis riche un jour, j'**achèterai** cette voiture-là.
いつか金持ちになったらあんなクルマを買うんだ。

S'il continue à boire comme ça, il **sera** malade.

あんなふうに飲んでたら、彼、病気になるぞ。

Si elle vient ce soir, je **serai** heureux.

彼女が今夜来てくれたら嬉しいだろう。

Si vous faites attention, vous **verrez**.

あなたは注意すればわかりますよ。

4   命令を表します。

Elle **fera** ce travail tout de suite.

彼女にこの仕事をすぐにやらせます。

Tu me **répondras** quand je te pose des questions.

質問されたら私に答えなさい。

Tu me le **paieras**!

おぼえていろよ！

Tu **liras** cette lettre demain.

この手紙は明日読んでちょうだい。

B   解説

🌰 **ひとくちメモ**

フランス語には英語の will や shall の区別もなく、いわゆる単なる未来もあれば、意志未来的な用法もあります。文脈から判断することになります。

また単純未来形は

| je ---**rai** | tu ---**ras** | il(elle) ---**ra** |
| nous ---**rons** | vous ---**rez** | ils(elles) ---**ront** |

の語尾になります。

1 一般的な未来のことがらを表します。

Je **ferai** le voyage en Italie l'année prochaine.

来年イタリア旅行に行く予定です。

ferai は faire（する）の単純未来形です。l'année prochaine（来年）という未来を表す副詞があるのでこの形になります。

Quand nous **reverrons**-nous?

僕たち今度またいつ会う？

reverrons は revoir（再び会う）の単純未来形です。se revoir（お互いにまた会う）です。

Ma sœur **deviendra** infirmière.

私の妹は看護師になるでしょう。

deviendra は devenir（〜になる）の単純未来形です。このように後ろに身分や職業を表す語が来ると冠詞はつけません。

2 （命令形または単純未来形）＋（時を表す接続詞）＋（単純未来形）

Je lui **dirai** lorsqu'il **viendra**.

彼が来たときに彼に言ってやります。

dirai が dire（言う）の単純未来、lorsqu'（〜するとき）が時を表す接続詞、**viendra** は venir（来る）の単純未来形です。

Sors dès que tu **seras** prêt.

準備が出来しだい、出ておいで。

Sors が命令文、dès que（〜するとすぐに）は時を表す接続詞、**seras** は être（〜である）の単純未来形です。

（英語では時を表す副詞節の when 内では will を使いませんがフランス語は未来形を使います。）

> Quand elle **sera** grande, elle **comprendra**.
> 彼女も大きくなったらわかるさ。

　時を表す接続詞 Quand（～するとき）が前に出た形です。入れかえて Elle comprendra quand elle sera grande. としても同じ意味です。**comprendra** は comprendre（理解する）の単純未来形です。

3　Si ＋（現在形）,（単純未来形）

　直説法現在形の〈**用法 2**〉にあるように現在形は〈Si（「もし」＝ If）の節中で未来〉を表しますからこのようになります。

> Si je suis riche un jour, j'**achèterai** cette voiture-là.
> いつか金持ちになったらあんなクルマを買うんだ。

　Si 節の中なので suis（être の現在形）が使われています。**achèterai** はこれからのことなので acheter（買う）の単純未来形です。

> Si elle vient ce soir, je **serai** heureux.
> あのこが今夜来てくれたら嬉しいだろう。

　同様に Si の中は vient（venir の現在形）が使われ、**serai** は être の単純未来形です。

4　命令の意味を表します。

> Elle **fera** ce travail tout de suite.
> 彼女にこの仕事をすぐにやらせます。

　fera は faire（する）の単純未来形です。このように elle などの三人称に対しても命令のニュアンスを持たせることができます。

> Tu me **répondras** quand je te pose des questions.
> 質問されたら私に答えなさい。

　これは tu に対する命令です。**répondras**（答えなさい）は répondre の単純未来形です。

Tu me le **paieras**!
おぼえていろよ！

これなどは強い命令の感じです。payer は（代償を払う）の意味から（お前にその代償を払わせてやる）の意味から（おぼえていろよ！）となります。

C 練習問題

（1）次のカッコ内の動詞を単純未来形に直して和訳してください。

1 Elle (partir) dans trois jours.
　和訳：

2 Tu (rester) ici, car c'est nécessaire.
　和訳：

3 Ils (être) de retour dans une semaine.
　和訳：

4 Vous me (rendre) ce livre le plus tôt possible.
　和訳：

5 Je suis sûr qu'il (faire) beau temps demain.
　和訳：

6 Si tu la trahis, elle le (savoir).
　和訳：

7 Je vous (payer) demain sans faute.
　和訳：

8 Il est certain qu'elles te (pardonner).
　和訳：

9 Le musée (rester) ouvert pendant les travaux.
　和訳：

10 Quand tu le (voir), toi aussi tu le (aimer).
　和訳：

(2) 次のカッコ内を日本語に合うように並べかえてください。

1　彼女がまた来たらすぐにまた電話してもらえますか？

　Pourriez-vous (dès/ me/ reviendra/ qu'elle/ rappeler)?

2　この会議はあと1時間で終わるでしょう。

　Cette (se/ heure/ dans/ une/ conférence/ terminera).

D　暗唱例文

㊲ Je **ferai** le voyage en Italie l'année prochaine.
　来年イタリア旅行に行く予定です。

㊳ Quand nous **reverrons**-nous?
　僕たち今度またいつ会う？

㊴ Ma sœur **deviendra** infirmière.
　私の妹は看護師になるでしょう。

㊵ **Téléphonez**-moi lorsque vous **arriverez**.
　お着きになったらお電話ください。

㊶ Quand elle **sera** grande, elle **comprendra**.
　彼女も大きくなったらわかるさ。

㊷ Si je suis riche un jour, j'**achèterai** cette voiture-là.
　いつか金持ちになったらあんなクルマを買うんだ。

㊸ S'il continue à boire comme ça, il **sera** malade.
　あんなふうに飲んでたら、彼、病気になるぞ。

㊹ Tu me **répondras** quand je te pose des questions.
　質問されたら私に答えなさい。

㊺ Tu **liras** cette lettre demain.
　この手紙は明日読んでちょうだい。

1

E さらに発展

〈緩和的なニュアンス〉を持つ単純未来形があります。その例です。

a) Je vous **demanderai** d'attendre un peu.

（少しお待ち願えますか？）

b) **Oserai**-je le dire?

（こんなことを言ってよいだろうか？）

（**Oserai** は oser（思いきって〜する）の単純未来形で、助動詞的に使われ、うしろに動詞の原形がきます。）

c) **Aurez**-vous l'amabilité de me prêter ce livre?

（この本を貸していただけますでしょうか？）

＊ **Aurez** は avoir（持つ）の単純未来形、amabilité は（愛想、親切）の意味で avoir l'amabilité de 〜（親切にも〜する）です。

d) **J'avouerai** que c'est très difficile.

（白状してしまいますとこれはとても困難です。）

＊ **avouerai** は avouer（白状する）の単純未来形です。

53

8 ●直説法前未来形

未来のある時点までに完了していることを表します（英語の未来完了形です）。

1 単純未来形が用いられている主節の従属節として用いられます。

Je prendrai une douche quand je **serai arrivé** chez moi.
家に着いたらシャワーを浴びます。

Dès qu'ils **auront récolté** le blé, ils feront une fête.
彼たちは麦を収穫するとすぐに祭りをするでしょう。

Je te téléphonerai quand j'**aurai fini** mon devoir.
課題を終えたら君に電話するよ。

Aussitôt que j'**aurai reçu** son mail, je vous en avertirai.
彼からメールを受け取ったらすぐにあなたに知らせます。

Que ferez-vous quand vous **aurez achevé** vos études?
学業を終えたら何をするつもりですか？

2 未来のある時点を示す副詞とともに用いられます。

Mes étudiants **seront arrivés** avant moi.
学生たちのほうが私より前に着いているでしょう。

Il **aura achevé** cette réparation dans une heure.
彼はこの修理を1時間で終えるでしょう。

Il **sera** déjà **parti** avant l'arrivée du jour.
彼は日の出前には出発してしまっているでしょう。

Nous **aurons fini** ce travail pour jeudi.
私たちは木曜までにはこの仕事を終えているでしょう。

Jusqu'au bout de ma vie, tu m'**auras amusé**!
生涯の最後まで君は僕を楽しませることになるだろう。

54

B 解説

> 🍓 **ひとくちメモ**
>
> 1) 前未来形の作り方
>
> （avoir または être の単純未来形）＋（動詞の過去分詞）
>
> | | | |
> |---|---|---|
> | j'aurai fini | tu auras fini | il aura fini |
> | nous **aurons fini** | vous **aurez fini** | ils **auront fini** |
> | je serai arrivé(e) | tu seras arrivé(e) | il seras arrivé |
> | nous **serons arrivé(e)s** | vous **serez arrivé(e)(s)** | ils **seront arrivés** |
>
> などです。
>
> 2) 直説法複合過去形の項目で前未来と同じ用法をする複合過去形について
> 述べています。
>
> Si tu **as fini** ton devoir, tu joueras dehors.
> 君は宿題を終えたら外で遊びなさい。
>
> **as fini**は複合過去形で tu **auras fini**という前未来形にすることもできます。
>
> （また joueras という単純未来形はここでは命令的な意味です。）

1 単純未来形が用いられている主節の従属節として用いられます。

Je prendrai une douche quand je **serai arrivé** chez moi.
家に着いたらシャワーを浴びます。

　quand で始まる従属節が **serai arrivé**（着く）という前未来で書かれていて、
単純未来 prendrai une douche（シャワーを浴びる）の前に完了していることを
示しています。

Aussitôt que j'**aurai reçu** son mail, je vous en avertirai.
彼からメールを受け取ったらすぐにあなたに知らせます。

Aussitôt que で始まる従属節が **aurai reçu**（受け取る）という前未来で書かれ、単純未来 avertirai（知らせる）の前に完了していることを示しています。

> Que ferez-vous quand vous **aurez achevé** vos études?
> 学業を終えたら何をするつもりですか？

前未来 **aurez achevé**（終える）が単純未来 ferez（する）の前に完了している事柄です。

2 未来のある時点を示す副詞とともに用いられます。

> Mes étudiants **seront arrivés** avant moi.
> 学生たちのほうが私より前に着いているでしょう。

avant moi（私が着く前に）という副詞句があり、その前に **seront arrivés**（着いている）ことが完了していることを前未来形で表しています。

> Il **aura achevé** cette réparation dans une heure.
> 彼はこの修理を1時間で終えるでしょう。

dans une heure（1時間たてば）という副詞句があり、その前に **aura achevé**（終える）ことが完了していることを前未来形で表しています。

> Nous **aurons fini** ce travail pour jeudi.
> 私たちは木曜までにはこの仕事を終えているでしょう。

pour jeudi（木曜までに）という副詞句があり、その前に **aurons fini**（終える）ことが完了しています。

> Jusqu'au bout de ma vie, tu m'**auras amusé**!
> 生涯の最後まで君は僕を楽しませることになるだろう。

Jusqu'au bout de ma vie（生涯の最後まで）という副詞句があり、そのときまで **auras amusé**（楽しませる）ことが持続することを示しています。ここでは未来における完了は〈継続〉を表しています。

C 練習問題

次のカッコ内の動詞を前未来形に直して全文を和訳してください。

1　Viens vite! Je (terminer) d'ici peu.（d'ici peu「もうじき」）

和訳：

2　Quand vous (réparer) ma voiture, téléphonez-moi.

和訳：

3　Ils (partir) en France dans une semaine.

和訳：

4　Lorsque vous (lire) ces livres, prêtez-les-moi.

和訳：

5　Un peu de patience. Je (faire) la retouche avant midi.

（la retouche「寸法直し」）

和訳：

6　Je sortirai aussitôt qu'elle (sortir).

和訳：

7　Il (commencer) avant mon arrivée.

和訳：

8　Il est 13 heures, et pour 15 heures nous (résoudre) ce problème.

和訳：

⁴⁶ Je prendrai une douche quand je **serai arrivé** chez moi.

家に着いたらシャワーを浴びます。

⁴⁷ Je te téléphonerai quand j'**aurai fini** mon devoir.

課題を終えたら君に電話するよ。

⁴⁸ Que ferez-vous quand vous **aurez achevé** vos études?

学業を終えたら何をするつもりですか？

⁴⁹ Mes étudiants **seront arrivés** avant moi.

学生たちのほうが私より前に着いているでしょう。

⁵⁰ Nous **aurons fini** ce travail pour jeudi.

私たちは木曜までにはこの仕事を終えているでしょう。

⁵¹ Jusqu'au bout de ma vie, tu m'**auras amusé**!

生涯の最後まで君は僕を楽しませることになるだろう。

E　さらに発展

〈過去のことがらについての推測〉に前未来形は使われます。話し言葉によく使われます。

a) C'est probablement lui qui **aura fait** cette statue.

　（おそらくこの像を作ったのは彼でしょう。）

また〈過去についての断定の緩和〉としても使われます。

b) Monsieur, vous **aurez** mal **entendu**.

　（あの、たぶんお聞き違いでしょう。）

⓪2 条件法

1●条件法現在形

A　用法

1　《Si ＋（直説法半過去形）,（条件法現在形）.》
「もし（今）〜ならば、〜するのに」
【現在の事実の反対（または未来への予想の反対）を仮定して、想定される結果を述べます。】

S'il faisait beau demain, je **sortirais**.
もし明日晴れるなら出かけるのだが。

Si je travaillais, je **serais** riche.
働いていれば金持ちになるのだが。

Si vous me le demandiez, je vous **aiderais**.
あなたが頼まれるならお助けしますが。

Si j'étais vous, je **me conduirais** avec prudence.
私があなたなら慎重に振舞うのですが。

Si j'étais dans une bonne forme, je **ferais** le voyage en France.
体が健康ならフランス旅行に行くのだが。

Si mon père avait assez d'argent, tout **irait** bien.
僕の父に十分金があったら、すべてうまくいくんだが。

Même s'il me rappelait, je ne lui **répondrais** pas.
彼がまた電話したとしても、出てなんかやらないわ。

Si la guerre n'existait plus, ce **serait** merveilleux.
戦争がもうなくなるなら、素晴らしいことなのだが。

Si je voyais cet homme, je le **battrais** à coups de poing.
その男に会うなんてことがあればパンチをくらわしてやるのだが。

Ma femme **serait** heureuse si je ne buvais plus.
私が酒をやめるなんてことがあれば妻も喜ぶのだが。

2　（現在における）表現を緩和するために使われます。（Si の節はありません。）

Je **voudrais** revoir cette fille.
あの娘にまた会いたいものだ。

J'**aimerais** sortir avec elle.
彼女とデートしたいんだけど。

Pourriez-vous m'aider dans mon travail?
私の仕事を手伝っていただけませんか？

On **dirait** que c'est un jouet.
まるでおもちゃのようですね。

Voudriez-vous réserver une place dans le train pour moi?
私の代わりに電車の席を予約していただけませんか？

Je **désirerais** connaître la vérité.
真実を知りたいものです。

Vous **feriez** mieux de partir tout de suite.
すぐに出発したほうが良さそうですよ。

3　（現在における）推測や疑惑を表すために使われます。（Si の節はありません。）

Elle n'est pas là. **Serait**-elle malade?
彼女がいない。ひょっとして病気？

Elle ne m'aime pas! **Serait**-ce possible?
彼女が僕を愛していない！　ありえるか？

Cette solution **serait** bonne, mais j'en doute.
この解決策はよさそうだが、さあどうかね。

Il y **aurait** sept morts dans cet accident.

その事故で 7 人の死者があったもようです。

Ils n'**auraient** pas l'audace de trahir leurs femmes.

彼らには妻を裏切るほどの大胆さはなさそうです。

4 過去における未来のことを表します。

Il m'a dit qu'il m'**écrirait**.

彼は手紙を書くよと私に言いました。

Il m'a répondu qu'il me **téléphonerait** bientôt.

近いうちに電話するよと彼は私に答えました。

Je croyais qu'elle **reviendrait** tout de suite.

彼女はすぐに戻ってくるものと信じていました。

Nous pensions qu'il **achèterait** une voiture.

私たちは彼がクルマを買うものと考えていました。

Il la pressa pour savoir quand elle **viendrait**.

彼は彼女にいつ来るのか、返事を迫りました。

B 解説

🌰 ひとくちメモ

　条件法現在は、ちょうど直説法半過去形と直説法単純未来形の合体のような形をしています。したがって、たとえば次のような活用になります。

j'**aurais**	tu **aurais**	il **aurait**
nous **aurions**	vous **auriez**	ils **auraient**
je **serais**	tu **serais**	il **serait**
nous **serions**	vous **seriez**	ils **seraient**

1 《Si +（直説法半過去形）,（条件法現在形）.》

「もし（今）～ならば、～するのに」

【現在の事実の反対（または未来への予想の反対）を仮定して、想定される結果を述べます。】

S'il faisait beau demain, je **sortirais**.

もし明日晴れるなら出かけるのだが。

faisait が faire の直説法半過去形、**sortirais** は sortir の条件法現在形です。現実の文は Comme il ne fera pas beau demain, je ne sortirai pas. です。(明日は天気がよくないので出かけないでしょう。)

Si vous me le demandiez, je vous **aiderais**.

あなたが頼まれるならお助けしますが。

demandiez は直説法半過去形、**aiderais** が条件法現在形です。現実の文は Comme vous ne me le demandez pas, je ne vous aiderai pas.（あなたが頼まないので、お助けはしません。）です。

Si j'étais vous, je **me conduirais** avec prudence.

私があなたなら慎重に振舞うのですが。

étais は直説法半過去形、**me conduirais**（振舞うのですが）が条件法現在形です。

Même s'il me rappelait, je ne lui **répondrais** pas.

彼がまた電話したとしても、出てなんかやらないわ。

Même si は（たとえ～だとしても）の意味です。

2　（現在における）表現を緩和するために使われます。（Si の節はありません。）

Je **voudrais** revoir cette fille.

あの娘にまた会いたいものだ。

voudrais は vouloir（欲する）の条件法現在形です。表現を緩和する用法で英語でいえば I would like to ～（～したいです）あるいは I would rather ～（むしろ～したいです）の感じです。

Pourriez-vous m'aider dans mon travail?

私の仕事を手伝っていただけませんか？

Pourriez は pouvoir（〜できる）の条件法現在形です。丁寧な依頼の文になります。Would you 〜?（〜していただけますか？）に近い表現です。

On dirait que c'est un jouet.

まるでおもちゃのようですね。

dirait は dire（言う）の条件法現在形です。On dirait que〜で（人は〜と言うでしょうね）の感じです。

Je désirerais connaître la vérité.

真実を知りたいものです。

désirer は（欲する）の意味ですが、レストランなどで Vous désirez, Monsieur? と聞かれたら（何にいたしましょう？）の意味です。

Vous feriez mieux de partir tout de suite.

すぐに出発したほうが良さそうですよ。

feriez は faire の条件法現在形です。faire mieux de 〜で（〜したほうがいい）の意味です。

3 （現在における）推測や疑惑を表すために使われます。（Si の節はありません。）

Elle n'est pas là. Serait-elle malade?

彼女がいない。ひょっとして病気？

serait は être 条件法現在形で、推測や疑惑（ひょっとして）を表しています

Cette solution serait bonne, mais j'en doute.

この解決策はよさそうだが、さあどうかね。

j'en doute は（信じられない）の意味ですから **serait** bonne の部分も（良い）と言っているのではないことになります。疑惑にあたります。

Il y **aurait** sept morts dans cet accident.

その事故で7人の死者があったもようです。

aurait は現在のことがらへの推測ということになります。日本語では（あった もよう）と訳していますが正確には（あるもよう）です。

Ils n'**auraient** pas l'audace de trahir leurs femmes.

彼らには妻を裏切るほどの大胆さはなさそうです。

auraient は avoir の条件法現在形です。avoir l'audace de〜で（大胆にも〜する）の意味の構文になります。

4　過去における未来のことを表します。

Il m'a dit qu'il m'**écrirait**.

彼は手紙を書くよと私に言いました。

この文のもとには Il me dit qu'il m'écrira.（彼は私に手紙を書くと言っている）があります。主節 Il me dit（現在形）を複合過去にすると Il m'a dit となり、もとの文の従属節の m'écrira（単純未来形）は書き換えた文では m'**écrirait**（条件法現在形）に変わります。

Je croyais qu'elle **reviendrait** tout de suite.

彼女はすぐに戻ってくるものと信じていました。

この文のもとには Je crois qu'elle reviendra tout de suite.（私は彼女がすぐに戻ってくると信じている）があります。主節 Je crois（現在形）を半過去にすると Je croyais となり、もとの文の reviendra（単純未来形）は書き換えた文では **reviendrait**（条件法現在形）に変わります。

Nous pensions qu'il **achèterait** une voiture.

私たちは彼がクルマを買うものと考えていました。

Nous pensons qu'il achètera une voiture.（私たちは彼がクルマを買うだろうと思っている）をもとにしています。この文の Nous pensons を半過去にする

と Nous pensions となり、もとの achètera（単純未来形）は書き換えた文では achèterait（条件法現在形）に変わります。

C 練習問題

（1）次のカッコ内の動詞を条件法現在形に直して和訳してください。

1　Je (aimer) vous inviter à danser.

　　和訳：

2　Si vous étiez à Paris, nous vous (visiter) sans faute.

　　和訳：

3　(Être)-vous Monsieur Cadot par hasard?

　　和訳：

4　Si j'étais vous, je lui (dire) la vérité.

　　和訳：

5　Si j'étais très riche, je (acheter) cette maison.

　　和訳：

6　Si c'était possible, je (vouloir) prendre trois jours de congé.

　　和訳：

7　Il (valoir) mieux courir, car on est en retard.

　　和訳：

8　Même si j'avais une autre chance, je ne (essayer) plus.

　　和訳：

9　Il pensait que je (revenir) dans quelques jours.

　　和訳：

10　Tu m'a dit que tu (sortir) avec moi?

　　和訳：

(2) 例にならって条件法現在形の文をつくってください。

例　Comme je ne suis pas riche, je ne peux pas me marier avec elle.
（お金がないので彼女と結婚できません。）

　→ Si j'étais riche, je pourrais me marier avec elle.
　　（もしお金があったら彼女と結婚できるのですが。）

1　Comme je suis occupé, je ne peux pas sortir avec elle.

2　Comme la force lui manque, il ne peut pas continuer son travail.

D　暗唱例文

㊾ S'il faisait beau demain, je **sortirais**.

もし明日晴れるなら出かけるのだが。

㊿ Si vous me le demandiez, je vous **aiderais**.

あなたが頼まれるならお助けしますが。

54 Si j'étais dans une bonne forme, je **ferais** le voyage en France.

体が健康ならフランス旅行に行くのだが。

55 Si la guerre n'exisitait plus, ce **serait** merveilleux.

戦争がもうなくなるなら、素晴らしいことなのだが。

56 Ma femme **serait** heureuse si je ne buvais plus.

私が酒をやめるなんてことがあれば妻も喜ぶのだが。

57 Je **voudrais** revoir cette fille.

あの娘にまた会いたいものだ。

58 J'**aimerais** sortir avec elle.

彼女とデートしたいんだけど。

59 **Pourriez**-vous m'aider dans mon travail?

私の仕事を手伝っていただけませんか？

66

⑥ On **dirait** que c'est un jouet.

まるでおもちゃのようですね。

⑥ Elle n'est pas là. **Serait**-elle malade?

彼女がいない。ひょっとして病気？

⑥ Cette solution **serait** bonne, mais j'en doute.

この解決策はよさそうだが、さあどうかね。

⑥ Il y **aurait** sept morts dans cet accident.

その事故で7人の死者があったもようです。

⑥ Ils n'**auraient** pas l'audace de trahir leurs femmes.

彼らには妻を裏切るほどの大胆さはないようです。

⑥ Il m'a dit qu'il m'**écrirait**.

彼は手紙を書くよと私に言いました。

⑥ Nous pensions qu'il **achèterait** une voiture.

私たちは彼がクルマを買うものと考えていました。

E　さらに発展

1　条件の節の代わりとなる表現とともに条件法を使います。

a) Tout cela ne **serait** rien sans l'ennui.

（退屈でさえなければなんでもないんですけど。）

sans l'ennui は「もし退屈でなければ」という条件を含んでいます。

b) Je **serais** bête d'attendre encore.

（これ以上待ったら私はバカということになります。）

d'attendre という de ＋（動詞の原形）の部分が「もし待ったら」という条件の意味を持っています。

2　強く否定したりするときに使います。

Comment le **saurais**-je?
（どうしてそんなことが僕にわかるというのですか？）

saurais は savoir（知る）の条件法現在形です。

3　Si ＋（直説法大過去）,（条件法現在）.
「もし（あのとき）〜していたら、（今）〜なのに」

この形も可能です。（ねじれの形です）。

Si je m'étais marié avec elle, je **serais** heureux maintenant.
（もし彼女と結婚していたら、今頃は幸せなのに。）

(Comme je ne me suis pas marié avec elle, je ne suis pas heureux maintenant.)

2 ● 条件法過去形

A 用法

❶ TRACK_010

1 《Si ＋（直説法大過去形），（条件法過去形）.》

「もし（あのとき）〜であったなら、〜しただろうに」

【過去の事実の反対を仮定して、そのときに想定されることを述べます。】

S'il avait fait beau hier, je **serais sorti**.
もし昨日晴れていたら出かけたのだが。

Si j'avais travaillé en ce temps-là, j'**aurais été** riche.
そのころ働いていたら金持ちになっていただろうに。

Si vous m'aviez demandé, je vous **aurais aidé**.
あなたが頼んだらお助けしていたでしょうに。

Si j'avais été dans une bonne forme, j'**aurais fait** le voyage.
体が健康だったらその旅行に行ったのだが。

Si mon père avait eu assez d'argent, tout **serait allé** bien.
僕の父に十分金があったら、すべてうまくいっていたのに。

Même s'il m'avait rappelé, je ne lui **aurais** pas **répondu**.
彼がまた電話してきたとしても、出てやらなかったでしょう。

Si j'avais vu cet homme, je l'**aurais battu** à coups de poings.
その男にあっていたなら、パンチをくらわしてやっただろうに。

Ma femme **aurait été** heureuse si je n'avais plus bu.
私が酒をやめていたなら妻も喜んだだろうに。

69

2 （過去における）表現を緩和するために使われます。（Si の節はありません。）

J'aurais aimé être avec vous hier.

昨日はあなたと一緒にいたかったんだけど。

Il aurait dû vous écouter.

彼はあなたの意見を聞くべきだったのに。

J'aurais dû vous interroger mieux.

もっとあなたによくうかがっておけばよかったのですが。

Elle aurait souhaité vous parler.

彼女はあなたとお話ししたがっていましたけど。

3 （過去における）推測や疑惑を表すために使われます。（Si の節はありません。）

Le voleur aurait été aidé, il me semble.

泥棒を手引きした者がいるようです。

Il serait déjà arrivé, est-ce possible?

彼がもう着いているって、ありえるか？

Ma montre aurait retardé de cinq minutes.

私の腕時計は5分遅れていたようです。

Vous serait-il arrivé quelque accident?

あなたに何か事故でもありましたか？

4 〈過去における未来〉の直前に完了していることを表します。

Il a dit qu'il serait arrivé bien avant nous.

私たちが着く前に彼は着く、と彼は言ってました。

Elle m'a dit qu'elle m'aurait écrit avant son mariage.

結婚前に私に手紙を書く、と彼女は私に言いました。

Je leur disais que je serais parti avant le printemps.

春になる前に私は出発する、と彼たちに言っていました。

Elle a dit que nous verrions quand il **aurait considéré** la question.

彼がいつその問題を考えるようになるか私たちにもわかるようになる、と彼女は言いました。

B 解説

> 🍓 ひとくちメモ
>
> **条件法過去形**は、
>
> （avoir あるいは être の条件法現在形）＋（動詞の過去分詞 p.p）
> で作ります。したがって
>
> j'aurais ＋ p.p.　　tu aurais ＋ p.p.　　il aurait ＋ p.p.
> nous aurions ＋ p.p.　vous auriez ＋ p.p.　ils auraient ＋ p.p.
>
> je serais ＋ p.p.　　　tu serais ＋ p.p.　　il serait ＋ p.p.
> nous serions ＋ p.p　vous seriez ＋ p.p　ils seraient ＋ p.

1　《Si ＋（直説法大過去形），（条件法過去形）.》
　　「もし（あのとき）〜であったなら、〜しただろうに」
　　【過去の事実の反対を仮定して、そのときに想定されることを述べます。】

S'il avait fait beau hier, je **serais sorti**.
　　もし昨日晴れていたら出かけたのだが。

　Comme il ne faisait pas beau hier, je ne suis pas sorti.（昨日は天気がよくなかったので、出かけなかった）という現実の文の仮定のかたちです。avait fait beau（晴れていたら）が直説法大過去形、**serais sorti**（出かけたのだが）が条件法過去形です。

Si vous m'aviez demandé, je vous **aurais aidé**.
　　あなたが頼んだらお助けしていたでしょうに。

Comme vous ne m'avez pas demandé, je ne vous ai pas aidé.（あなた
は私に頼まなかったので、あなたを助けませんでした）という現実の文の仮定のかたち
です。m'aviez demandé（頼んだら）が直説法大過去形、**aurais aidé**（お助けし
ていたでしょうに）が条件法過去形です。

Si j'avais été dans une bonne forme, j'**aurais fait** le
voyage.
体が健康だったらその旅行に行ったのだが。

Comme je n'étais pas dans une bonne forme, je n'ai pas fait le
voyage.（私は健康ではなかったので、その旅行に行きませんでした）という現実の文の
仮定のかたちです。Si j'avais été dans une bonne forme（健康だったら）が直
説法大過去形、**j'aurais fait**（行ったのだが）が条件法過去形です。

Ma femme **aurait été** heureuse si je n'avais plus bu.
私が酒をやめていたなら妻も喜んだろうに。

---

si が後ろに来ていますが前にあるのと同じです。Ma femme n'était pas
heureuse parce que je buvais.（妻は喜んでいませんでした、というのも私が酒を飲
んだから）という現実の文の仮定のかたちです。**aurait été** heureuse（喜んだだろ
うに）が条件法過去形、n'avais plus bu（酒をやめていたなら）が直説法大過去形
です。

2　（過去における）表現を緩和するために使われます。（Si の節はありません。）

J'**aurais aimé** être avec vous hier.
昨日はあなたと一緒にいたかったんだけど。

I would have liked to be with you yesterday. の感じです。

Il **aurait dû** vous écouter.
彼はあなたの意見を聞くべきだったのに。

He should have listened to you. の感じです。

3 （過去における）推測や疑惑を表すために使われます。（Siの節はありません。）

> Le voleur **aurait été aidé**, il me semble.
>
> 泥棒を手引きした者がいるようです。

aurait été aidé（助けられたようだ）で条件法過去形、été aidé は受動態（助けられた）となっています。il me semble は（私には思われる）です。

> Il **serait** déjà **arrivé**, est-ce possible?
>
> 彼がもう着いているって、ありえるか？

serait déjà **arrivé**（もう着いている）は過去と言うよりも完了のニュアンスです。

> Vous **serait**-il **arrivé** quelque accident?
>
> あなたに何か事故でもありましたか？

Vous **serait**-il **arrivé** は Il vous arrive ＋（名詞）で「（名詞）があなたの身に起こる」という構文から来ています。

4 〈過去における未来〉の直前に完了していることを表します。

　主節は過去時制で書かれていて、主節から見て未来にあたることがらが、未来の一点の直前に終わっていることをあらわします。

> Elle m'a dit qu'elle m'**aurait écrit** avant son mariage.
>
> 結婚前に私に手紙を書く、と彼女は私に言いました。

　Elle me dit qu'elle m'aura écrit avant son mariage.（結婚する前に手紙を書くと彼女は言っている）がもとの文です。Elle me dit と上のように現在形にすると avant son mariage が未来のある一点なので、その前に終わっていることは elle m'aura écrit という前未来になります。次に主節が Elle m'a dit（彼女は言った）という過去に変わると elle m'aura écrit というもとの文の前未来は elle m'**aurait écrit** という条件法過去になります。

> Je leur disais que je **serais parti** avant le printemps.
>
> 　春になる前に私は出発する、と彼たちに私は言っていました。

　Je leur dis que je serai parti avant le printemps.（春になる前に出発すると私は彼たちに言っています）がもとにあります。このように主節が現在形だと avant le printemps という未来のある一点の前に終わっていることは前未来 je serai parti となりますが、主節が半過去形 Je leur disais になると従属節は je **serais parti** という条件法過去になります。

> Elle a dit que nous verrions quand il **aurait considéré** la question.
>
> 　彼がいつその問題を考えるようになるか私たちにもわかるようになる、と彼女
> 　は言いました。

　ここも同様です。Elle dit que nous verrons quand il aura considéré la question.（彼がいつその問題を考えるようになるか私たちにもわかるようになる、と彼女は言う）がもとです。il **aurait considéré** という条件法過去は il aura considéré という前未来が、主節が過去 Elle a dit になったことによって変化したものです。

C　練習問題

（1）次のカッコ内の動詞を条件法過去形に直して和訳してください。

1　Si j'avais eu de la chance, je (réussir).
　　和訳：

2　Qu'est-ce que vous (faire) à ma place?
　　和訳：

3　Si j'avais su la nouvelle, je vous (mettre) au courant.
　　和訳：

4　Si je vous avais vue, je (être) content.
　　和訳：

5 Il donc (faire) une erreur.

和訳：

6 Si vous étiez venu, je vous (présenter) mon frère.

和訳：

7 Si vous étiez arrivé à l'heure, vous (pouvoir) la voir.

和訳：

8 Monsieur Cadot savait que je (finir) mon travail avant le lendemain.

和訳：

(2) 日本語の意味に合うように（　　）内を正しく並べかえてください。

1 私が彼よりも前にその計画を仕上げてしまうと彼は思っていた。

Il pensait (terminé/ le projet/ avant/ que/ j'aurais/ lui).

2 彼がもっと利口なら、そんなバカなことはしなかっただろう。

S'il avait (pas/ plus/ il/ n'aurait/ fait/ ces/ été/ intelligent,/ bêtises).

D　暗唱例文

2&3 TRACK_010

⑥⑦ S'il avait fait beau hier, je **serais sorti**.

もし昨日晴れていたら出かけたのだが。

⑥⑧ Si vous m'aviez demandé, je vous **aurais aidé**.

あなたが頼んだらお助けしていたでしょうに。

⑥⑨ Si j'avais été dans une bonne forme, j'**aurais fait** le voyage.

体が健康だったらその旅行に行ったのだが。

⑦⓪ Ma femme **aurait été** heureuse si je n'avais plus bu.

私が酒をやめていたなら妻も喜んだだろうに。

⑦ J'**aurais aimé** être avec vous hier.

昨日はあなたと一緒にいたかったんだけど。

⑦ Il **aurait dû** vous écouter.

彼はあなたの意見を聞くべきだったのに。

⑦ Elle **aurait souhaité** vous parler.

彼女はあなたとお話ししたがっていましたけど。

⑦ Le voleur **aurait été aidé**, il me semble.

泥棒を手引きした者がいるようです。

⑦ Ma montre **aurait retardé** de cinq minutes.

私の腕時計は5分遅れていたようです。

⑦ Elle m'a dit qu'elle m'**aurait écrit** avant son mariage.

結婚前に私に手紙を書く、と彼女は私に言いました。

⑦ Je leur disais que je **serais parti** avant le printemps.

春になる前に私は出発する、と彼たちに言っていました。

E　さらに発展

《条件法過去第2形》について

a）　仮定の文の帰結（主節）において条件法過去形の代わりに用いられる【条件法過去第2形】と呼ばれる時制があります。

b）　接続法大過去形（＝接続法半過去形＋過去分詞）を使います。

c）　主に3人称で使われます。したがって

il **eût donné**　　　　elle **eût donné**

ils **eussent donné**　　elles **eussent donné**

あるいは

il **fût allé**　　　　elle **fût allée**

ils **fussent allés**　　elles **fussent allées**

などのような形になります。

d）会話では用いません。

e）以下は例文です。

> Si j'avais voulu, il **eût donné** son conseil.
> もし私が望んでいたら彼はアドバイスをくれたでしょう。

＝ Si j'avais voulu, il aurait donné son conseil.

eût donné が接続法大過去形（＝接続法半過去形＋過去分詞）です。

> Si elle avait été avec moi, elle **eût été** heureuse.
> もし彼女は私といれば、幸せだったろうに。

＝ Si elle avait été avec moi, elle aurait été heureuse.

eût été が接続法大過去形（＝接続法半過去形＋過去分詞）です。

> S'ils avaient compris la question, ils **eussent répondu** mieux.
> もし彼らが質問を理解していたなら、もっといい答えをしたでしょうに。

＝ S'ils avaient compris la question, ils auraient répondu mieux.

> Si elle avait eu sa voiture, elle **fût venue**.
> 彼女は自分のクルマを持っていたなら来たでしょうに。

＝ Si elle avait eu sa voiture, elle serait venue.

また Si 節（従属節）の中でも接続法大過去形を使うことがあります。
（つまり主節も従節ともに接続法大過去形です。）

> Si elle **eût demandé** la permission, il la lui **eût donnée**.
> もし彼女が許可を求めていたら彼はそれを与えたでしょうに。

＝ Si elle avait demandé la permission, il la lui aurait donnée.

◯③ 接続法

1 ● 接続法現在形

A　用法　　　　　　　　　　　　　　　❶ TRACK_011

1　主節（現在か未来）が意志や希望を表す場合の従属節（que 節）で用います。

Je veux que tu **sortes** tout de suite.
　　君にはすぐ出て行ってほしい。

Je veux qu'il **prenne** ces médicaments.
　　彼にはこの薬を飲んでほしい。

Je souhaite que cet hôtel vous **plaise**.
　　このホテルがあなたのお気に召すといいのですが。

Je désire qu'elle **vienne** avec moi.
　　彼女に一緒に行ってほしい。

Désirent-ils que je **parte**?
　　彼たちは私にいなくなってほしいのか？

2　主節（現在か未来）が疑惑や否定を表す場合の従属節（que 節）で用います。

Je ne pense pas qu'il (ne) **soit** intelligent.
　　彼が頭がいいとは思わない。

Je doute fort qu'il vous **reçoive**.
　　彼があなたに会ってくれるか、とても疑わしい。

Croyez-vous qu'il **soit** capable de s'en charger?
　　彼がそれを担当する能力があると思いますか？

Elle nie qu'il soit coupable.
　　彼に罪はないと彼女は言っている。

3　非人称構文（現在か未来）の従属節（que 節）で用います。

Il faut que je vous **voie**, c'est urgent.
あなたに会わねばならない、緊急なんだ。

Il faudra que nous **partions** immédiatement.
私たちはすぐにたたねばならないでしょう。

Il importe que vous **lisiez** ce livre.
あなたはこの本を読むことが大事です。

Il est possible qu'il **pleuve** ce soir.
今夜は雨かもしれない。

Il se peut qu'elle **soit** malade.
彼女は病気かもしれない。

Il est nécessaire que vous **soyez** là.
あなたがいることが必要です。

Il est bon que nous le **prévenions** tout de suite.
すぐに彼には知らせたほうがいい。

Il est surprenant qu'il **finisse** si tôt.
彼がこんなに早く終えるとは驚きだ。

**4　ある種類の副詞節（時・目的・条件など（que 節））の中で用いられます。
主節は現在か未来の時制です。**

Je resterai ici jusqu'à ce qu'il **vienne**.
彼が来るまで私はここにいます。

Il lui raconte tout afin qu'elle **sache** la vérité.
彼は真実がわかるように彼女にすべてを話す。

Bien qu'il **soit** malade, il travaille dur.
彼は病気だが、懸命に働く。

Il part sans qu'elle **s'en aperçoive**.
彼女の気づかないうちに彼は出発する。

Il arrivera avant qu'il **fasse** nuit.

彼は夜になる前に到着するだろう。

Arrange tout pour que tout le monde **soit** content.

皆さんが満足するようにすべてを手配しなさい。

5 単独の節（que 節）の中で用いて命令や希望を表します（3 人称で）。

Pourvu qu'il **fasse** beau demain.

明日は晴れるといいのだが。

Qu'il **se taise**!

やつを黙らせろ！

Qu'elle **soit** ici avant midi!

正午までに彼女をここへ連れてこい！

Qu'il **attende** encore un peu.

彼をもう少し待たせるがいい。

Qu'il **entre**!

お通ししろ！

Vienne la nuit, **sonne** l'heure!

夜よ来い、鐘よ鳴れ！

B 解説

 **ひとくちメモ**

接続法現在形の形は一部分（nous と vous について）は直説法半過去形に似ています。たとえば donner を例にとると

nous **donnions** vous **donniez**

などとなります。

1　主節（現在か未来）が意志や希望を表す場合の従属節（que 節）で用います。

Je veux que tu **sortes** tout de suite.

君にはすぐ出て行ってほしい。

veux（欲する）は直説法現在形、**sortes** は sortir（出て行く）の接続法現在形です。意志を表しています。

Je souhaite que cet hôtel vous **plaise**.

このホテルがあなたのお気に召すといいのですが。

souhaite（望む）は直説法現在形、**plaise** は plaire（～の気に入る）の接続法現在形です。希望を表しています。

Désirent-ils que je **parte**?

彼たちは私にいなくなってほしいのか？

Désirent（望む）は直説法現在形、**parte** は partir（出発する）の接続法現在形です。願望を表しています。

2　主節（現在か未来）が疑惑や否定を表す場合の従属節（que 節）で用います。

Je ne pense pas qu'il (ne) **soit** intelligent.

彼が頭がいいとは思わない。

Je ne pense pas（思わない）が主節にあるので être の接続法現在形 **soit** が使われています。またこのように主節が否定文や疑問文のときには従属節で虚辞の ne がしばしば使われます。虚辞の ne については、この項の〈**E　さらに発展**〉を参照してください。

Je doute fort qu'il vous **reçoive**.

彼があなたに会ってくれるか、とても疑わしい。

doute（疑う）は直説法現在形、**reçoive** は recevoir（受け入れる）の接続法現在形です。主節が疑惑を表しています。

Croyez-vous qu'il **soit** capable de s'en charger?
　彼がそれを担当する能力があると思いますか？

　Croyez-vous（思いますか？）という疑問文なので que 節は接続法になります。que 節内が疑いを残さない場合は直説法を用います。

Elle nie qu'il **soit** coupable.
　彼に罪はないと彼女は言っている。

　直訳は（彼女は彼が有罪だということを否定している）ですが、**soit** は有罪かどうかは確定した事柄ではないことを含んでいます。もし確実に有罪なのに否定していたら Elle nie qu'il est coupable. となり（彼は有罪なのに彼女はそれを認めない）という訳になります。

3　非人称構文（現在か未来）の従属節（que 節）で用います。

Il faut que je vous **voie**, c'est urgent.
　あなたに会わねばならない、緊急なんだ。

　Il faut que ～（～しなければならない）のあとには **voie** という voir（見る）の接続法現在形が来ています。

Il importe que vous **lisiez** ce livre.
　あなたはこの本を読むことが大事です。

　Il importe que ～（～が大事だ）の後は **lisiez** という lire（読む）の接続法現在形が来ています。

Il est possible qu'il **pleuve** ce soir.
　今夜は雨かもしれない。

　Il est possible que ～（～かもしれない）のあとには **pleuve** という pleuvoir（雨が降る）の接続法現在形が来ています。

4 ある種類の副詞節（時・目的・条件など（que 節））の中で用いられます。主節は現在か未来の時制です。

Il lui raconte tout afin qu'elle **sache** la vérité.
　彼は真実がわかるように彼女にすべてを話す。

afin que 〜（〜するために）のあとは **sache** という savoir（知る）の接続法現在形となっています。

Bien qu'il **soit** malade, il travaille dur.
　彼は病気だが、懸命に働く。

Bien que 〜（〜だけれども）という対立を表す文になります。Bien que 〜の節の中は接続法となります。**soit**（である）は être の接続法現在形です。

Arrange tout pour que tout le monde **soit** content.
　皆さんが満足するようにすべてを手配しなさい。

pour que 〜（〜するために）の節の中では接続法が使われます。**soit** content（満足する）です。

5 単独の節（que 節）の中で用いて命令や希望を表します（3 人称で）。

Pourvu qu'il **fasse** beau demain.
　明日は晴れるといいのだが。

Pourvu que 〜（〜であればなあ）という願望を表しています。**fasse**（天気が〜だ）は faire の接続法現在形です。I wish it would be fine tomorrow. の感じです。

Qu'elle **soit** ici avant midi!
　正午までに彼女をここへ連れてこい！

Qu'elle **soit**（彼女がここにいるようにせよ）です。Que ＋（接続法）で命令を表します。

> ## Vienne la nuit, sonne l'heure!
> 夜よ来い、鐘よ鳴れ！

アポリネールの詩の一節です。主語 la nuit（夜）と動詞 **Vienne**（来い）、また主語 l'heure（鐘の音）と動詞 **sonne**（鳴れ）が倒置されています。またこの場合、願望（命令）の Que さえも省略されています。普通には Que la nuit vienne, que l'heure sonne. というところです。

C 練習問題

（1）次のカッコ内の動詞を接続法現在形に直して和訳してください。

1 Venez me voir avant que je (faire) mon voyage.
  和訳：

2 Je travaille beaucoup pour que mon père (avoir) un peu d'argent.
  和訳：

3 Il vaut mieux que nous (se quitter).
  和訳：

4 Voulez-vous que je vous (aider)?
  和訳：

5 Elle craint que sa fille (tomber) malade.
  和訳：

6 Il ordonne que vous me (donner) votre aide.
  和訳：

7 Il est possible qu'elle me (écrire).
  和訳：

8 C'est dommage qu'il y (avoir) des guerres.
  和訳：

1

動詞をめぐって

(2) 日本語の意味になるように並べかえてください。書き出しは大文字にしてください。

1 君がいてくれさえしたら。

que/ sois/ là/ pourvu/ tu / .

2 彼女の気づかないうちに彼は出ていくだろう。

qu'elle/ partira/ sans/ aperçoive/ il/ s'en / .

D 暗唱例文

2&3 TRACK_011

⑱ Je veux que tu **sortes** tout de suite.

君にはすぐ出て行ってほしい。

⑲ Je souhaite que cet hôtel vous **plaise**.

このホテルがあなたのお気に召すといいのですが。

⑳ Je désire qu'elle **vienne** avec moi.

彼女に一緒に行ってほしい。

㉑ Je ne pense pas qu'il (ne) **soit** intelligent.

彼が頭がいいとは思わない。

㉒ Je doute fort qu'il vous **reçoive**.

彼があなたに会ってくれるか、とても疑わしい。

㉓ Croyez-vous qu'il **soit** capable de s'en charger?

彼がそれを担当する能力があると思いますか？

㉔ Il faut que je vous **voie**, c'est urgent.

あなたに会わねばならない、緊急なんだ。

㉕ Il importe que vous **lisiez** ce livre.

あなたはこの本を読むことが大事です。

㉖ Il est possible qu'il **pleuve** ce soir.

今夜は雨かもしれない。

㉗ Il est surprenant qu'il **finisse** si tôt.

彼がこんなに早く終えるとは驚きだ。

㊳ Je resterai ici jusqu'à ce qu'il **vienne**.

彼が来るまで私はここにいます。

㊙ Bien qu'il **soit** malade, il travaille dur.

彼は病気だが、懸命に働く。

㊚ Il arrivera avant qu'il **fasse** nuit.

彼は夜になる前に到着するだろう。

㊛ Pourvu qu'il **fasse** beau demain.

明日は晴れるといいのだが。

㊜ Qu'il **se taise**!

やつを黙らせろ！

㊝ **Vienne** la nuit, **sonne** l'heure!

夜よ来い、鐘よ鳴れ！

E　さらに発展

1　《最上級（それに準ずる表現）のあとの関係詞の節で》

　最上級（それに準ずる表現）のあとの関係詞の節では動詞は接続法になるのが普通です。（語調を和らげるためだと言われています。）

C'est le seul roman que je **puisse** vous recommander.

（これは私があなたに推薦できる唯一の小説です。）

　＊ je **puisse** の部分が接続法現在形です。

2　主節と従属節の主語が一致しているとき、従属節で接続法は使いません。

Je suis heureux de venir.　　　　　　　○

Je suis heureux que je vienne.　　　　　×

Je veux étudier.　　　　　　　　　　　○

Je veux que j'étudie.　　　　　　　　　×

Elle a peur de faire ce travail. ○

Elle a peur qu'elle fasse ce travail. ×

Je voudrais être acteur. ○

Je voudrais que je sois acteur. ×

3　虚辞の ne について（第8章　否定の表現をめぐって　も参照してください。）

主節が否定文や疑問文であるときの従属節には虚辞の ne がよく使われます。

同様に craindre（恐れる）や redouter（心配する）に続く補足節では接続法と虚辞の ne が使われます。

Je crains qu'il ne **vienne**.

は「彼が来るのを恐れている」というよりも「彼が来るのではないかと心配だ」のニュアンスで言われています。この場合 qu'il ne vienne という接続法には【来てほしくない願望】がこめられていると言えます。

4　文頭におかれた名詞節中の接続法

節のニュアンスにかかわらず、動詞は接続法になります。

Que les femmes **soient** mystérieuses, je l'ai éprouvé mille fois.

（女性とはミステリアスなもの、それは数限りなく経験してきた。）

Que が名詞節で、それをあとの l'（中性代名詞）で受けています。フランス語によくある構文です。

2●接続法過去形

A　用法 ●TRACK_012

1　主節の時（現在か未来）から見てすでに終わっていることがらを表します。

（主節には être navré（残念だ）、être content（満足だ）、être impossible（ム
リだ）、être heureux（嬉しい）、être dommage（残念だ）、regretter（残念だ）な
どが使われます。）

Je suis navré qu'il **soit** déjà **parti**.
　彼がもう行ってしまったのは残念です。

Il est navré que vous ne l'**ayez** pas **trouvé**.
　彼はあなたにお会いできなかったことを残念がっています。

Je suis content que vous **soyez venu**.
　あなたに来ていただいて嬉しいです。

Il est impossible qu'elle **ait achevé** ce tableau.
　彼女がこの絵を仕上げたなんて不可能です。

Elle est heureuse que je lui **aie écrit**.
　私が手紙をあげたことを彼女は喜んでいます。

Il se peut qu'elle **ait** mal **pris** la chose.
　彼女はそのことを悪く取ったのかもしれません。

C'est dommage qu'il **ait perdu** sa fortune.
　彼が財産を失ったとは残念です。

Je regrette que tu ne m'**aies** pas **attendu**.
　君が待っててくれなかったのは残念です。

Elle est fâchée que je ne l'**aie** pas **vue** hier soir.
　彼女は私が昨夜会わなかったことを怒っています。

88

2 主節の時（現在か未来）から見て未来に完了することがらを表します。

（avant que, jusqu'à ce que, en attendant que などの節中で使われます。）

Téléphonez-moi avant que vous **soyez sorti**.

家を出る前に電話してください。

Pouvez-vous attendre jusqu'à ce que j'**aie terminé**?

私が終わるまで待っていただけませんか？

Elle veut rester là-bas en attendant que l'avion **ait décollé**.

彼女は飛行機が離陸するまでそこにいたいのです。

Pourriez-vous attendre jusqu'à ce que je **sois arrivé**?

私が着くまで待っていてもらえますか？

Il reviendra avant qu'il **ait commencé** à pleuvoir.

彼は雨が降り始める前に戻ってくるでしょう。

B 解説

> 🌰 **ひとくちメモ**
>
> **接続法過去形**＝（avoir または être の接続法現在形）＋（過去分詞 p.p.）
>
> で作ります。したがって
>
> | | | |
> |---|---|---|
> | j'**aie** + p.p. | tu **aies** + p.p. | il(elle) **ait** + p.p. |
> | nous **ayons** + p.p. | vous **ayez** + p.p. | ils(elles) **aient** + p.p. |
>
> あるいは
>
> | | | |
> |---|---|---|
> | je **sois** + p.p. | tu **sois** + p.p | il(elle) **soit** + p.p |
> | nous **soyons** + p.p | vous **soyez** + p.p. | ils(elles) **soient** + p.p. |
>
> などとなります。

1 主節の時（現在か未来）から見てすでに終わっていることがらを表します。

（主節には être navré, être content, être impossible, être heureux, être dommage, regretter などが使われます。）

Je suis navré qu'il **soit déjà parti**.

彼がもう行ってしまったのは残念です。

接続法過去形 il **soit déjà parti**（彼がもう行ってしまった）は直説法現在形 Je suis navré（残念です）の時点から見てすでに終わったことになりますからこの形です。

Je suis content que vous **soyez venu**.

あなたに来ていただいて嬉しいです。

ここも同様で接続法過去形 vous **soyez venu**（あなたに来ていただいて）は直説法現在形 Je suis content（嬉しいです）から見てすでに終わっていることがらです。

Il est impossible qu'elle **ait achevé** ce tableau.

彼女がこの絵を仕上げたなんて不可能です。

接続法過去形 elle **ait achevé**（仕上げた）は直説法現在形 Il est impossible（不可能です）より以前のことです

Elle est heureuse que je lui **aie écrit**.

私が手紙をあげたことを彼女は喜んでいます。

接続法過去 je lui **aie écrit**（私が手紙をあげた）も直説法現在形 Elle est heureuse（彼女は喜んでいます）の前に終わったことです。

C'est dommage qu'il **ait perdu** sa fortune.

彼が財産を失ったとは残念です。

接続法過去 il **ait perdu** sa fortune（彼が財産を失った）も直説法現在形 C'est dommage（残念です）より以前のことがらです。

2　主節の時（現在か未来）から見て未来に完了することがらを表します。

（avant que, jusqu'à ce que, en attendant que などの節中で使われます。）

> **Pouvez-vous attendre jusqu'à ce que j'aie terminé?**
> 私が終わるまで待っていただけませんか？

jusqu'à ce que ＋（接続法）「～するまで（ずっと）」です。そして j'aie terminé（私が終わる）という接続法過去形は attendre（待って）という行為がその時まで続くのですから未来において完了することがらとなります。

> **Elle veut rester là-bas en attendant que l'avion ait décollé.**
> 彼女は飛行機が離陸するまでそこにいたいのです。

en attendant que ＋（接続法）も「～するまで（ずっと）」です。l'avion ait décollé（飛行機が離陸するまで）という接続法過去形は rester（いる）がその時まで続くので未来において完了することがらです。

> **Il reviendra avant qu'il ait commencé à pleuvoir.**
> 彼は雨が降り始める前に戻ってくるでしょう。

avant que ＋（接続法）は「～する前に」の意味です。il ait commencé à pleuvoir（雨が降り始める）という接続法過去形は Il reviendra（彼は戻ってくる）（単純未来形）の前に終わっていることですから、単純未来の前に完了している前未来を表します。

C 練習問題

次のカッコ内の動詞を接続法過去形に直して和訳してください。

1 Je suis étonné qu'elle (partir).

和訳：

2 Je resterai chez moi en attendant qu'il me (téléphoner).

和訳：

3 Je suis surpris que Jean te (prêter) sa voiture.

和訳：

4 Elle est contente que je lui (acheter) un bon cadeau.

和訳：

5 Elle doute que je (travaille) pour elle.

和訳：

6 Nous craignons que son épreuve orale (être) très difficile.

和訳：

7 Je ne pense pas qu'il (être) prudent.

和訳：

8 Je regrette qu'elle (se fâcher).

和訳：

9 Il est possible qu'il (avoir) un accident de voiture.

和訳：

10 J'ai peur que vous (saisir) mal ma réponse.

和訳：

D 暗唱例文

2&3 TRACK_012

⑨ Je suis navré qu'il **soit** déjà **parti**.

彼がもう行ってしまったのは残念です。

⑨⑤ Je suis content que vous **soyez venu**.

あなたに来ていただいて嬉しいです。

⑨⑥ Elle est heureuse que je lui **aie écrit**.

私が手紙をあげたことを彼女は喜んでいます。

⑨⑦ C'est dommage qu'il **ait perdu** sa fortune.

彼が財産を失ったとは残念です。

⑨⑧ Je regrette que tu ne m'**aies** pas **attendu**.

君が待っててくれなかったのは残念です。

⑨⑨ Elle est fâchée que je ne l'**aie** pas **vue** hier soir.

彼女は私が昨夜会わなかったことを怒っています。

⑩⑩ Pouvez-vous attendre jusqu'à ce que j'**aie termin**é?

私が終わるまで待っていただけませんか？

⑩⑪ Pourriez-vous attendre jusqu'à ce que je **sois arrivé**?

私が着くまで待っていてもらえますか？

⑩⑫ Il reviendra avant qu'il **ait commencé** à pleuvoir.

彼は雨が降り始める前に戻ってくるでしょう。

E　さらに発展

《最上級（それに準ずる表現）のあとの関係詞の節で》

　最上級（それに準ずる表現）のあとの関係詞の節では動詞は接続法になるのが普通です。（語調を和らげるためだと言われています。）

C'est la nouvelle la plus intéressante que j'**aie lue**.

（これは私が読んだ中で一番面白い短編小説です。）

　＊ j'aie lue の部分は接続法過去形です。

　＊接続法現在形の〈**E　さらに発展　1**〉も参照してください。

3 ● 接続法半過去形

A 用法

❶ TRACK_013

従属節（que 節）において、主節の時制（過去時制）と同じかそれより未来を示します。

（主節の動詞は vouloir, douter, falloir, désirer, souhaiter などです。）

Elle voulait que je pusse l'aider.
彼女は私が助けてやれることを望んだ。

Je doutais qu'il fût chez lui.
彼が家にいるかどうか疑わしいと思った。

Il fallait que nous étudiassions beaucoup.
私たちは大いに勉強しなければならなかった。

Il était nécessaire que je fusse avec toi.
僕が君といることが必要だった。

Les étudiants voulaient que leur professeur parlât plus fort.
学生たちは先生がもっと大きな声で話してほしかった。

Je désirais qu'elle fût mon amie.
彼女に友人になってほしかった。

Je ne croyais pas qu'ils eussent tant de courage.
彼たちにそんな勇気があるとは思わなかった。

Elle souhaitait qu'il tînt sa promesse.
彼が約束を守ってくれればと彼女は願った。

Je doutais que ce remède fût efficace.
その薬が効くかどうか疑わしく思った。

Il était à craindre qu'elle ne fût en retard.
彼女は遅れる恐れがあった。

B 解説

🍓 ひとくちメモ

1 主に三人称で用いられます。

2 会話には使われません。

3 現代語では接続法現在形で代用します。（〈**E　さらに発展**〉 参照）

したがってたとえば

Elle voulait que je **pusse** l'aider.

=　Elle voulait que je **puisse** l'aider.

pusse は接続法半過去形 **puisse** は接続法現在形です（原形は pouvoir 「～できる」）。**puisse** は日常会話にもよく出てきます。

Elle voulait que je **pusse** l'aider.

　彼女は私が助けてやれることを望んだ。

---

voulait は vouloir（欲する）の直接法半過去形、**pusse** は pouvoir（～できる）の接続法半過去形です。従属節の **pusse**（できる）は主節の voulait と同じ〈時〉を表しています。

Je doutais qu'il **fût** chez lui.

　彼が家にいるかどうか疑わしいと思った。

---

fût は être（～にいる）の接続法半過去形です。主節の直接法半過去形 doutais（疑う）と同じ〈時〉を表しています。

Il fallait que nous **étudiassions** beaucoup.

　私たちは大いに勉強しなければならなかった。

ここも直接法半過去形 fallait（しなければならなかった）と接続法半過去形 **étudiassions**（勉強する）は同じ〈時〉を示しています。

動詞をめぐって

1

Les étudiants voulaient que leur professeur **parlât** plus fort.

　学生たちは先生がもっと大きな声で話してほしかった。

　直接法半過去形 voulaient（ほしかった）と接続法半過去形 **parlât** plus fort（もっと大きな声で話す）が同じ〈時〉だと見なせます。

Je désirais qu'elle **fût** mon amie.

　彼女に友人になってほしかった。

　ここでは直接法半過去形 désirais（欲しかった）時から見て接続法半過去形 **fût** mon amie（私の友人になる）はやや未来を表しています。

Elle souhaitait qu'il **tînt** sa promesse.

　彼が約束を守ってくれればと彼女は願った。

　直接法半過去形 souhaitait（願った）から見て接続法半過去形 **tînt** sa promesse（約束を守る）はやや未来のことになります。**tînt** は原形 tenir（保つ）です。

Il était à craindre qu'elle ne **fût** en retard.

　彼女は遅れる恐れがあった。

　Il は qu' 以下を受ける形式主語です。直接法半過去形 Il était à craindre que ～（～の恐れがあった）から見て接続法半過去形 **fût** en retard（遅れる）は、やや未来のことになります。ne は虚辞の ne です。

C　練習問題

　次のカッコ内にある動詞の接続法半過去形を選び全文を和訳してください。

1　Il fallait qu'elle (parla/　parlat/　parlât) lentement.
　　和訳：
2　Je ne pensais pas qu'il (fit/　fît/　fait) une telle chose.
　　和訳：

3 Il valait mieux qu'ils (partissent/ partent/ partît) rapidement.

和訳：

4 Je defendis qu'il me (posât/ posa/ posassent) des questions.

和訳：

5 Je regrettais qu'il (voulusse/ voulût/ voulut) sortir avec elle.

和訳：

6 Il était nécessaire que je (fus/ fusse/ fût) avec eux.

和訳：

7 Il fallait qu'elles (arrivât/ arriva/ arrivassent) là-bas.

和訳：

8 J'avais ordonné qu'il s'en (excusât/ excusa/ excusassiez).

和訳：

D 暗唱例文

2&3 TRACK_013

⑩ Elle voulait que je **pusse** l'aider.

彼女は私が助けてやれることを望んだ。

⑭ Je désirais qu'elle **fût** mon amie.

彼女に友人になってほしかった。

⑮ Je ne croyais pas qu'ils **eussent** tant de courage.

彼たちにそんな勇気があるとは思わなかった。

⑯ Il était à craindre qu'elle ne **fût** en retard.

彼女は遅れる恐れがあった。

E　さらに発展

現代語では接続法半過去形は接続法現在形で代用します。

したがってたとえば

Je doutais qu'il **fût** chez lui.

＝ Je doutais qu'il **soit** chez lui.
（彼が家にいるかどうか疑わしいと思った。）

【**fût** は接続法半過去形 **soit** は接続法現在形です。】

Il était nécessaire que je **fusse** avec toi.

＝ Il était nécessaire que je **sois** avec toi.
（僕が君といることが必要だった。）

【**fusse** は接続法半過去形 **sois** は接続法現在形です。】

Je ne croyais pas qu'ils **eussent** tant de courage.

＝ Je ne croyais pas qu'ils **aient** tant de courage.
（彼たちにそんな勇気があるとは思わなかった。）

【**eussent** は接続法半過去形 **aient** は接続法現在形です。】

また同様にして

Il lui a tout raconté afin qu'elle **sache** la vérité.
（彼は真実がわかるように彼女にすべてを話した。）

Il est parti sans qu'elle s'en **aperçoive**.
（彼女の気づかないうちに彼は出発した。）

4●接続法大過去形

A　用法

　従属節（que 節）において、主節の時制（過去時制）より以前に起こったことがらを表します。

Il ne pensait pas que je **fusse arrivé**.
　私が着いていたとは彼は思わなかった。

J'étais mécontent qu'il **eût perdu** cet argent.
　彼がそのお金を失くしてしまったことに私は不満だった。

Je ne croyais pas qu'il **eût pu** achever ce travail.
　彼にその仕事が終えられたなんて私は信じなかった。

Elle était heureuse qu'il **fût venu** la voir.
　彼が彼女に会いに来たことで彼女は幸せだった。

Ils voulaient que j'**eusse gardé** le silence.
　私が沈黙を守りきったことを彼たちは望んでいた。

J'avais voulu qu'elle **eût fini** avant.
　私は彼女が前もってやってくれていることを望んだ。

Il fallait qu'on **eût réfléchi** sur soi-même avant.
　私たちは前もって反省しておくことが必要だったんだ。

Je ne pensais pas qu'ils **eussent invité** cette fille.
　その女の子を彼たちが招待していたなんて思わなかった。

Je doutais qu'il **fût venu**.
　彼が来ていたとは思わなかった。

Il était impossible qu'elle **eût dit** la vérité.
　彼女が真実を述べたなんてありえなかった。

B 解説

🍓 ひとくちメモ

1 主に三人称で用いられます。

2 会話では使われません。

3 現代語では接続法半過去形の代わりに接続法現在形が使われるように、
接続法大過去形の代わりに接続法過去形を用います。
（詳しくはこの項の〈**E　さらに発展**〉を参照してください。）

4 **接続法大過去形**の形について
（être または avoir の接続法半過去形）＋（過去分詞 p.p.）ですから

je fusse ＋ p.p.　　　　tu fusses ＋ p.p.　　il(elle) fût ＋ p.p.

nous fussions ＋ p.p.　vous fussiez ＋ p.p.　ils(elles) fussent ＋ p.p.

j'eusse ＋ p.p.　　　　tu eusses ＋ p.p.　　　il(elle) eût ＋ p.p.

nous eussions ＋ p.p.　vous eussiez ＋ p.p.　ils(elles) eussent ＋ p.p.

Il ne pensait pas que je fusse arrivé.
　私が着いていたとは彼は思わなかった。

　接続法大過去形 je **fusse arrivé**（私が着いていた）のは Il ne pensait pas（彼は思わなかった）という直説法半過去形の前に起こっていたことがらです。

J'étais mécontent qu'il eût perdu cet argent.
　彼がそのお金を失くしてしまったことに私は不満だった。

　接続法大過去形 il **eût perdu** cet argent（彼がそのお金を失くしてしまったこと）は直説法半過去形 J'étais mécontent（私は不満）だったことより以前に起こったことがらです。

Il était impossible qu'elle eût dit la vérité.
　彼女が真実を述べたなんてありえなかった。

接続法大過去形 elle **eût dit** la vérité（彼女が真実を述べた）ことは直説法半過去形 Il était impossible（ありえなかった）の以前に起こったことがらです。

Elle était heureuse qu'il **fût venu** la voir.
彼が彼女に会いに来たことで彼女は幸せだった。

接続法大過去形 il **fût venu** la voir（彼が彼女に会いに来たこと）は直説法半過去形 Elle était heureuse（彼女は幸せだった）の以前に起こったことがらです。

Je ne pensais pas qu'ils **eussent invité** cette fille.
その女の子を彼たちが招待していたなんて思わなかった。

接続法大過去形 ils **eussent invité** cette fille（その女の子を彼たちが招待していた）のは直説法半過去形 Je ne pensais pas（思わなかった）の以前に起こったことがらです。

Je doutais qu'il **fût venu**.
彼が来ていたとは思わなかった。

接続法大過去形 il **fût venu**（彼が来ていた）は Je doutais（疑っていた）という直説法半過去形の以前に起こったことがらです。

C　練習問題

日本語の意味に合うように次のカッコ内の単語を正しく並べかえてください。

1　彼女は私が間違いをしたことが不満でした。
　　Elle était (fait/ une/ mécontente/ que/ erreur/ j'eusse).

2　私は彼が来られるとは思いませんでした。
　　Je ne (pas/ eût/ qu'il/ venir/ pensais/ put).

3　彼女は彼たちが来てくれたことで幸せだった。
　　Elle était (fussent/ qu'ils/ heureuse/ venus).

4 彼が私の指示を理解しなかったのではないかと思った。

Je (eût/ qu'il/ mes indications/ doutais/ compris).

5 彼女は私が来ていたなんて信じなかった。

Elle ne (que/ je/ croyait/ arrivé/ pas/ fusse).

6 彼が間違った忠告を私たちにしたことを残念に思った。

Je (donné/ conseils/ regrettais/ nous eût/ de mauvais/ qu'il).

D 暗唱例文

⑩⑦ J'étais mécontent qu'il **eût perdu** cet argent.

彼がそのお金を失くしてしまったことに私は不満だった。

⑩⑧ Elle était heureuse qu'il **fût venu** la voir.

彼が彼女に会いに来たことで彼女は幸せだった。

⑩⑨ J'avais voulu qu'elle **eût fini** avant.

私は彼女が前もってやってくれていることを望んだ。

⑩⑩ Je ne pensais pas qu'ils **eussent invité** cette fille.

その女の子を彼たちが招待していたなんて思わなかった。

⑪⑪ Je doutais qu'il **fût venu**.

彼が来ていたとは思わなかった。

E さらに発展

1 現代語では接続法大過去形の代わりに接続法過去形が使われます。

Je doutais qu'il eût bien compris.

　　→ Je doutais qu'il ait bien compris.

（彼はよく理解しなかったのではないかと思った。）

Elle était heureuse qu'il fût venu la voir.

　　→ Elle était heureuse qu'il soit venu la voir.

（彼が彼女に会いに来たことで彼女は幸せだった。）

Il ne pensait pas que je fusse arrivé.

→ Il ne pensait pas que je sois arrivé.

（私が着いていたとは彼は思わなかった。）

J'avais voulu qu'elle eût fini avant.

→ J'avais voulu qu'elle ait fini avant.

（私は彼女が前もってやってくれていることを望んだ。）

2　【条件法第2形】として（第1章　条件法過去形　の項も参照してください。）

S'il avait eu assez d'argent, il serait venu avec moi.

（もし十分なお金を持っていたなら、彼は私と一緒に行ったでしょうに。）

（直説法大過去形＋条件法過去形）

これは典型的な仮定の表現です。

＊接続法大過去形は、上で使われている条件法過去形の代わりに文章語で使われます。

【条件法第2形】

S'il avait eu assez d'argent, il **fût venu** avec moi.

（もし十分なお金を持っていたなら、彼は私と一緒に行ったでしょうに。）

（直説法大過去形＋接続法大過去形）

帰結文に接続法が使われています。この接続法を【条件法第2形】と呼びます。

＊接続法大過去形は Si 節の直説法大過去形の代わりにも使われます。

S'il **eût eu** assez d'argent, il **fût venu** avec moi.

（もし十分なお金を持っていたなら、彼は私と一緒に行ったでしょうに。）

（接続法大過去形＋接続法大過去形）

条件文も帰結文も接続法になっています。

上の三文ともに形は変わっても同じ意味です。

⓪4 命令法

A　用法

❶ TRACK_015

tu（君）に対して 　　　　　　「〜しなさい」

nous（私たち）に対し 　　　　「〜しましょう」

vous（あなた（がた））に対して 　「〜してください」

のように命令を表します。

Écoute-moi.

　僕の言うことを聞いて。

Écoutez-moi.

　僕の言うことを聞いてください。

Écoutons-le.

　彼の言うことを聞こうよ。

Finis ton travail.

　君の仕事を終えなさい。

Finissez votre travail.

　あなた（がた）の仕事を終えてください。

Finissons notre travail.

　我々の仕事を終えようよ。

N'**écoutez** pas ses histoires.

　やつのたわごとを聞かないでください。

Lève-toi, c'est déjà l'heure.

　起きなさい、もう時間よ。

N'**aie** pas peur.

　恐れるな。

N'ayez pas peur.
怖がらないでください。

Sois gentil.
優しくしてよ。

Soyez prudent.
気をつけてください。

Soyons courageux.
元気にいこう。

Allez, **viens** avec moi.
さあ、僕と一緒に行こう。

Allons, au travail.
さあ、仕事にかかろう。

B 解説

🌰 ひとくちメモ

1 er 型規則動詞（第 1 群規則動詞）の命令文は tu, nous, vous の直説法現在形を用いて原則的には命令文ができますが、tu の活用の最後の s はつけません。

　例）donner → tu donnes →（命令文）**donne**「くれ」

2 英語と同じように

（命令文），**et** 〜「（命令）だ。そうすれば〜だ」
（命令文），**ou** 〜「（命令）だ。さもないと〜だ」

となります。

Faites-nous signe, **et** nous recommençons le travail.
（合図してください。そうすれば作業を再開します。）

Dépêchons-nous, **ou** nous serons en retard.
（急ごうよ。さもないと遅刻だよ。）

Écoute-moi.

僕の言うことを聞いて。

Écoute（聞いて）は écouter の活用 tu écoutes の最後の s を取ったものです。
ハイフンあとには moi という強勢形の代名詞（強勢形人称代名詞）が来ます。

Écoutons-le.

彼の言うことを聞こうよ。

ハイフンあとには le（彼の言うことを）という直接目的語の形の代名詞が来ます。
これは強勢形ではありません（無強勢形人称代名詞）。このようにハイフンのあ
とは原則は無強勢形人称代名詞ですが、me と te だけは肯定命令文においてそ
れぞれ moi と toi になります。

Finis ton travail.

君の仕事を終えなさい。

Finis は finir（終える）の活用 tu finis から来ています。s を取る必要はありま
せん。

N'écoutez pas ses histoires.

やつのたわごとを聞かないでください。

N'écoutez pas（聞かないで）のように否定命令文は普通の否定文のように、動
詞を ne と pas ではさみます。histoires は「作り話」の意味です。

Lève-toi, c'est déjà l'heure.

起きなさい、もう時間よ。

Lève-toi（起きなさい）は se lever（起きる）の tu に対する命令文です。lever
だけなら「起こす」の意味です。toi は強勢形人称代名詞です。肯定命令文で te
の代わりに使います。

> **N'aie pas peur.**
> 恐れるな。

aie は avoir（持つ）の tu に対する命令法です。avoir peur で「怖がる」の意味です。

> **Sois gentil.**
> 優しくしてよ。

Sois は être（〜である）の tu に対する命令法です。gentil（優しい）は形容詞です。

> **Soyons courageux.**
> 元気にいこう。

Soyons は être（〜である）の nous に対する命令法です。courageux（勇気のある）は形容詞（複数形）です。

> **Allez, viens avec moi.**
> さあ、僕と一緒に行こう。

Allez はもともとは aller（行く）の vous に対する命令法ですが、このように間投詞として文頭に出て「さあ」の意味になります。viens は venir（来る）の tu に対する命令法です。

> **Allons, au travail.**
> さあ、仕事にかかろう。

Allons はもともとは aller（行く）の nous に対する命令法ですが上記と同様、間投詞として文頭に出て「さあ」の意味になります。

C 練習問題

例にならって命令文をつくり、和訳してください。

（例）Il faut que tu revienne tout de suite.

→ Reviens tout de suite. （すぐに帰っておいで。）

Il ne faut pas que vous travailliez beaucoup.

→ Ne travaillez pas beaucoup. （あまり働かないでください。）

1 Il faut que vous soyez courageux.

和訳：

2 Il faut que nous lisions ce livre.

和訳：

3 Il faut que tu me donnes un coup de main.

和訳：

4 Il faut que vous fassiez attention.

和訳：

5 Il faut que tu obéisses à ton professeur.

和訳：

6 Il faut que vous nous vendiez moins cher.

和訳：

7 Il faut que tu me répondes clairement.

和訳：

8 Il ne faut pas que tu dormes maintenant.

和訳：

9 Il ne faut pas que tu sortes ce soir.

和訳：

10 Il ne faut pas que nous allions au cinéma.

和訳：

D 暗唱例文

⑫ **Écoutez**-moi.

　僕の言うことを聞いてください。

⑬ **Écoutons**-le.

　彼の言うことを聞こうよ。

⑭ **Finissons** notre travail.

　我々の仕事を終えようよ。

⑮ N'**écoutez** pas ses histoires.

　やつのたわごとを聞かないでください。

⑯ **Lève**-toi, c'est déjà l'heure.

　起きなさい、もう時間よ。

⑰ N'**aie** pas peur.

　恐れるな。

⑱ **Sois** gentil.

　優しくしてよ。

⑲ **Soyez** prudent.

　気をつけてください。

⑳ **Allons**, au travail.

　さあ、仕事にかかろう。

E　さらに発展

1　三人称の命令（接続法現在形の用法のところに説明があります。）

Qu'il se taise!

（やつには黙っていてもらおう！）

《これは三人称への命令と言われています。》

2　名詞のみによる命令もあります。

Silence!

（静かに！）

Patience!

（我慢我慢！）

3　直説法現在形や直説法単純未来形が命令のニュアンスを表すことがあります。

Vous **venez** chez moi ce soir.

= Vous **viendrez** chez moi ce soir.

（今夜家に来てもらいましょう。）

05　近接過去と近接未来

A　用法

🔊 TRACK_016

1　**近接過去：**(venir の直説法現在形) ＋ de ＋ （動詞の原形）
　　「〜したところだ」

Je **viens de finir** mon repas.
　私は食事を終えたところです。

Il **vient d'arriver** de Londres.
　彼はロンドンから着いたばかりです。

Nous **venons d'acheter** une belle voiture.
　私たちはきれいなクルマを買ったばかりです。

Elle **vient de sortir** avec son petit ami.
　彼女は恋人と出かけたばかりです。

À qui **venez**-vous **de parler**?
　あなたは誰に話しかけたのですか？

Ils **viennent de prendre** le petit déjeuner.
　彼たちは朝食を取ったばかりです。

Tu **viens de réviser** tes leçons?
　君は学校の復習は終わったの？

Ce film **vient de** commencer.
　その映画は始まったばかりです。

2　**近接未来：**(aller の直説法現在形) ＋ （動詞の原形）
　　「〜するところだ」「〜しにいくところだ」

Il **va venir** sans tarder.
　彼はすぐにやってくるでしょう。

Vous **allez faire** les courses?

あなた（たち）は買い物にいくところですか？

Elle **va trouver** la solution facilement.

彼女は簡単に解決法を見つけるでしょう。

Je **vais** le **voir** dans quelques instants.

私はすぐに彼に会うでしょう。

Vous **allez vous reposer** un peu?

あなた（たち）は少し休むつもりですか？

Tu **vas boire** un verre de vin?

君はワインを一杯飲むかい？

On **va se revoir** un de ces jours?

また近いうちに会おうか？

Nous **allons nous promener** sous la pluie.

雨の中私たちは散歩に出かけます。

B 解説

🍓 ひとくちメモ

1 **近接過去**は近い過去に起こったこと、**近接未来**は近い未来に起こることを表しています。英語でいえば**近接過去**は現在完了（have + p.p.）に近い感じで、**近接未来**は be going to ～の感じです。

2 《venir + de ～》の venir 部分は直説法現在形か直説法半過去形で使われます。

（《venir + de ～》が半過去形になった場合についてはこの項の〈**E さらに発展**〉を参照ください。）

3 venir +（動詞の原形）は「～しに来る」です。

Il **viendra** me **voir** demain.（彼はあす私に会いに来るだろう。）

1　近接過去：（venir の直説法現在形）＋ de ＋（動詞の原形）
　　「〜したところだ」

Je **viens de finir** mon repas.
　私は食事を終えたところです。

　viens de finir（終えたところです）となります。現在形のみで過去の時制を表現できるので、とても便利です。

À qui **venez**-vous **de parler**?
　あなたは誰に話しかけたのですか？

　疑問詞À qui（誰に）が文頭に出たので vous venez が倒置され間にハイフンが入り venez-vous となります。parler à 〜（〜に話しかける）です。

Tu **viens de réviser** tes leçons?
　君は学校の復習は終わったの？

　réviser は（見直す）のほかに（復習する）の意味があります。
　viens de réviser（復習は終わった）となります。

2　近接未来：（aller の直説法現在形）＋（動詞の原形）
　　「〜するところだ」「〜しにいくところだ」

Il **va venir** sans tarder.
　彼はすぐにやってくるでしょう。

　va venir（すぐにやってくる）です。sans tarder は（ぐずぐずせずに）の意味です。

Vous **allez faire** les courses?
　あなた（たち）は買い物にいくところですか？

　allez faire les courses（買い物にいくところ）です。faire les courses は（食料品など毎日の買い物をする）の意味です。

Vous **allez vous reposer** un peu?
あなた(たち)は少し休むつもりですか？

allez vous reposer（休むつもり）です。vous reposerは代名動詞で（休む）の意味です。reposerだけなら（休ませる）です。

On **va se revoir** un de ces jours?
また近いうちに会おうか？

Onはここでは（私たち）の意味で使っています。Onは三人称単数扱いで使われます。un de ces joursで（近いうちに）で、未来を表します。se revoirは代名動詞で、（お互いに会う）の意味です。

Nous **allons nous promener** sous la pluie.
雨の中私たちは散歩に出かけます。

nous promenerは代名動詞で（散歩する）の意味です。**allons nous promener**（散歩に出かけます）となります。

C　練習問題

（1）次の（　　）内を近接過去に直して全文を和訳してください。

1　L'hiver (finir) enfin.
　　和訳：

2　Ils (fumer) des cigarettes.
　　和訳：

3　Il (rentrer) de ses vacances.
　　和訳：

4　Tu (voir) ta petite amie?
　　和訳：

5　Elle (vendre) sa maison natale.
　　和訳：

(2) 次の（　）内を近接未来に直して全文を和訳してください。

1　Elle (venir) me voir chez moi ce soir.
　　和訳：

2　Je (terminer) le dîner dans quelques secondes.
　　和訳：

3　On (prendre) le taxi pour aller à la gare.
　　和訳：

4　Ils (arriver) d'un moment à l'autre.
　　和訳：

5　Nous (avoir) beaucoup d'invités pour cette soirée.
　　和訳：

(3) 次の日本語をフランス語に直してください。

1　私は彼女とすれ違ったばかりです。（「すれ違う」croiser）

2　カドさんはすぐに出発するでしょう。（「すぐに」immédiatement）

D　暗唱例文

2&3 TRACK_016

㉑ Il **vient d'arriver** de Londres.
　　彼はロンドンから着いたばかりです。

㉒ Nous **venons d'acheter** une belle voiture.
　　私たちはきれいなクルマを買ったばかりです。

㉓ À qui **venez**-vous **de parle**r?
　　あなたは誰に話しかけたのですか？

㉔ Tu **viens de réviser** tes leçons?
　　君は学校の復習は終わったの？

㉕ Ce film **vient de** commencer.
　　その映画は始まったばかりです。

⑫ Vous **allez faire** les courses?

　あなた（たち）は買い物にいくところですか？

⑫ Je **vais** le **voir** dans quelques instants.

　私はすぐに彼に会うでしょう。

⑫ On **va se revoir** un de ces jours?

　また近いうちに会おうか？

⑫ Nous **allons nous promener** sous la pluie.

　雨の中私たちは散歩に出かけます。

E　さらに発展

　一般に《venir + de 〜》は直説法現在形か直説法半過去形で使われますが、主節に《venir + de 〜》の形があり、かつその時制が半過去形になっているときは、和訳に注意が必要です。

Il **venait de sortir** qu'il rentra déjà.

　（彼は外出したと思ったらもう帰ってきた。）

　上の文で qu'（= que）は quand の代用です。直訳すると（彼はすでに帰って来た（単純過去形）とき、外出したばかりだった（半過去形））となります。直説法半過去形には「〜しようとしていた」の意味がありますから（第1章の直説法半過去形の解説を参照してください）、つまり上記のように（出かけるとすぐに戻ってきた）の意味合いになります。

⓪⑥ 受動態

A　用法

🔊 TRACK_017

英語と同様に être + p.p.「～される」で作ります。

Je suis toujours **invité(e)** par les Cadot à Cannes.
カンヌではいつもカドさんたちにごちそうになる。

J'ai été invité(e) par les Cadot à Cannes.
カンヌでカドさんたちにごちそうになりました。

Il a dit qu'il **avait été invité** par les Cadot.
彼はカドさんたちにごちそうになったと言った。

J'étais toujours **invité(e)** par les Cadot.
カドさんたちにはいつもごちそうになっていた。

Je **serai invité(e)** par les Cadot cette année aussi.
今年もカドさんたちからご招待があるでしょう。

J'aurai été invité(e) avant la mi-juin.
6月中旬までには招待があるでしょう。

Si vous étiez d'accord, je **serais invité(e)**.
あなたが同意なら私は招待されるのですが。

Si vous aviez été d'accord, j'**aurais été invité(e)**.
あなたが同意していたら私は招待されたでしょうに。

Il est possible que je **sois invité(e)** par les Cadot.
カドさんたちに招待されるかもしれない。

J'attendrai jusqu'à ce que j'**aie été invité(e)**.
招待があるまで待つつもりです。

Je suis content(e) d'**être invité(e)**.
招待されているので嬉しいです。

Je suis content(e) d'avoir été invité(e).

招待されたので嬉しいです。

Étant invité(e), je suis content(e).

招待されていて嬉しいです。

Ayant été invité(e), je suis content(e).

招待されたので嬉しいです。

Sois invité(e).

招待を受けてちょうだい。

Soyez invité(e)(s).

招待を受けてください。

Soyons invité(e)s.

招待に応じようよ。

B　解説

🌰ひとくちメモ

1 直接目的語のある動詞は原則的には受動態が可能ですが、たとえば次のような文は受動態にできません。

J'ai vu leurs enfants.

（私は彼（女）たちの子供を見た。）

Tu veux mon bonheur?

（君は僕に幸せになってほしい？）

Il a perdu sa femme.

（彼は妻に死なれた。）

Elles ont baissé les yeux.

（彼女たちは視線を落とした。）

フランス語では**代名動詞**や on（一般にいう「人」）による表現（能動態）でかなりカバーできるので、**受動態**（être + **p.p.**）の用いられる範囲は限られています。

2「～によって」を表す **par** と **de** について。

par：一時的・特殊的な行為であり、かつその動作主を強調します。

de：習慣的・恒常的な状態を表します。

Elle est aimèe de tout le monde.

（彼女はみんなから愛されている。）

3 par +（人称代名詞）は原則避けられます。

J'invite Jean. → Jean est invité par moi. の形はまれです。

Je **suis** toujours **invité(e)** par les Cadot à Cannes.

　カンヌではいつもカドさんたちにごちそうになる。

suis invité(e) で受動態です。過去分詞は主語の性・数によって変化します。〈**être の現在形＋ p.p.**〉で直説法現在形の受動態となっています。

J'ai été invité(e) par les Cadot à Cannes.

　カンヌでカドさんたちにごちそうになりました。

ai été invité(e) で受動態です。〈**être の複合過去形＋ p.p.**〉で直説法複合過去形の受動態となっています。

Il a dit qu'il **avait été invité** par les Cadot.

　彼はカドさんたちにごちそうになったと言った。

avait été invité は直説法大過去形の受動態となっています。

Je **serai invité(e)** par les Cadot cette année aussi.

　今年もカドさんたちからご招待があるでしょう。

serai invité(e) は直説法単純未来形の受動態となっています。

J'aurai été invité(e) avant la mi-juin.
6月中旬までには招待があるでしょう。

aurai été invité(e) は直説法前未来形の受動態となっています。avant la mi-juin（6月中旬までには）が未来の一点を表すので、それまでに完了していることを示す前未来形です。

Si vous étiez d'accord, je serais invité(e).
あなたが同意なら私は招待されるのですが。

serais invité(e)（招待されるのですが）は条件法現在形の受動態で、現在の事実の反対を仮定をもとにその帰結を意味しています。

Si vous aviez été d'accord, j'aurais été invité(e).
あなたが同意していたら私は招待されたでしょうに。

aurais été invité(e)（招待されたでしょうに）は条件法過去形の受動態で、過去の事実の反対を仮定をもとにその帰結を意味しています。

J'attendrai jusqu'à ce que j'aie été invité(e).
招待があるまで待つつもりです。

jusqu'à ce que ～（～まで）の後ろは接続法が使われ、j'aie été invité(e)（招待がある）という接続法過去形は主節から見て未来を表す時制となります。

Je suis content(e) d'être invité(e).
招待されているので嬉しいです。

être content(e) de ～で（～して嬉しい）です。être invité(e)（招待されているので）は原形の受動態で、これは文の動詞に時制が一致することを意味しています。d'avoir été invité(e)（招待されたので）とすると、それは完了形の受動態で、文の動詞の時制よりも以前の時を表します。

Ayant été invité(e), je suis content(e).
招待されたので嬉しいです。

　Ayant été invité(e)（招待されたので）は完了形の分詞構文で、文の動詞の時制よりも以前を表します。分詞構文を使わずに書くと、Comme j'ai été invité(e), je suis content(e). となります。

Soyez invité(e)(s).
招待を受けてください。

　être の命令形は vous に対しては **soyez** ですからこのようになります。Il faut que vous **soyez invité(e)(s).** とも書けます。

Soyons invité(e)s.
招待に応じようよ。

　être の命令形は nous に対しては **soyons** ですからこのようになります。Il faut que nous **soyons invité(e)s.** とも書けます。

C 練習問題

次の各文を受動態に、受動態は能動態にしてください。

1 L'homme atteignit la lune en 1969.

2 L'incendie a détruit toute la ville.

3 Monsieur Cadot est respecté de tout le monde.

4 Des arbres bordent ce jardin.

5 Une femme aurait écrit cette lettre.

6 On avait trouvé l'argent dans la fosse.

7 Le voleur avait été arrêté par la police.

8 Mes étudiants visiteront ce château.

9 Le problème a été résolu par le physicien.

10 Mes parents vendaient des livres d'occasion.

D 暗唱例文

2&3 TRACK_017

(130) J'**ai été invité(e)** par les Cadot à Cannes.
カンヌでカドさんたちにごちそうになりました。

(131) J'**étais** toujours **invité(e)** par les Cadot.
カドさんたちにはいつもごちそうになっていた。

(132) Je **serai invité(e)** par les Cadot cette année aussi.
今年もカドさんたちからご招待があるでしょう。

(133) Si vous étiez d'accord, je **serais invité(e)**.
あなたが同意なら私は招待されるのですが。

⑬ Si vous aviez été d'accord, j'**aurais été invité(e)**.

あなたが同意していたら私は招待されたでしょうに。

⑬ Il est possible que je **sois invité(e)** par les Cadot.

カドさんたちに招待されるかもしれない。

⑬ Je suis content(e) d'**être invité(e)**.

招待されているので嬉しいです。

⑬ **Ayant été invité(e)**, je suis content(e).

招待されたので嬉しいです。

⑬ **Soyez invité(e)(s)**.

招待を受けてください。

E　さらに発展

〈受動的な代名動詞〉の例として次のようなものがあります。

Ce mot ne **s'emploie** plus guère.

（この単語はもうほとんど使われない。）

Les blés **se sèment** en hiver.

（麦の種は冬にまかれる。）

Ça **se trouve** partout.

（それはいたるところに見受けられる。）

Ce papier **s'écrit** facilement.

（この紙はなめらかに書ける。）

⓪7 使役と放任

A　用法

❶ TRACK_018

1　使役「〜させる」: faire

〈faire のあとの不定詞（動詞の原形）が目的語を持たない場合〉

J'ai fait parler une étudiante.
　　私は女子学生に話をさせました。

Je fais venir mon frère.
　　私は弟を来させます。

Le vent fait frémir les feuilles.
　　風が木の葉を揺らしています。

Je l'ai fait parler.
　　私は彼（女）に話をさせました。

Faites sortir le chien.
　　犬を外に出してください。

Faites-le sortir.
　　彼（それ）を外に出してください。

〈faire のあとの不定詞（動詞の原形）が目的語を持つ場合〉

Je fais réparer ma voiture à (par) mon garagiste.
　　私は修理工にクルマを直してもらいます。

Il fait faire le brouillon d'une lettre à (par) sa secrétaire.
　　彼は秘書に手紙の下書きを書かせます。

Je lui fais réparer ma voiture.
　　私は彼にクルマを直させます。

Je la lui fais réparer.
　　私は彼にそれを直させます。

〈faire のあとの不定詞（動詞の原形）が代名動詞の場合〉

Il est impossible de faire (se) taire ces enfants.
その子供たちを黙らせるのはムリです。

2　放任「〜のままにしておく」：laisser

〈laisser のあとの不定詞（動詞の原形）が目的語を持たない場合〉

J'ai laissé les enfants jouer.
私は子供たちを遊ばせておいた。

J'ai laissé jouer les enfants.
私は子供たちを遊ばせておいた。

Je les ai laissé(e)(s) jouer.
私は彼(女)たちを遊ばせておいた。

Laissez-moi réfléchir un peu.
私に少し考えさせてください。

〈laisser のあとの不定詞（動詞の原形）が目的語を持つ場合〉

J'ai laissé les enfants regarder la télé.
私は子供たちにテレビを見させておいた。

J'ai laissé regarder la télé aux enfants.
私は子供たちにテレビを見させておいた。

Je les ai laissé(e)(s) la regarder.
私は彼(女)たちにそれを見させておいた。

Laisse-la regarder aux enfants.
子供たちにそれを見させておきなさい。

Laisse les enfants la regarder.
子供たちにそれを見させておきなさい。

〈faire のあとの不定詞（動詞の原形）が代名動詞の場合〉

Laissez-le (s')asseoir.

彼を座らせておいてください。

B 解説

🍓 ひとくちメモ

1 faire ＋（動詞の原形）は直結していて、間に目的語は来ません。間に副詞が入ることはあります。また使役の faire 文は受動態にはできません。

2 laisser 同様の語順の取り方をするもの：次の知覚的動詞のあとは
（目的語）＋（動詞の原形）＝（動詞の原形）＋（目的語）

regarder un enfant dormir ＝ **regarder** dormir un enfant
（子供が寝ているのを見つめる）

voir venir quelqu'un ＝ **voir** quelqu'un venir
（誰かが来るのが見える）

entendre une voiture passer ＝ **entendre** passer une voiture
（クルマが通り過ぎるのが聞こえてくる）

écouter la pluie tomber ＝ **écouter** tomber la pluie
（雨の落ちる音に耳を傾ける）

注）écouter と entendre の違い
écouter「（注意して）聞く」
entendre「聞こえてくる」

Je n'écoutais pas à la porte, mais j'ai entendu votre conversation.
（盗み聞きしていたわけじゃありません。あなたたちの会話が聞こえてきたんです。）

1 使役「～させる」：faire

J'ai fait parler une étudiante.

私は女子学生に話をさせました。

ai fait parler（話をさせました）とあるように使役の **faire** のあとには必ず動詞

の原形が来ます。今の場合不定詞 parler の目的語はないので、parler の主語にあたり、**fait** の目的語である une étudiante をすぐうしろに持ってきます。

Je **fais** venir mon frère.
　私は弟を来させます。

ここも不定詞 venir（来る）に目的語はないので、すぐ venir の主語にあたり、**fais** の目的語である mon frère（私の弟）をうしろにつけます。

Je l'**ai fait** parler.
　私は彼（女）に話をさせました。

J'ai fait parler une étudiante. の une étudiante を代名詞 l'（彼女に）と置いたときは上のようになります。この場合、過去分詞 **fait** は l' に性・数一致させる必要はありません。したがってこの文だけを見れば l' は男性か女性かはわかりません。

Faites sortir le chien.
　犬を外に出してください。

ここも sortir（出る）が目的語を持たない不定詞で、その意味上の主語が le chien（犬）ですからこの語順になります。

Faites-le sortir.
　彼（それ）を外に出してください。

Faites sortir le chien. の le chien を代名詞の le（それを）と置くと上の文になります。

Je **fais** réparer ma voiture à (par) mon garagiste.
　私は修理工にクルマを直してもらいます。

不定詞 réparer（直す）が ma voiture（私のクルマ）という目的語を持っている

例です。「〜に」にあたる部分はà (par)〜という形を使います。à (par) mon garagiste（修理工に）がうしろにつくことになります。

> **Il fait faire le brouillon d'une lettre à (par) sa secrétaire.**
> 彼は秘書に手紙の下書きを書かせます。

　同様の例です。不定詞 faire（書く）が le brouillon d'une lettre（手紙の下書き）という目的語を持っているので à (par) sa secrétaire として（秘書に）の意味を表します。

> **Je lui fais réparer ma voiture.**
> 私は彼にクルマを直させます。

　Je **fais** réparer ma voiture à (par) mon garaguiste. の à (par) mon garaguiste の部分を代名詞 lui（彼に）にして **fais** の直前に置きます。つまり間接目的語形を用います

> **Je la lui fais réparer.**
> 私は彼にそれを直させます

　Je **fais** réparer ma voiture à (par) mon garaguiste. の ma voiture を代名詞 la（それを）と置き、また上の文と同じように à (par) mon garaguiste の部分を代名詞 lui（彼に）にして二つの代名詞を **fais** の直前に置きます。

> **Il est impossible de faire (se) taire ces enfants.**
> その子供たちを黙らせるのはムリです。

　(se) taire（黙る）の部分が代名動詞です。再帰代名詞 se は省略することができます。

2　放任「〜のままにしておく」：laisser

> **J'ai laissé les enfants jouer.**
> 私は子供たちを遊ばせておいた。

laisser のあとは不定詞 jouer（遊ぶ）がそのまま来る場合と、この文のように
その不定詞の意味上の主語 les enfants がまず来る場合と、両方が可能です。下
の文は不定詞 jouer が **faire** のように laisser に直結しています。

J'ai laissé jouer les enfants.

> 私は子供たちを遊ばせておいた。

---

faire と同じ語順を取っている例です。意味は変わりません。

Je les **ai laissé(e)(s)** jouer.

> 私は彼（女）たちを遊ばせておいた。

J'ai laissé les enfants jouer. の les enfants（子供たち）を代名詞 les（彼（女）たち）
と置いて、複合形の動詞 **ai laissé(e)(s)** の直前に出したものです。直接目的語と
して扱っています。この時、過去分詞 **laissé(e)(s)** はこの直接目的語の性・数に
一致させるかさせないかは、任意です。

J'ai laissé les enfants regarder la télé.

> 私は子供たちにテレビを見させておいた。

---

les enfants regarder la télé（子供たちがテレビを見る）は laissé のあとに動詞
の原形ではなく laissé の目的語がきている例です。faire よりも語順の規則がゆ
るいとも言えます。＊ひとくちメモ＊にあるように laissé のあとは（目的語）＋（動
詞の原形）＝（動詞の原形）＋（目的語）のどちらも可能です。

J'ai laissé regarder la télé aux enfants.

> 私は子供たちにテレビを見させておいた。

---

laisser のあとの不定詞 regarder（見る）が目的語を持っているので（子供た
ちに）にあたるところは aux enfants と表現しています。par les enfants も可
能です。

> ## Je les **ai laissé(e)(s)** la regarder.
> 私は彼（女）たちにそれを見させておいた。

J'ai **laissé** les enfants regarder la télé. の les enfants を les と置きます。このとき les は直接目的語ですが過去分詞 **laissé(e)(s)** の性・数をそれに合わせるかどうかは任意です。

> ## **Laisse**-la regarder aux enfants.
> 子供たちにそれを見させておきなさい。

Laisse regarder la télé aux enfants. の la télé を la（それを）と置いたものが上の文です。

> ## **Laissez**-le (s')asseoir.
> 彼を座らせておいてください。

faire の場合と同じように代名動詞の (s')asseoir（座る）の再帰代名詞 s' は省略することができます。

C　練習問題

日本語の意味に合うように並べかえてください。書き出しは大文字になっています。

1　ステーキはどのようにお焼きしましょうか？

griller/ que/ voudriez-vous/ je fasse/ votre/ Comment/ steak/?

2　この王様がヴェルサイユ宮殿を造らせた。

Versailles/ Ce/ château/ construire/ le/ a fait/ rois/ de/.

3　少し新鮮な空気を入れていただけますか？

frais/ d'air/ peu/ Pourriez-vous/ laisser entrer/ un/?

4　あなたの弁護士にこの書類を調べさせねばならない。

ce/ Il/ faire/ papier/ faut/ par/ votre/ avocat/ examiner/.

5 私は娘たちに夜外出なんかさせない。

jamais sortir/ ne/ laisse/ mes/ le/ Je/ soir /filles/.

6 父は何も言わずに私を上京させた。

Tokyo/ Mon/ m'a/ laissé/ pour/ sans rien/ dire / partir/ père/.

D 暗唱例文

⑬⑨ **J'ai fait** parler une étudiante.

私は女子学生に話をさせました。

⑭⓪ Je **fais** venir mon frère.

私は弟を来させます。

⑭① **Faites** sortir le chien.

犬を外に出してください。

⑭② **Faites**-le sortir.

彼(それ)を外に出してください。

⑭③ Je **fais** réparer ma voiture à (par) mon garagiste.

私は修理工にクルマを直してもらいます。

⑭④ Je lui **fais** réparer ma voiture.

私は彼にクルマを直させます。

⑭⑤ Il est impossible de **faire** (se) taire ces enfants.

その子供たちを黙らせるのはムリです。

⑭⑥ **J'ai laissé** les enfants jouer.

私は子供たちを遊ばせておいた。

⑭⑦ **J'ai laissé** jouer les enfants.

私は子供たちを遊ばせておいた。

⑭⑧ **Laissez**-moi réfléchir un peu.

私に少し考えさせてください。

⑭ **J'ai laissé** les enfants regarder la télé.

私は子供たちにテレビを見させておいた。

⑮ **Laisse** les enfants la regarder.

子供たちにそれを見させておきなさい。

E　さらに発展

laisser に関するイディオム

* **se laisser aller**　「投げやりな生活を送る」

Mais tu **te laisses aller** comme toujours!

（お前はまたいつものぐうたらだ！）

* **laisser passer** ＋〈（人）や（物）〉「見逃す」「見落とす」

J'ai **lassé passer** des fautes dans le texte.

（私はテキストの誤りを見落とした。）

* **laisser tomber** ＋〈（人）や（物)〉「やめておく」

Dans cette situation, on n'a plus qu'à **laisser tomber** ce projet.

（この状況ではその計画は諦めるしかない。）

* **laisser voir** ＋（物）「あらわにする」

Il ne **laisse voir** que rarement ses sentiments.

（彼が感情を見せることはまれにしかない。）

第2章
関係詞をめぐって

01 関係詞 qui

A　用法

🅵TRACK_019

1　主格として（先行詞は《人》でも《物》でも可）

《人》の場合

J'aime la femme **qui** est belle.

　私は美しい女性が好きです。

Connaissez-vous le monsieur **qui** vient d'arriver?

　今着いたばかりの男性を知っていますか？

Voyez-vous la personne **qui** parle au fond de la salle?

　部屋の奥でしゃべっている人が見えますか？

《物》の場合

Passez-moi le journal **qui** est sur la table.

　テーブルの上の新聞を寄こしてください。

Il prend l'avion **qui** part à midi.

　彼は正午に出る飛行機に乗ります。

Regardez le cheval **qui** court là-bas.

　あそこを走っていく馬をごらんなさい。

2　前置詞とともに（先行詞は必ず《人》）

La fille **à qui** Jean parle est ma cousine.

　ジャンが話しかけている娘は私のいとこです。

C'est l'ami **avec qui** je suis allé au cinéma.

　これが私が一緒に映画に行った友人です。

C'est l'homme **à qui** je pensais.

　これが私が思っていた男性です。

Gérard est la personne **sur qui** je compte.

ジェラールは頼りになる人物です。

B 解説

ひとくちメモ

主格の関係詞 **qui** の先行詞は《人》でも《物》でも OK ですが、（前置詞）
＋ **qui** の場合、先行詞は必ず《人》になりますので注意が必要です。

1 主格として（先行詞は《人》でも《物》でも可）

J'aime la femme **qui** est belle.

私は美しい女性が好きです。

> J'aime la femme.（私はその女性が好きです。）
>
> La femme est belle.（その女性はきれいです。）

の合体ですから、二文のうち後者の La femme（主語）を主格の関係詞 **qui** とお
いて二文をつなぎます。英語の関係代名詞 who と同じ要領です。関係詞 **qui** の
先行詞が前者の la femme です。

Connaissez-vous le monsieur **qui** vient d'arriver?

今着いたばかりの男性を知っていますか？

> Connaissez-vous le monsieur?（あなたはその男性を知っていますか？）
>
> Le monsieur vient d'arriver.（その男性は着いたばかりです。）

の合体です。上記と同じように下の文の Le monsieur（主語）を主格 **qui** とおい
て二文をくっつけます。

Il prend l'avion **qui** part à midi.

彼は正午に出る飛行機に乗ります。

> Il prend l'avion.（彼は飛行機に乗る。）
>
> L'avion part à midi.（その飛行機は正午に立つ。）

関係詞をめぐって

2

下の文の L'avion（主語）を主格の関係詞 qui とおいて二文をつなぎます。

　この例では qui の先行詞は《人》ではなく《物》l'avion です。

2　前置詞とともに（先行詞は必ず《人》）

La fille **à qui** Jean parle est ma cousine.
　ジャンが話しかけている娘は私のいとこです。

　　La fille est ma cousine.（その娘さんは私のいとこです。）

　　Jean parle **à** la fille.（ジャンはその娘さんに話しかけています。）

の二文の合体です。

　後者の à la fille の la fille を **qui** とおいて **à qui** とし、前者の La fille の直後
においてそこにかかるようにしたのが見出し文です。à は前置詞です。

Gérard est la personne **sur qui** je compte.
　ジェラールは頼りになる人物です。

　　Gérard est la personne.（ジェラールは人物です。）

　　Je compte **sur** la personne.（私はその人物を信用しています。）

の合体ですから後者の sur la personne の la personne を **qui** として **sur qui**
を前者の la personne の直後に入れてください。qui の先行詞は la personne（人）
です。

C'est l'homme **à qui** je pensais.
　これが私が思っていた男性です。

　　C'est l'homme.（これは男性です。）

　　Je pensais **à** l'homme.（私は彼のことを思っていました。）

の合体ですから後者の à l'homme の l'homme を **qui** として **à qui** を前者の
l'homme の直後に入れてください。**qui** の先行詞は l'homme（男性）です。

C 練習問題

1 例にならって関係詞 qui を用いて二文を一文にしてください。

例）J'aime l'homme. ＋ L'homme est sympa.

　　→ J'aime l'homme qui est sympa.

1 Montrez-moi ce pull. ＋ Le pull est dans la vitrine.

　　→ Montrez-moi ＿＿＿＿＿＿＿＿＿＿＿＿ .

2 Voici l'ami. ＋ J'ai joué au tennis avec lui hier.

　　→ Voici l'ami ＿＿＿＿＿＿＿＿＿＿＿＿ .

3 Il vaut miex étudier les détails. ＋ Ces détails semblent intéressants.

　　→ Il vaut miex ＿＿＿＿＿＿＿＿＿＿＿＿ .

4 J'aime l'homme. ＋ Cet homme est désintéressé.

　　→ J'aime ＿＿＿＿＿＿＿＿＿＿＿＿ .

5 Connais-tu cet homme? ＋ Cet homme était devant l'écran.

　　→ Connais-tu ＿＿＿＿＿＿＿＿＿＿＿＿ ?

6 Je vois le chien. ＋ Le chien court dans la prairie.

　　→ Je vois ＿＿＿＿＿＿＿＿＿＿＿＿ .

7 Prenez les livres. ＋ Les livres sont dans mon cabinet de travail.

　　→ Prenez ＿＿＿＿＿＿＿＿＿＿＿＿ .

8 Il cherche la personne. ＋ J'ai parlé à la personne.

　　→ Il cherche ＿＿＿＿＿＿＿＿＿＿＿＿ .

2 日本語の意味に合うようにカッコ内の単語を並べかえてください。

1 私は統治がよい国が好きです。

J'aime les (bien gouvernés/ pays/ sont/ qui).

2 彼は面白い本を読みました。

Il a lu (qui/ intéressant/ le livre/ était).

3 私は役に立つ情報を持っています。

J'ai (utile/ est/ l'information/ qui).

4 私はあなたが話しかけていた人物を知っていますよ。

Je connais (vous/ qui/ la personne/ parliez/ à).

D 暗唱例文

2&3 TRACK_019

⑮ Connaissez-vous le monsieur **qui** vient d'arriver?
今着いたばかりの男性を知っていますか？

⑯ Passez-moi le journal **qui** est sur la table.
テーブルの上の新聞を寄こしてください。

⑰ Il prend l'avion **qui** part à midi.
彼は正午に出る飛行機に乗ります。

⑱ La fille **à qui** Jean parle est ma cousine.
ジャンが話しかけている娘は私のいとこです。

E さらに発展

1 C'est〜qui＋(動詞)で〜の部分を強める強調構文(英語のIt is〜who＋(動詞) と同じく) となります。

C'est bien lui **qui** me l'a demandé.

（私にそれを頼んだのは彼です。）

2　先行詞なしの qui

Qui だけで先行詞なしで《人》を示します。

Qui vivra verra.

　（主語）　（動詞）

（生きる者がわかるだろう。（時がたてばわかるだろう。））

3　ce qui 〜の形

ce qui ＋（動詞）で「〜するもの」、つまり英語の関係代名詞 what に相当します。

Ce qui n'est pas claire n'est pas français.

　（主語）　　　　　（動詞）

（明晰でないものはフランス的ではない。）

02 関係詞 que

A　用法

🅵 TRACK_020

1　直接目的語として（先行詞は《人》でも《物》でも可）

《人》の場合

L'homme **que** j'aime est chanteur.

私が好きな人は歌手です。

Le voleur **que** la police recherche est à Singapour.

警察が捜している泥棒はシンガポールにいます。

Quels sont les enfants **que** nous voyons dans la cour?

中庭に見えるのはどこの子たち？

《物》の場合

J'aime la robe **que** tu portes.

君の着ているドレスはいいね。

Il ne comprend pas les idées qu'elle a.

彼には彼女の考えが理解できない。

Le livre **que** j'ai acheté est peu intéressant.

私が買った本は面白くない。

2　属詞（補語）として（先行詞は（代）名詞か形容詞）

Je ne suis plus le garçon **que** j'étais.

僕はもうかつての子供ではない。

Elle n'est pas la femme que tu crois qu'elle est.

彼女は君が思っているような女性ではない。

B　解説

> 🍓 ひとくちメモ
>
> 関係詞 que は先行詞は《人》でも《物》でも大丈夫です。したがって英語で言えば whom と which に相当しますが、属詞（補語）も先行詞にできる点が英語と違います。
>
> Je ne suis plus l'homme **que** j'étais.
> (＝ I am no longer the man **that** I used to be.)
> （私はもはやかつての人間ではない。）
>
> 上の文の関係詞 que の先行詞 l'homme は属詞（補語）です。次の2にあります。

次の2にあります。

1　直接目的語として（先行詞は《人》でも《物》でも可）

L'homme **que** j'aime est chanteur.
　　私が好きな人は歌手です。

　L'homme est chanteur.（その男性は歌手です。）
　J'aime l'homme.（私はその男性が好きです。）

の合体です。後者の l'homme が目的語ですからこれを目的格の関係詞 que とおいて前者の L'homme の直後に入れます。

Le voleur **que** la police recherche est à Singapour.
　　警察が捜している泥棒はシンガポールにいます。

　Le voleur est à Singapour.（その泥棒はシンガポールにいます。）
　La police recherche le voleur.（警察はその泥棒を捜しています。）

の合体です。後者の le voleur が目的語ですからこれを目的格の関係詞 que とおいて前者の Le voleur の直後に入れます。

2

関係詞をめぐって

> ## Il ne comprend pas les idées qu'elle a.
> 彼には彼女の考えが理解できない。

> Il ne comprend pas les idées. （彼はその考えが理解できません。）
>
> Elle a les idées. （彼女はその考えを持っています。）

の合体です。後者の les idée が目的語ですからこれを目的格の関係詞 que とおいて前者の les idée の直後に入れます。この場合 elle （母音で始まる語）が直後にあるので、qu'elle となります（母音消失）。

> ## Le livre que j'ai acheté est peu intéressant.
> 私が買った本は面白くない。

> Le livre est peu intéressant.
>
> J'ai acheté le livre.

の合体です。後者の le livre が目的語ですからこれを目的格の関係詞 que とおいて前者の Le livre の直後に入れます。peu ～は （ほとんど～ない）の否定の意味になります。

2　属詞（補語）として（先行詞は（代）名詞か形容詞）

> ## Je ne suis plus le garçon que j'étais.
> 僕はもうかつての子供ではない。

> Je ne suis plus le garçon. （私はもうその少年ではない。）
>
> J'étais le garçon. （私はその少年だった。）

の合体です。後者の le garçon が属詞（補語）ですからこれを属詞（補語）を指す関係詞 que と置いて前者の le garçon の直後に入れます。

> Elle n'est pas la femme **que** tu crois qu'elle est.
> 彼女は君が思っているような女性ではない。

Elle n'est pas la femme.（彼女はそんな女性ではない。）

Tu crois qu'elle est la femme.（君は彼女がそんな女性だと信じている。）

の合体です。後者の la femme が属詞（補語）ですからこれを属詞（補語）を
指す関係詞 **que** と置いて前者の la femme の直後に入れます。

C　練習問題

関係詞 que を使って、例にならって次の二文を一文にして和訳してください。

例）Je veux goûter le fromage.

　　J'ai acheté le fromage au marché.

→　Je veux goûter le fromage que j'ai acheté au marché.
　　市場で買ったチーズの味見がしたいな。

1　C'est le livre.

　　J'ai acheté le livre au Japon.

　　和訳：

2　L'homme resemble à mon frère.

　　J'ai vu l'homme hier.（上の文の L'homme から始めてください。）

　　和訳：

3　Avez-vous reçu le cadeau?

　　Je vous ai envoyé le cadeau.

　　和訳：

4　Je ne vois pas bien les idées.

　　Mon père a les idées.

　　和訳：

5 L'ordinateur marche fort bien.

J'utilise l'ordinateur tous les jours.

和訳：

6 Je voudrais être toujours le serviteur.

Je suis le serviteur pour vous.

和訳：

D 暗唱例文

2&3 TRACK_020

⑮ L'homme **que** j'aime est chanteur.

私が好きな人は歌手です。

⑯ Quels sont les enfants **que** nous voyons dans la cour?

中庭に見えるのはどこの子たち？

⑰ J'aime la robe **que** tu portes.

君の着ているドレスはいいね。

⑱ Je ne suis plus le garçon **que** j'étais.

僕はもうかつての子供ではない。

E さらに発展

1 que の先行詞が形容詞の場合

Fatiguée **qu'**elle est, elle prend du repos.

（彼女は疲れているので休憩する。）

que の先行詞は Fatiguée という形容詞ですが、この用例の場合は二文をつなぐものが関係詞だというよりも、**que** は接続詞（ここでは〈理由〉を表す）のような働きをしています。

2 同様の文型で感嘆の表現になります。

Je t'ai crue, insensé **que** je suis!

（お前を信じていたなんて、なんとおれは愚かなんだ！）

3 quoi：先行詞は ce, rien, chose などの中性の代名詞（や名詞）です。常に前置詞とともに用います。

Ce **à quoi** vous pensez n'est pas facile à réaliser.

（あなたの考えていることは実現しにくいです。）

Il n'y a rien **sur quoi** je puisse compter.

（私があてにできるものは何もない。）

【下段の文の puisse（pouvoir「～できる」）は接続法現在形です。ここは主節が否定文なので従属節で接続法現在形が使われています。】

◯③ 関係詞 dont

A　用法

❶ TRACK_021

1　〈de +（名詞）〉を受けて

Je connais une fille **dont** le père est un acteur renommé.
　私はそのお父さんが有名な俳優である女の子を知っています。

Je voudrais aller à un pays **dont** le climat est agréable.
　私は気候が快適な国に行きたいな。

C'est le peintre **dont** j'admire les tableaux.
　これは私がその絵画がお気に入りの画家です。

Voilà l'église **dont** on aperçoit le clocher.
　あそこに鐘楼が見える教会があります。

2　de を含む表現の中で〈de +（名詞）〉を受けて

Aimes-tu le musicien **dont** je parlais?
　君は私が話していたミュージシャンが好きですか？

Est-ce le livre **dont** tu as besoin?
　これは君が必要としている本ですか？

C'est le résultat **dont** je me félicite.
　これは私が満足している結果です。

C'est la voiture **dont** j'ai rêvé.
　これは私が夢見ていたクルマです。

B　解説

ひとくちメモ

1　関係詞 dont の先行詞は《人》でも《物》でも大丈夫です。

2　関係詞 dont は英語で言えば関係代名詞 whose に似ています。ただし

This is the painter. + I like his paintings.

→ This is the painter **whose paintings** I like.

（これは私がその絵画が好きな画家です。）

となり、英語では **whose** のあとには上記のように名詞 **paintings** がすぐ必要ですが、フランス語では上のような例文でも、以下のように dont と名詞 **les tableaux** は切り離されます。

C'est le peintre. + J'aime les tableaux du peintre.

→ C'est le peintre dont J'aime les tableaux.

（これは私がその絵画が好きな画家です。）

1 de ＋（名詞）を受けて

Je connais une fille **dont** le père est un acteur renommé.

私はそのお父さんが有名な俳優である女の子を知っています。

Je connais une fille.（私は女の子を知っています。）

Le père de la fille est un acteur renommé.

（その女の子の父は有名な俳優です。）

を一つにしたものです。une fille と la fille が同一人物ですが 後者の la fille は de が前にありますから de la fille ＝ **dont** として二文の接合点 une fille（前の文）の直後におきます。le père est un acteur renommé はそのまま dont の後に続ければいいわけです。**dont** の先行詞は une fille です。

C'est le peintre **dont** j'admire les tableaux.

これは私がその絵画がお気に入りの画家です。

C'est le peintre.（これは画家です。）

J'admire les tableaux du peintre.（私はその画家の絵画が好きです。）

を一つにしたものです。du peintre は de を含んでいますから **dont** とおいて le peintre の後に入れればいいわけです。

（＊ひとくちメモ＊にあるように英語だと関係代名詞 whose ＋（名詞）の形をとりますがフランス語では普通の語順になります。）

> Voilà l'église **dont** on aperçoit le clocher.
> あそこに鐘楼が見える教会があります。

　　Voilà l'église.（あそこに教会があります。）

　　On aperçoit le cloche de l'église.（その教会の鐘楼が見えます。）

を一つにしたものです。後者の l'église は de を前に持っていますから **dont** とおいて前者の l'église の後に入れればいいわけです。

2　de を含む表現の中で〈de ＋（名詞）〉を受けて

> Aimes-tu le musicien **dont** je parlais?
> 君は私が話していたミュージシャンが好きですか？

　　Aimes-tu le musicien?（君はそのミュージシャンが好きですか？）

　　Je parlais du musicien.（私はそのミュージシャンについて話していました。）

の合体です。parler de ～（～について話す）という parler に関する用法がもとにあります。du musicien はつまり de を含んでいますから **dont** とおいて le musicien の後に入れます。

> Est-ce le livre **dont** tu as besoin?
> これは君が必要としている本ですか？

　　Est-ce le livre?（これがその本ですか？）

　　Tu as besoin de ce livre?（君はこの本が必要ですか？）

の合体です。de ce livre は avoir besoin de ～「～の必要がある」から来ていますから de ＋（名詞）なので、これを **dont** とおきます。

> C'est la voiture **dont** j'ai rêvé.
> これは私が夢見ていたクルマです。

　　C'est la voiture.（これはクルマです。）

　　J'ai rêvé de la voiture.（私はそのクルマを夢見ていました。）

の合体です。de la voiture は rêver de 〜 (〜を夢見る) から来ていますから 〈de ＋ (名詞)〉なので、これを **dont** とおきます。

C 練習問題

二文を dont で結んで和訳してください。ただし書き始めは指定してあります。

1 C'est le cahier.

   La couverture de ce cahier est noire.

= C'est

   和訳：

2 Le tennis est un sport.

   Les règles du sport sont assez compliquées.

= Le tennis

   和訳：

3 C'est un problème.

   On peut se passer du problème. (se passer de 〜「〜をやりすごす」)

= C'est

   和訳：

4 C'est le résultat.

   Je suis content du résultat.

= C'est

   和訳：

5 Voici la faute.

   Vous êtes responsable de cette faute.

= Voici

   和訳：

> ⑮⑨ Je connais une fille **dont** le père est un acteur renommé.
>
> 　私はお父さんが有名な俳優である女の子を知っています。
>
> ⑯⓪ C'est le peintre **dont** j'admire les tableaux.
>
> 　これは私がその絵が大好きな画家です。
>
> ⑯① Voilà une église **dont** on aperçoit le clocher.
>
> 　あそこに鐘楼が見える教会があります。
>
> ⑯② Est-ce le livre **dont** tu as besoin?
>
> 　これは君が必要としている本ですか？
>
> ⑯③ C'est la voiture **dont** j'ai rêvé.
>
> 　これは私が夢見ていたクルマです。

E　さらに発展

　dont の後ろに名詞だけを持ってきて「その中には〜がある（いる）」という表現になることがあります。

Quelques-uns venaient là, **dont** mon père.

　（何人かがそこにやってきたが、その中には私の父もいた。）

Il y avait beaucoup d'invités, **dont** ma femme et moi.

　（たくさんの招待客があり、その中には妻も私も含まれていた。）

○4　関係詞 où

A　用法

❶TRACK_022

1　場所を表す名詞を先行詞とします。

J'ai visité la maison **où** habitait Van Gogh.
私はヴァン・ゴッホが住んでいた家を訪れました。

Je connais un café **où** l'on peut goûter des glaces diverses.
私はいろんなアイスクリームが味わえるカフェを知っています。

La villa **où** j'ai passé mes vacances est en France.
私が休暇を過ごした別荘はフランスにあります。

J'aimerais aller au pays **où** il est né.
彼が生まれた国に行ってみたいな。

2　時を表す名詞を先行詞とします。

Il faisait très froid la nuit **où** je l'ai vue.
私が彼女に会った夜はとても寒かった。

J'irai chez toi le jour **où** tu seras libre.
君が暇な日に君んちに行くよ。

La semaine est inoubliable **où** nous habitions ensemble.
私たちが一緒に住んだ 1 週間は忘れがたい。

Le matin **où** je me suis réveillé, le soleil était magnifique.
私が目を覚ましたその朝、太陽は素晴らしかった。

B 解説

1 場所を表す語を先行詞とします。

J'ai visité la maison où habitait Van Gogh.
　私はヴァン・ゴッホが住んでいた家を訪れました。

　J'ai visité la maison.（私はその家を訪れました。）
　Van Gogh habitait à la maison.（ヴァン・ゴッホがその家に住んでいました。）

　la maisonが同じ語ですから、一文にできますが、後者は à la maison（その家に）という副詞句なので、関係副詞 où でつなぎます。où habitait Van Gogh（ヴァン・ゴッホが住んでいた）の節が前者の la maison（先行詞）にかかります。Van Gogh と habitait はこのように倒置（主語と動詞の倒置）してもかまいません。

La villa où j'ai passé mes vacances est en France.
　私が休暇を過ごした別荘はフランスにあります。

　La villa est en France.（その別荘はフランスにあります。）
　J'ai passé mes vacances à la villa.（私はその別荘で休暇を過ごしました。）

　ここも同様に à la villa が副詞句ですから関係副詞 où でつなぎ、前者の La villa の直後に置きます。où j'ai passé mes vacances（私が休暇を過ごした）の節がこの La villa（先行詞）にかかります。

J'aimerais aller au pays où il est né.
　彼が生まれた国に行ってみたいな。

　J'aimerais aller au pays.（その国に行ってみたいな。）
　Il est né dans le pays.（彼はその国で生まれたんだ。）

dans le pays が副詞句ですから関係副詞 où を用いて、前者の pays の直後に置きます。où il est né（彼が生まれた）の節がこの pays（先行詞）にかかります。

2 時を表す語を先行詞とします。

> Il faisait très froid la nuit **où** je l'ai vue.
> 私が彼女に会った夜はとても寒かった。

    Il faisait très froid la nuit.（その夜はとても寒かった。）

    Je l'ai vue la nuit.（私はその夜彼女に会った。）

  この二つの la nuit は副詞ですから、すんなり関係副詞 où でつなぎ、前者の la nuit のあとに置きます。où je l'ai vue（私が彼女に会った）の節がこの la nuit（先行詞）にかかります。

> La semaine est inoubliable **où** nous habitions ensemble.
> 私たちが一緒に住んだ 1 週間は忘れがたい。

    La semaine est inoubliable.（その週は忘れがたい。）

    Nous habitions ensemble pendant la semaine.

    （私たちはその週一緒に暮らした。）

  前者の La semaine は名詞ですが後者の pendant la semaine は副詞なので関係副詞 où とおいて前者の La semaine の直後におきます。où nous habitions ensemble（私たちが一緒に暮らした）の節がこの前者の La semaine（先行詞）にかかります。

> Le matin **où** je me suis réveillé, le soleil était magnifique.
> 私が目を覚ましたその朝、太陽は素晴らしかった。

    Le matin, le soleil était magnifique.（その朝、太陽は素晴らしかった。）

    Le matin, je me suis réveillé.（私はその朝、目を覚ました。）

  二つの Le matin は副詞ですから、後者の Le matin を関係副詞の où と置いて、前者の Le matin のあとに置くことになります。où je me suis réveillé（私が目

を覚ました）の節が前者の Le matin（先行詞）にかかっていきます。

C　練習問題

二文を où で結んで和訳してください。ただし書き始めは指定してあります。

1　Elle a pleure le jour.

　　Nous nous sommes quittés le jour.

＝　Elle

　　和訳：

2　La villa est très jolie.

　　Mes parents demeurent à la villa.

＝　La villa

　　和訳：

3　La Belgique est un pays.

　　On parle français dans ce pays.

＝　La Belgique

　　和訳：

4　Le moment est enfin venu.

　　Nous allons réaliser notre rêve en ce moment.

＝　Le moment

　　和訳：

5　Ils sont arrivés près du jardin.

　　Ils voulaient se promener dans le jardin.

＝　Ils sont

　　和訳：

D 暗唱例文

2
関係詞をめぐって

⑯ J'ai visité la maison **où** habitait Van Gogh.

私はヴァン・ゴッホが住んでいた家を訪れました。

⑯ J'aimerais aller au pays **où** il est né.

彼が生まれた国に行ってみたいな。

⑯ J'irai chez toi le jour **où** tu seras libre.

君が暇な日に君んちに行くよ。

⑯ La semaine est inoubliable **où** nous habitions ensemble.

私たちが一緒に住んだ1週間は忘れがたい。

E さらに発展

1　**où は先行詞なしでも用いられることがあります。**

Je vais **où** vous voudrez.

（あなたのお望みのところに参ります。）

2　**d'où ～（～のことから）は前文を受けて、接続詞のようにも使われます。**

Elle est venue me voir, **d'où** mon grand plaisir.

（彼女が僕に会いに来た。そのことで僕はとても嬉しかった。）

05 複合関係詞 lequel (laquelle) など

A　用法

🔊 TRACK_023

Voici le sac de voyage **dans lequel** j'ai mes affaires.

　ここに私の身の回りのものが入っているボストンバッグがあります。

Le milieu **dans lequel** il vit n'est pas tellement bon.

　彼が生きている環境はそんなによくない。

C'est l'homme **auquel** je pense.

　これが私の想っている男性です。

Il ne comprend pas le sujet **duquel** j'ai parlé.

　彼は私が話した話題を理解していない。

La compagnie, **pour laquelle** je travaille, se trouve près d'ici.

　私が働いている会社はこの近くにあります。

C'était la découverte **sur laquelle** on a mis tant d'espoir.

　これは大いに期待された発見だった。

Ce sont des fleurs **auxquelles** elle tient beaucoup.

　これらは彼女が大好きな花です。

B　解説

🍓 ひとくちメモ

1 先行詞は《人》でも《物》でも可能ですが、《人》には余り使われません。

2 また必ず**前置詞**が**直前**にあります。

Voici le sac de voyage **dans lequel** j'ai mes affaires.

　ここに私の身の回りのものが入っているボストンバッグがあります。

156

　lequel は le sac de voyage（男性単数名詞）を先行詞にとる複合関係詞で、前に前置詞 dans がついています。英語でいえば in which です。dans lequel j'ai mes affaires（私の身の回りのものが入っている）の節が先行詞 le sac de voyage（ボストンバッグ）にかかっています。

Il ne comprend pas le sujet **duquel** j'ai parlé.
　彼は私が話した話題を理解していない。

---

　duquel は de + lequel → duquel（縮約）となったものです。duquel = dont ともおけます。

　Il ne comprend pas le sujet. と J'ai parlé du sujet. の合体です。du sujet は de + le sujet の縮約ですから、ここで le sujet = lequel と置けば de lequel → duquel ができます。

La compagnie, **pour laquelle** je travaille, se trouve près d'ici.
　私が働いている会社はこの近くにあります。

---

　laquelle（女性名詞単数を先行詞にとる）の先行詞が La compagnie です。（そのために私が働いている会社）が直訳です。pour laquelle je travaille は挿入的に入った関係詞節で、説明をつけ加えるためです。

　La compagnie se trouve près d'ici.（その会社はこの近くにあります。）と Je travaille pour la compagnie.（私はその会社で働いています。）の合体です。

Ce sont des fleurs **auxquelles** elle tient beaucoup.
　これらは彼女が大好きな花です。

---

　auxquelles は à + lesquelles（女性複数名詞を先行詞にとる）→ auxquelles となったものです。tenir à 〜で（〜に愛着を感じる）の意味です。

　Ce sont des fleurs.（これらは花です。）と Elle tient beaucoup aux fleurs.（彼女はその花が大好きです。）の合体です。

🌰 他に男性複数名詞を受ける複合関係詞が lesquels です。

à + lesquels → auxquels　の形となります。

de + lesquels → desquels　の形となります。いずれも縮約です。

C　練習問題

（　）に下の語群から適当なものを選んで、かつ和訳してください。重複はありません。

1　Je connais le nom de l'homme （　　） vous écrivez.
　　和訳：

2　Voici la femme （　　） je pensais.
　　和訳：

3　Tu connais l'homme （　　） tu étais?
　　和訳：

4　Le Japon est un pays （　　） on cultive le riz.
　　和訳：

5　Plusieurs femmes sont blessées, （　　） se trouve ma fille.
　　和訳：

6　Prête-moi le stylo （　　） tu as écrit ce formulaire.
　　和訳：

7　C'est la personne （　　） je vis ensemble depuis longtemps.
　　和訳：

----

près duquel　　　dans lequel　　　avec lequel　　　à laquelle
avec laquelle　　　auquel　　　parmi lesquelles

D 暗唱例文

⑯ Voici le sac de voyage **dans lequel** j'ai mes affaires.

ここに私の身の回りのものが入っているボストンバッグがあります。

⑯ C'est l'homme **auquel** je pense.

これが私の想っている男性です。

⑰ Ce sont des fleurs **auxquelles** elle tient beaucoup.

これらは彼女が大好きな花です。

E さらに発展

1 複合関係詞の用法で duquel ＝ dont と置き換えましたが、〈前置詞＋名詞〉のあとでは dont を使いません。

Il a un grand couteau **dans la manche duquel** il y a un tire-bouchon.

（彼は大きなナイフを持っていて、その柄のところには栓抜きが付いている。）

dans la manche が〈前置詞＋名詞〉なのでそのうしろで dont を使いません。

2 parmi の後は先行詞が《人》であっても語調の上から parmi qui ではなく parmi lesquels や parmi lesquelles となります。

したがって練習問題にあるように

Plusieurs femmes sont blessées, **parmi lesquelles** se trouve ma fille.

（何人かの女性が負傷し、その中には私の娘もいます。）

となります。

関係詞の総合練習問題

1 次の空所に qui, que, dont, où, のどれかを入れて和訳してください。
同じ語を何度使ってもかまいません。

1 Il fait toujours le travail ( ) l'on lui demande.
和訳：

2 Il a pris le livre ( ) se trouvait sur la table.
和訳：

3 Ces années sont l'époque ( ) les Français rêvaient.
和訳：

4 C'est le village ( ) il est né.
和訳：

5 Regardez un homme ( ) court là-bas.
和訳：

6 La chanson ( ) j'aimais ne se chante plus.
和訳：

7 Voilà l'église ( ) on aperçoit le clocher.
和訳：

8 Il alla à Londres, ( ) il assista à la réunion.
和訳：

9 On va parler du sujet ( ) il s'agit.
和訳：

10 On vit avec ( ) l'on aime.
和訳：

2 次の空所に下の語群からの適当なものを入れて和訳してください。重複はありません。

1 C'est le projet (   ) je pense en ce moment.

　　和訳：

2 Ce sont les projects (   ) nous pensons en ce moment.

　　和訳：

3 La cause, pour (   ) ils combattent, est grave.

　　和訳：

4 Il y a beaucoup de jeunes filles (   ) il me faut penser.

　　和訳：

5 C'est un parc dans (   ) les enfants aiment s'amuser.

　　和訳：

---

laquelle   auquel   lequel   auxquels   auxquelles

第**3**章
分詞をめぐって

01 ジェロンディフ

A　用法
🔊 TRACK_024

en ＋ （現在分詞（〜 ant の形））で

「〜しながら」「〜するとき」「〜するなら」の意味。主節の動詞にかかります。

Elle a rencontré Monsieur Cadot **en faisant** des courses.
　　彼女は買い物をしていてカド氏に会いました。

Les enfants sont sortis **en claquant** la porte.
　　子供たちはドアをバタンと閉めて出て行きました。

Les ouvriers sifflaient **en travaillant**.
　　労働者たちは働きながら口笛を吹いていました。

Fermez la porte **en sortant**.
　　出るときはドアを閉めてくださいね。

Laissez cet endroit aussi propre que vous l'avez trouvé **en entrant**.
　　入った時と同じくらいにここをきれいにしておきましょう。（トイレの掲示）

Il s'est perdu **en venant** chez moi.
　　彼はうちに来る時、道に迷いました。

Il s'est blessé **en coupant** cet arbre.
　　彼はこの木を切っていてケガをしました。

Tu vas être essoufflé **en courant** comme ça.
　　そんなに走ると息が切れるよ。

D'habitude, je travaille **en regardant** la télé.
　　たいてい、僕はテレビを見ながら勉強します。

Elles ont préparé leurs leçons **en chantant**.
　　彼女たちは歌いながら学校の予習をしました。

En me réveillant, j'ai trouvé la maison vide.

　目を覚ましてみると、私は家に誰もいないことに気づきました。

J'ai cassé mes lunettes **en jouant** au football.

　サッカーをやっててメガネを壊しました。

En sachant son intention, je l'ai bien comprise.

　彼(女)の意図を知っていたので、よく理解できました。

B　解説

🌰 **ひとくちメモ**

1　原則としてジェロンディフ (en ＋～ ant) の主語は、主節の主語に一致します。(例外をこの項の〈**E さらに発展**〉で取り上げています。)

2　～ ant (現在分詞) のつくりかた。

　一般には nous につく直説法現在形の語尾 ons を取って ant にします。

　　例) nous finissons → **finissant**（現在分詞）

　　　　nous donnons → **donnant**（現在分詞）

　　　　(ただし savoir などは **sachant** と変化しています。

　　また avoir → **ayant** となり être → **étant** となります。)

Elle a rencontré Monsieur Cadot **en faisant** des courses.

　彼女は買い物をしていてカド氏に会いました。

Elle a rencontré Monsieur Cadot <u>quand elle faisait</u> des courses. をジェロンディフにしたものです。**faisant** は faire（する）の現在分詞です。

Fermez la porte **en sortant**.

　出るときはドアを閉めてくださいね。

同様に Fermez la porte <u>quand vous sortez</u>. をジェロンディフにしたものです。**sortant** は sortir（出ていく）の現在分詞です。

Laissez cet endroit aussi propre que vous l'avez trouvé **en entrant**.

入った時と同じくらいにここをきれいにしておきましょう。（トイレの掲示）

Laissez は「残しておいて」で、aussi... que 〜で（〜と同じくらい…）という比較構文です。l'avez trouvé の l' は cet endroit（この場所）のことです。**en entrant**（入ったときに）がジェロンディフです。（あなたが入ったときにそれを見つけたのとおなじくらいきれいにこの場所を残して出てください。）という直訳が上のような訳になります。

Il s'est perdu **en venant** chez moi.

彼はうちに来る時、道に迷いました。

s'est perdu は se perdre（道に迷う）の複合過去形です。**en venant** chez moi（私の家に来る時に）がジェロンディフです。Il s'est perdu <u>quand il venait</u> chez moi. がもとの文です。

Il s'est blessé **en coupant** cet arbre.

彼はこの木を切っていてケガをしました。

上と同様に s'est blessé は se blesser（ケガをする）の複合過去形で、**en coupant** cet arbre（この木を切っていて）がジェロンディフです。Il s'est blessé <u>quand il coupait</u> cet arbre. と同意です。

En me réveillant, j'ai trouvé la maison vide.

目を覚ましてみると、私は家に誰もいないことに気づきました。

me réveillant は se réveiller（目を覚ます）の現在分詞です。また j'ai trouvé la maison vide（家に誰もいないことに気づきました）は la maison（家）が目的語で、形容詞 vide（空の）がその属詞（補語）の役目をしています。<u>Quand je me suis réveillé(e)</u>, j'ai trouvé la maison vide. とも書けます。

> J'ai cassé mes lunettes **en jouant** au football.
>
> サッカーをやっててメガネを壊しました。

en jouant au football（サッカーをやってて）がジェロンディフです。jouer à ＋（スポーツ）で（スポーツをする）、jouer de ＋（楽器）なら（楽器を演奏する）です。J'ai cassé mes lunettes quand je jouais au football. とも書けます。

> **En sachant** son intention, je l'ai bien comprise.
>
> 彼（女）の意図を知っていたので、よく理解できました。

En sachant son intention（彼（女）の意図を知っていたので）は理由を表すジェロンディフです。je l'ai bien comprise（それがよく理解できました）の l' は son intention（女性名詞）を受けているので、そして過去分詞 comprise の前に出ているので、このように過去分詞には女性形の e がついています。Comme je savais son intention, je l'ai bien comprise. と同意です。（comme 〜「〜なので」）

C 練習問題

1 （　　）内をジェロンディフにして全文を訳してください。

1 Elle est sortie (pleurer).

和訳：

2 (Se lever) de bonne heure, nous pourrons arriver à l'heure.

和訳：

3 Tu vas réussir (travailler) beaucoup.

和訳：

4 (Apprendre) cette bonne nouvelle, il était au comble de joie.

和訳：

5 Ils se moquaient de leur professeur (l'imiter).

和訳：

2 日本語の意味になるように （　　）内を並べかえてください。

1　私は走って階段を上った。

J'ai (l'escalier/　en/　monté/　courant).

2　彼女は私をみながらニヤニヤしていた。

Elle (me/　riait/　regardant/　en).

3　強盗は窓ガラスを割って侵入した。

Le cambrioleur est (les/　en/　entré / vitres/　brisant).

4　山を降りながら、私たちは大いに語り合った。

En (bien causé/　la/　montagne,/　descendant/　on a).

5　あなたの声を聞いているとあなたのお母様を思い出します。

En (me rappelle/　votre/　je/　votre/　entendant/　mère/　voix,).

D　暗唱例文

283 TRACK_024

⑰ Les enfants sont sortis **en claquant** la porte.

子供たちはドアをバタンと閉めて出て行きました。

⑫ Les ouvriers sifflaient **en travaillant**.

労働者たちは働きながら口笛を吹いていました。

⑬ Fermez la porte **en sortant**.

出るときはドアを閉めてくださいね。

⑭ Il s'est perdu **en venant** chez moi.

彼はうちに来る時、道に迷いました。

⑮ Il s'est blessé **en coupant** cet arbre.

彼はこの木を切っていてケガをしました。

⑯ D'habitude, je travaille **en regardant** la télé.

たいてい、僕はテレビを見ながら勉強します。

⑰ **En me réveillant**, j'ai trouvé la maison vide.

目を覚ましてみると、私は家に誰もいないことに気づきました。

⑱ J'ai cassé mes lunettes **en jouant** au football.

サッカーをやっててメガネを壊しました。

E　さらに発展

1　（ジェロンディフ）の主語と、本文の主語が一致しない場合があります。

L'appétit s'augmente **en mangeant**.

（食べれば食べるほどに食欲は増す。）

en mangeant（食べる）のは〈人〉、L'appétit（食欲）はそれとは別のはずですが、このように慣習的に使われます。

2　tout en ～「～ではあるが」、même en ～「たとえ～しても」で〈対立・譲歩〉を表す場合があります。

Tout en refusant ma proposition, elle a pris la peine de venir me voir.

（私の提案を退けながらも、彼女はわざわざ私に会いに来た。）

Tout en voulant paraître insensible, il était au fait sensible.

（冷淡なふりをしようとしつつも、彼は実際は敏感なのだった。）

Même en courant de toutes tes forces, tu ne le rattraperas jamais.

（たとえ全力で走っても、絶対彼には追いつけまいよ。）

⓪2 現在分詞

A　用法

1　付加形容詞として

（前におかれた名詞を修飾します。）

C'est Madame Cadot **arrivant** là-bas?

あそこに到着したのはカドさんの奥さんですね？

Ce sont mes étudiants **jouant** au tennis là-bas.

あそこでテニスをしているのは私の学生たちです。

J'ai trouvé un pauvre enfant **tremblant** de froid.

私は寒さで震えている哀れな子どもを見つけた。

Nous avons rencontré Monsieur Cadot **se promenant** dans le parc.

私たちは公園を散歩しているカドさんに出会った。

Je cherche une bonne **connaissant** la cuisine.

私は料理のできるお手伝いさんを探している。

C'est un homme **ayant fait** sa jeunesse.

これは青春が終わったころの男性です。

2　目的語の属詞（補語）として

（目的語が現在分詞（属詞（補語））の意味上の主語です。）

J'écoute l'avion **passant** au-dessus de ma maison.

私は飛行機が家の上を過ぎていくのを聞いている。

J'ai vu le voleur **prenant** l'argent.

私は泥棒がお金を盗るところを見た。

On m'a vu **revenant** du marché.

私はマルシェから帰って来るところを見られた。

Il a vu Monsieur Cadot **faisant** démarrer un moteur.
彼はカドさんがエンジンをかけるのを見た。

J'observe des chats **jouant** avec une balle.
私は猫がボールで遊んでいるのを見ている。

J'ai vu le cheval **sautant** la haie.
私は馬が垣根を飛び越えるのを見た。

Tu regardes tes enfants **finissant** leurs devoirs?
君は子供たちが宿題を終えるところを見ている？

3　副詞的用法 （英語の分詞構文に当たります。）

Il se promenait, **rêvant** à son futur.
彼は将来のことを夢見ながら散歩していた。

Le sachant, j'ai fait semblant de l'ignorer.
それを知りながらも、私は知らないふりをした。

Il a beaucoup fumé, **flânant** dans la rue.
彼は通りをぶらつきながら、たくさんタバコを吸った。

Il s'est éloigné, **chuchotant** quelques mots.
彼は何かブツブツ言いながら離れて行った。

Il se leva, **se cognant** aux meubles.
彼は立ち上がり、あちこち家具にぶつかった。

L'homme **baissant** le front de temps en temps, ça m'impatienta.
その男が時々顔を伏せるので、私はイライラした。

Le courage **me manquant**, je restais muet.
勇気がなかったので、私は黙っていた。

Le sommeil ne **venant** pas, il a ouvert un livre.
眠くならないので、彼は本を開いた。

Ayant fait trois pas, il se retourna.

二、三歩行ってから、彼は振り返った。

B　解説

1　付加形容詞として（前におかれた名詞を修飾します。）

Ce sont mes étudiants **jouant** au tennis là-bas.

あそこでテニスをしているのは私の学生たちです。

関係詞を用いて Ce sont mes étudiants qui jouent au tennis là-bas. と書き直せます。

J'ai trouvé un pauvre enfant **tremblant** de froid.

私は寒さで震えている哀れな子どもを見つけた。

関係詞を用いて J'ai trouvé un pauvre enfant qui tremblait de froid. と書き直せます。

Je cherche une bonne **connaissant** la cuisine.

> 私は料理のできるお手伝いさんを探している。

関係詞を用いて Je cherche une bonne <u>qui connaît</u> la cuisine. と書き直せます。

C'est un homme **ayant fait** sa jeunesse.

> これは青春が終わったころの男性です。

関係詞を用いて C'est un homme <u>qui a fait</u> sa jeunesse. と書き直せます。ayant fait は完了形の現在分詞で、主節の動詞より時制がさかのぼることを示します。現在分詞の完了形はこのように Ayant ＋（過去分詞）で作ります。

2 目的語の属詞（補語）として

目的語が現在分詞（属詞（補語））の意味上の主語です。

J'écoute l'avion **passant** au-dessus de ma maison.

> 私は飛行機が家の上を過ぎていくのを聞いている。

文章上は目的語である l'avion（飛行機）が **passant**（passer（過ぎていく））の意味上の主語になっています。このとき **passant** は l'avion の属詞（補語）です。

J'observe des chats **jouant** avec une balle.

> 私は猫がボールで遊んでいるのを見ている。

des chats（猫）が **jouant**（jouer（遊んでいる））の意味上の主語です。des chats が文の目的語、**jouant** はその属詞（補語）です。

J'ai vu le cheval **sautant** la haie.

> 私は馬が垣根を飛び越えるのを見た。

le cheval（馬）が **sautant**（sauter（飛び越える））の意味上の主語です。
le cheval が文の目的語、**sautant** はその属詞（補語）です。

> Tu regardes tes enfants **finissant** leurs devoirs?
> 君は子供たちが宿題を終えるところを見ている？

tes enfant（子供たち）が **finissant**（finir（終える））の意味上の主語です。tes enfants が文の目的語、**finissant** はその属詞（補語）です。

3 副詞的用法（英語の分詞構文に当たります。）

> Il se promenait, **rêvant** à son futur.
> 彼は将来のことを夢見ながら散歩していた。

英語で言えば He was taking a walk, dreaming of his future. です。カンマ以降が分詞構文です。

> **Le sachant**, j'ai fait semblant de l'ignorer.
> それを知りながらも、私は知らないふりをした。

<u>Bien que je le sache</u>, j'ai fait semblant de l'ignorer. と書き直せます。**Le sachant**（それを知りながらも）は対立の構文になります。Bien que ＋（接続法）で「〜ではあるが」で、それを副詞節（分詞構文）にしたものです。カンマまでが分詞構文です。

> Il a beaucoup fumé, **flânant** dans la rue.
> 彼は通りをぶらつきながら、たくさんタバコを吸った。

英語で言えば He was smoking heavily, strolling on the street. となります。カンマ以降が分詞構文です。

> Il se leva, **se cognant** aux meubles.
> 彼は立ち上がり、あちこち家具にぶつかった。

Il se leva, et il se cogna aux meubles.（彼は立ち上がり、そしてあちこち家具にぶつかった。）を副詞節（分詞構文）にしたものです。英語なら He rose up, bumping into furniture. です。

L'homme **baissant** le front de temps en temps, ça m'impatienta.

その男が時々顔を伏せるので、私はイライラした。

<u>Comme l'homme baissa</u> le front de temps en temps, ça m'impatienta.
と書き換えられます。ここの現在分詞は理由を表しています。（また主節と従属節の主語が違うので、〈絶対分詞節〉と呼ばれます。〈**E さらに発展**〉も参照してください。）

Le courage **me manquant**, je restais muet.

勇気がなかったので、私は黙っていた。

ここも<u>Comme le courage me manquait</u>, je restais muet. と書き換えられ、理由を表しています。（Le courage **me manquant** は主節と従属節の主語が違うので〈絶対分詞節〉です。）

Le sommeil ne **venant** pas, il a ouvert un livre.

眠くならないので、彼は本を開いた。

<u>Comme le sommeil n'est pas venu</u>, il a ouvert un livre. と書き換えられます。（Le sommeil ne **venant** pas は〈絶対分詞節〉です。）

Ayant fait trois pas, il se retourna.

二、三歩行ってから、彼は振り返った。

<u>Après avoir fait</u> trois pas, il se retourna.（二、三歩行ったあとで、彼は振り返った）と書き換えられます。**Ayant fait** は現在分詞 faisant の完了形となります。il se retourna（振り返った）よりも時制がさらに過去であることを示します。

C 練習問題

上下の文の意味がほぼ同じになるように（　　）に適語を入れ、入れた文を和訳してください。

1　Ce sont les enfants qui font du bruit là-bas.

　　Ce sont les enfants (　　　) du bruit là-bas.

　　和訳：

2　J'ai vu le groupe qui admiraient la Joconde.
　　(la Joconde「モナリザ」)

　　J'ai vu le groupe (　　　) la Joconde.

　　和訳：

3　À la tombée de la nuit, nous avons pris le chemin de retour.

　　La nuit (　　　), nous avons pris le chemin de retour.

　　和訳：

4　Nous écoutions une belle fille en train de chanter le hymne national.

　　Nous écoutions une belle fille (　　　) le hymne national.

　　和訳：

5　J'ai surpris mon frère en train de lire mon journal.

　　J'ai surpris mon frère (　　　) mon journal.

　　和訳：

6　Nous entendons un chien qui aboie. (aboie → aboyer「吠える」)

　　Nous entendons un chien (　　　).

　　和訳：

7　Comme je le savais très bien, je n'ai pas posé de questions.

　　Le (　　　) très bien, je n'ai pas posé de questions.

　　和訳：

D 暗唱例文

⑰ Ce sont mes étudiants **jouant** au tennis là-bas.

あそこでテニスをしているのは私の学生たちです。

⑱ J'ai trouvé un pauvre enfant **tremblant** de froid.

私は寒さで震えている哀れな子どもを見つけた。

⑱ Je cherche une bonne **connaissant** la cuisine.

私は料理のできるお手伝いさんを探している。

⑱ C'est un homme **ayant fait** sa jeunesse.

これは青春が終わったころの男性です。

⑱ J'écoute l'avion **passant** au-dessus de ma maison.

私は飛行機が家の上を過ぎていくのを聞いている。

⑱ On m'a vu **revenant** du marché.

私はマルシェから帰って来るところを見られた。

⑱ J'observe des chats **jouant** avec une balle.

私は猫がボールで遊んでいるのを見ている。

⑱ J'ai vu le cheval **sautant** la haie.

私は馬が垣根を飛び越えるのを見た。

⑱ Il se promenait, **rêvant** à son futur.

彼は将来のことを夢見ながら散歩していた。

⑱ **Le sachant**, j'ai fait semblant de l'ignorer.

それを知りながらも、私は知らないふりをした。

⑱ Il se leva, **se cognant** aux meubles.

彼は立ち上がり、あちこち家具にぶつかった。

⑲ Le courage **me manquant**, je restais muet.

勇気がなかったので、私は黙っていた。

⑲ Le sommeil ne **venant** pas, il a ouvert un livre.

眠くならないので、彼は本を開いた。

E　さらに発展

1　étant donné「〜から考えて」（イディオム）

Étant donné son mauvaise volonté, nous nous passerons
de lui.

（彼はやる気がないのだから、彼なしでやろう。）

（**donné** の部分は普通不変です。）

2　〈絶対分詞節〉について

L'homme **baissant** le front de temps en temps, ça
m'impatienta.

（その男が時々顔を伏せるので、私はイライラした。）

Le courage **me manquant**, je restais muet.

（勇気がなかったので、私は黙っていた。）

Le sommeil ne **venant** pas, il a ouvert un livre.

（眠くならないので、彼は本を開いた。）

　A 用法で見たように、上の 3 構文では（L'homme と ça）、（Le courage と
je）、（Le sommeil と il）、というように主節と従属節の主語がそれぞれ違いま
すから、従属節（左側の節）の主語は消せません。残った結果、このように書き、
〈絶対分詞節〉と呼びます。

⓪③ 過去分詞

A　用法

1　付加形容詞として（前におかれた名詞を修飾し受動的な意味を持ちます。）

Les fleurs **cueillies** ce matin sont fraîches.

今朝摘み取られた花は生き生きしている。

Nous cherchons un appartement bien **meublé**.

私たちは家具がそろっているアパルトマンを探している。

On voit une maison **détruite** là-bas.

取り壊された家が向こうに見える。

Quelles sont les langues **parlées** au Canada?

カナダではどんな言語が話されていますか？

2　目的語の属詞（補語）として

（目的語が過去分詞（属詞（補語））の意味上の主語で受動的な意味になります。）

Elle tenait son visage **détourné**, car elle pleurait.

彼女は顔をそむけていた。泣いていたからだ。

Je gardais mes yeux **ouverts**.

私は目を開けたままでいた。

Il eut la mâchoir **fracassée** par un coup de poing.

彼はパンチで顎を砕かれた。

Je voyais, **suspendu** à la cheminée, le portrait en miniature.

暖炉のところに細密画がかかっているのが見えた。

3 副詞的用法 （英語の分詞構文に当たります。）

Épuisée de fatigue, elle ne pouvait plus marcher.
疲労困憊して、彼女はもう歩けなかった。

Accablée de bijoux, elle avait un air stupide.
宝石に飾り立てられて、彼女は愚かに見えた。

Mon père, **brisé** d'inquiétude, finit par tomber malade.
父は不安に打ちのめされてついに病気になった。

Appuyé sur la rampe du pont, il voyait l'eau couler.
橋の欄干にもたれて、彼は川が流れるのを見ていた。

On pense mal, **assis**.
座ったままだといい考えは浮かばない。

Revenus chez eux, ils ont oublié toutes les difficultés du voyage.
家に帰ると彼たちは旅のすべての苦労を忘れた。

Gravement **blessé**, il combattait encore bravement.
重傷を負いながらも、彼は勇敢に戦った。

Mieux **entraîné**, le cheval aurait gagné le prix.
もっと訓練していれば、その馬は賞が取れたのに。

Cette action,**commencée** une heure plus tôt, aurait évité la catastrophe.
1 時間前にこの行動をおこしていたら惨劇は避けられたろうに。

B 解説

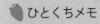 ひとくちメモ

原則的に過去分詞は受動の意味を表しますが、自動詞や代名動詞は能動の意味を持ちます。〈**E さらに発展**〉を参照してください。

1 付加形容詞として（前におかれた名詞を修飾し受動的な意味を持ちます。）

Les fleurs **cueillies** ce matin sont fraîches.
今朝摘み取られた花は生き生きしている。

関係詞を用いて Les fleurs <u>qui ont été</u> **cueillies** ce matin sont fraîches.
と書き換えられます。

Quelles sont les langues **parlées** au Canada?
カナダではどんな言語が話されていますか？

関係詞を用いて Quelles sont les langues <u>qui sont</u> **parlées** au Canada?
と書き換えられます。

2 目的語の補語（属詞）として

（目的語が過去分詞（属詞（補語））の意味上の主語で、受動的な意味になります。）

Elle tenait son visage **détourné**, car elle pleurait.
彼女は顔をそむけていた。泣いていたからだ。

文章上の目的語である son visage（彼女の顔）が **détourné**（そむけられて）の意味上の主語です。**détourné** が son visage の属詞（補語）となっています。

Je gardais mes yeux **ouverts**.
私は目を開けたままでいた。

目的語である mes yeux が **ouverts**（開けられて）の意味上の主語です。**ouverts** は ouvrir の過去分詞です。mes yeux が男性複数名詞ですから語尾に s がつきます。**ouverts** が mes yeux の属詞（補語）となっています。

Je voyais, **suspendu** à la cheminée, le portrait en miniature.
暖炉のところに細密画がかかっているのが見えた。

目的語 le portrait en miniature が **suspendu**（かけられて）の意味上の主語で、文の構成上、**suspendu** は前に出てきています。**suspendu** は suspendre（さげ

る）の過去分詞で、le portrait の属詞（補語）となっています。

3　副詞的用法（英語の分詞構文に当たります。）

Épuisée de fatigue, elle ne pouvait plus marcher.
疲労困憊して、彼女はもう歩けなかった。

Comme elle était épuisée de fatigue, elle ne pouvait plus marcher. と書き換えられます。接続詞 Comme（～なので）の節の接続詞、主語、être 動詞を消して過去分詞だけを残すと、上の副詞句（分詞構文）になります。

Mon père, brisé d'inquiétude, finit par tomber malade.
父は不安に打ちのめされてついに病気になった。

brisé d'inquiétude（不安に打ちのめされて）の副詞句（分詞構文）が挿入されている例です。Mon père, comme il fut brisé d'inquiétude, finit par tomber malade. を分詞構文にしたものです。

Appuyé sur la rampe du pont, il voyait l'eau couler.
橋の欄干にもたれて、彼は川が流れるのを見ていた。

Quand il s'appuyait sur la rampe du pont, il voyait l'eau couler. と書き換えられます。やはり従属節中の Quand と il と s' を消して appuyait の過去分詞 Appuyé のみを残すと、上の副詞句（分詞構文）を含む文になります。このように代名動詞を分詞構文にすると過去分詞のみが残ります。

On pense mal, assis.
座ったままだといい考えは浮かばない。

On pense mal, quand on est assis.（座っているとき考えは悪い。）と書き換えられます。assis は asseoir（座らせる）の過去分詞で、être assis で（座っている）です。

Revenus chez eux, ils ont oublié toutes les difficultés du voyage.

家に帰ると彼たちは旅のすべての苦労を忘れた。

Quand ils sont **revenus** chez eux, ils ont oublié toutes les difficultés du voyage. と書き換えられます。自動詞 revenir の過去分詞 **revenus** で副詞句（分詞構文）を作っています。やはり Quand も ils も sont も消えてしまいます。

Gravement **blessé**, il combattait encore bravement.

重傷を負いながらも、彼は勇敢に戦った。

Bien qu'il fût gravement **blessé**, il combattait bravement. と書き換えられます。fût gravement **blessé** は接続法半過去形です。現代では接続法現在形で代用されます。Gravement **blessé** は対立を表しています。

Mieux **entraîné**, le cheval aurait gagné le prix.

もっと訓練していれば、その馬は賞が取れたのに。

Si le cheval avait été mieux **entraîné**, il aurait gagné le prix. と書き換えられます。これは [Si ＋（直説法大過去形），（条件法過去形）]「〜していたなら、〜しただろうに」の仮定のパターンです。Mieux **entraîné** は条件節 Si の代用です。

3

分詞をめぐって

C 練習問題

1 上下の文の意味がほぼ同じになるように（　　　）に適語を入れて和訳してください。

  1 Quand il était rentré chez lui, il se mit à travailler.

    (　　　　　) chez lui, il se mit à travailler.

    和訳：

  2 Bien qu'elle soit accablée de fatigue, elle est obligée d'écrire une lettre.

    (　　　　　) de fatigue, elle est obligée d'écrire une lettre.

    和訳：

  3 C'est la pièce qui a été mise en scène par un écrivain.

    C'est la pièce (　　　　) en scène par un écrivain.

    和訳：

2 日本語の意味に合うように（　　　）に適語をいれてください。最初の2文字は書いてあります。

  1 壁にもたれて彼は物思いにふけった。

    (Ap　　　　) au mur, il était pensif.

  2 彼は指をケガした。

    Il a eu son doigt (bl　　　　).

  3 ケベックで話されている言語は何ですか？

    Quelle est la langue (pa　　　　) à Québec?

D 暗唱例文

⑲ Nous cherchons un appartement bien **meublé**.

私たちは家具がそろっているアパルトマンを探している。

⑲ Quelles sont les langues **parlées** au Canada?

カナダではどんな言語が話されていますか？

⑭ Je gardais mes yeux **ouverts**.

私は目を開けたままでいた。

⑮ Je voyais, **suspendu** à la cheminée, le portrait en miniature.

暖炉のところに細密画がかかっているのが見えた。

⑯ **Épuisée** de fatigue, elle ne pouvait plus marcher.

疲労困憊して、彼女はもう歩けなかった。

⑰ Mon père, **brisé** d'inquiétude, finit par tomber malade.

父は不安に打ちのめされてついに病気になった。

⑱ **Appuyé** sur la rampe du pont, il voyait l'eau couler.

橋の欄干にもたれて、彼は川が流れるのを見ていた。

⑲ On pense mal, **assis**.

座ったままだといい考えは浮かばない。

⑳ Cette action, **commencée** une heure plus tôt, aurait évité la catastrophe.

1時間前にこの行動をおこしていたら惨劇は避けられたろうに。

3

分詞をめぐって

E さらに発展

1 自動詞の過去分詞、また代名動詞の過去分詞が、能動的な意味を持って名詞にかかります。

un obus éclaté	「破裂した砲弾」	←	éclater（破裂する）：自動詞
des arbres tombés	「倒れた木」	←	tomber（倒れる）：自動詞
le mur écroulé	「崩れた壁」	←	s'écrouler（崩れる）：代名動詞
une femme évanouie	「気絶した女性」	←	s'évanouir（気絶する）：代名動詞

2 〈絶対分詞節〉

Son travail accompli, il s'en allait chercher sa petite amie.
(= Quand son travail était accompli, il s'en allait chercher sa petite amie.)

（仕事が終わったので、彼は恋人に会いに行った。）

L'été fini, je rentre à Paris.

(= Comme l'été est fini,je rentre à Paris.)
（夏が終わったので僕はパリに帰るよ。）

現在分詞のところでみたように、主節と従属節の主語が違うので、このように分詞節の中に意味上の主語が残っています。

第**4**章
過去分詞の一致をめぐって

①① 〈être + p.p.〉

A　用法

🔊TRACK_027

〈être + p.p.〉用法の過去分詞（p.p.）は主語の性と数に一致させます。

Elle est **descendue** dans un hôtel.
> 彼女はホテルに泊まった。

Ma mère est **née** en France.
> 母はフランスで生まれた。

Les étudiants sont **sortis** pour jouer au football.
> 学生たちはサッカーをするために出て行った。

Les étudiantes sont **allées** voir ce film.
> 女子学生たちはその映画を見に行った。

La chanteuse est **arrivée** avec sa bande.
> その女性歌手は仲間とともに到着した。

Madame, êtes-vous **revenue** de vos vacances?
> あの、バカンスからお帰りですか？

Elles sont **respectées** de tout le monde.
> 彼女たちはみんなから尊敬されている。

Moi, je m'appelle Paul, et je suis **né** au Japon.
> 僕の名はポールで、日本生まれだ。

Ils sont **déménagés** à Tokyo.
> 彼たちは引っ越して東京にいる。

Ma grand-mère est **morte** très vieille.
> 僕のおばあさんはとても高齢で亡くなった。

🍓 ひとくちメモ

　〈être + p.p.〉用法が表れるのは、複合過去だけでなく、受動態にも使わ

れるので、この時も過去分詞の一致をさせなければなりません。

次の例文がそれに当たります。

Elles sont **respectées** de tout le monde.
彼女たちはみんなから尊敬されている。

（状態を表す受動態の de ～（～によって）については下記の用法の項を参照してください。）

B　解説

Elle est **descendue** dans un hôtel.
彼女はホテルに泊まった。

descendue は descendre（投宿する）の過去分詞 descendu に主語が女性単数なので女性単数形の e がついたものです。descendre dans ～（～に泊まる）と使います。

Ma mère est **née** en France.
母はフランスで生まれた。

née は naître（生まれる）の過去分詞 né に主語が女性単数（Ma mère）なので女性単数形の e がついたものです。

Les étudiants sont **sortis** pour jouer au football.
学生たちはサッカーをするために出て行った。

sortis は sortir（外出する）の過去分詞 sorti に主語が男性複数なので男性複数形の s がついたものです。

Madame, êtes-vous **revenue** de vos vacances?
あの、バカンスからお帰りですか？

revenue は revenir（戻ってくる）の過去分詞 revenu に主語が女性単数なので女性単数形の e がついたものです。vos vacances（あなたのバカンス）のように

4
過去分詞の一致をめぐって

vacances は「休暇」の意味では常に複数形で使います。

Elles sont **respectées** de tout le monde.
　彼女たちはみんなから尊敬されている。

---

　respectées は respecter（尊敬する）の過去分詞 respecté に主語が女性複数なので女性複数形の es がついたものです。

　この文は複合過去形ではなく受動態です。〈行為の継続〉を表すときは「～によって」（行為者）は par ～ではなく上のように de ～を使います。être aimé de ～「～に愛されている」などです。

Ils sont **déménagés** à Tokyo.
　彼たちは引っ越して東京にいる。

---

　déménagés は déménager（引っ越す）の過去分詞 déménagé に主語が男性複数なので男性複数形の s がついたものです。

　直説法複合過去形（第 1 章）のところで述べたように déménager の助動詞は《動作》を表す時は avoir、《状態》を表す時は être を用います。

　Il **a déménagé** à Londres.「彼はロンドンに引っ越した。」

（p.p. の性数一致無し）

　Il **est déménagé** à Tokyo.「彼は東京に引っ越している。」

（p.p. の性数一致あり）

Ma grand-mère est **morte** très vieille.
　僕のおばあさんはとても高齢で亡くなった。

---

　morte は mourir（死ぬ）の過去分詞 mort に主語が女性単数なので女性単数形の e がついたものです。vieille は主語の属詞（補語）として使われて（～の状態で）という意味です。

190

C 練習問題

次の（　　）にあとの語群から適語を選び、正しい形にして入れて和訳してください。選ぶときに語の重複はありません。

1 Ma voiture neuve est (　　　　　　　　) sain et sauf.

和訳：

2 Marie, tu es (　　　　　　　) voir notre père hier?

和訳：

3 On l'a gâté; il est trop (　　　　　　) de tout le monde.

和訳：

4 La famille Cadot est (　　　　　　) en vacances.

和訳：

5 Sa fiancée est (　　　　　) avec quelqu'un.

和訳：

6 Ma sœur et moi sommes (　　　　　　) au lycée de jeunes filles trois ans.

和訳：

7 Je suis (　　　　　　) amoureuse de lui.

和訳：

8 Ils sont tous (　　　　　) au Brésil en 1961.

和訳：

9 Mes sœurs sont (　　　　　　) dans un hôtel chic.

和訳：

10 Elles sont (　　　　　) des États-Unis hier.

和訳：

---

tomber　　arriver　　descendre　　sortir　　revenir

aller　　aimer　　naître　　partir　　rester

---

⑳ Elle est **descendue** dans un hôtel.

　　彼女はホテルに泊まった。

⑳ Ma mère est **née** en France.

　　母はフランスで生まれた。

⑳ Les étudiantes sont **allées** voir ce film.

　　女子学生たちはその映画を見に行った。

⑳ La chanteuse est **arrivée** avec sa bande.

　　その女性歌手は仲間とともに到着した。

⑳ Elles sont **respectées** de tout le monde.

　　彼女たちはみんなから尊敬されている。

⑳ Ils sont **déménagés** à Tokyo.

　　彼たちは引っ越して東京にいる。

⑳ Ma grand-mère est **morte** très vieille.

　　僕のおばあさんはとても高齢で亡くなった。

E　さらに発展

《On の補語（属詞）の一致について》

　On は基本的には男性単数として扱います。しかし明らかに on が女性名詞や複数名詞をさしているときは、性・数の一致があります。

　　　　　　　　　　　　（ただし動詞は三人称単数のままです。）

À nos âges, on a besoin d'être **soignés**.

　　（我々のこの年になると世話される必要がある。）

Paul et moi, on est **prêts**.

　　（ポールも私も用意はできたわ。）

　　（**soignés, prêts** は男性名詞複数形の形となっています。）

②2 代名動詞

A　用法

1　〈再帰的代名動詞〉のとき、過去分詞を主語の性・数に一致させます。

Ce matin, elle s'est **peignée** soigneusement.

今朝、彼女は念入りに髪をといた。

Paul, tu t'es **couché** trop tard hier soir.

ポール、ゆうべは寝るのが遅すぎたぞ。

Elles se sont **cachées** derrière un arbre.

彼女たちは木のかげに隠れた。

Ils se sont **donnés** à leurs études.

彼たちは研究に没頭した。

2　〈相互的代名動詞〉のとき、過去分詞を主語の性・数一致にさせます。

Ils se sont **battus** violemment.

彼たちは互いに激しく闘った。

Elles se sont **regardées** l'une l'autre.

彼女たちはお互いに見つめあった。

Comme étudiantes de la faculté, nous nous sommes **présentées**.

学部の女子学生としてお互いに自己紹介しました。

Leurs regards se sont **croisés**.

彼たちの視線が出会った。

3 直接目的語が se の他にあるときは（あるいは se が間接目的語のとき）、過去分詞は主語の性・数に一致させません。

Elle s'est **lavé** les mains.

彼女は手を洗った。

Ils se sont **serré** la main.

彼たちは互いに握手した。

Elles se sont **parlé** à voix haute.

彼女たちは大きな声で話しあった。

B 解説

🌰 ひとくちメモ

1 代名動詞はたとえば複合過去形の場合、次のように作ります。

je me suis + p.p.　　　　tu t'es + p.p.　　　　il(elle) s'est + p.p.

nous nous sommes + p.p.　　　　vous vous êtes + p.p.

ils(elles) se sont + p.p.

やはり être の影響を受けるので、過去分詞 p.p. も主語の性・数に一致の必要がある場合があります。

2 〈再帰的代名動詞〉は再帰代名詞 se が「〜自身」にあたる用法です。英語では oneself に近いと言えます。

Je me lève à six heures.（僕は 6 時に起きる。）

（lever は「起こす」ですから se は oneself の感じです。）

3 〈相互的代名動詞〉は se が「お互いに」の意味になります。

Ils se regardent l'un l'autre.（彼たちは互いに見つめあう。）

（They are watching each other.）

1 再帰的代名動詞のとき、過去分詞を主語の性・数に一致させます。

Ce matin, elle s'est **peignée** soigneusement.
　　今朝、彼女は念入りに髪をといた。

　s' は「彼女」を指す直接目的語ですから過去分詞 peigné（髪をといた）に女性単数形の e をつけて **peignée** とします。（主語が elle だから主語の性・数への一致です。）soigneusement（念入りに）の意味です。

Elles se sont **cachées** derrière un arbre.
　　彼女たちは木のかげに隠れた。

　se は「彼女たち」を指す直接目的語ですから過去分詞 caché（隠す）に女性複数形の es をつけて **cachées** とします。（主語が Elles だから主語の性・数への一致です。）

Ils se sont **donnés** à leurs études.
　　彼たちは研究に没頭した。

　se は「彼たち」を指す直接目的語ですから過去分詞 donné に男性複数形の s をつけて **donnés** とします。（主語が Ils だから主語の性・数への一致です。）se donner à 〜（〜に没頭する）です。

2 相互的代名動詞のとき、過去分詞を主語の性・数に一致させます。

Elles se sont **regardées** l'une l'autre.
　　彼女たちはお互いに見つめあった。

　se が「彼女たち」を指す直接目的語で Elles（彼女たち）が主語ですから過去分詞は女性複数形の regardées となります。l'une l'autre（お互いに）は代名詞で、主語の Elles の同格となっています。

4

過去分詞の一致をめぐって

Comme étudiantes de la faculté, nous nous sommes **présentées**.
　学部の女子学生としてお互いに自己紹介しました。

　二つ目の nous が直接目的語で一つ目の nous（主語）が étudiantes（女子学生）のことですから過去分詞は女性複数形の **présentées**（紹介する）となります。

Leurs regards se sont **croisés**.
　彼たちの視線が出会った。

　se が直接目的語で Leurs regards が主語ですから過去分詞は男性複数形の **croisés**（交差させる）となります。

3　直接目的語が se のほかにあるときは（あるいは se が間接目的語のとき）、過去分詞は一致させません。

Elle s'est **lavé** les mains.
　彼女は手を洗った。

　s' は間接目的語で la main が直接目的語ですから過去分詞は **lavé**（洗う）となり変化していません。（自分自身について手を洗う）が直訳です。

Ils se sont **serré** la main.
　彼たちは互いに握手した。

　se は間接目的語で、ここでは実際に「握った」la main が直接目的語ですから、過去分詞は **serré**（握る）となり変化していません。（お互いに手を握る）が直訳です。

C　練習問題

（　　）内の動詞を直説法複合過去にして全文を書いて和訳してください。

1 ˙ Elle (se coucher) très tard.

　　和訳：

2 Elle (se couper) à la main.

　　和訳：

3 Elle (se couper) la main.

　　和訳：

4 Elles (se raconter) leurs souvenirs.

　　和訳：

5 Elle (se brûler) les doigts.

　　和訳：

6 Ils (s'aimer) ardemment.

　　和訳：

7 Elle (se teindre) les cheveux.（teindre の過去分詞は teint）

　　和訳：

8 Gérard et Marie-Thérèse (s'écrire) longtemps.

　　和訳：

9 Elle (se laver) la figure.

　　和訳：

10 Elles (se lever) de bonne heure.

　　和訳：

---

⑳ Ce matin, elle s'est **peignée** soigneusement.

今朝、彼女は念入りに髪をといた。

⑳ Elles se sont **cachées** derrière un arbre.

彼女たちは木のかげに隠れた。

⑳ Ils se sont **donnés** à leurs études.

彼たちは研究に没頭した。

⑳ Ils se sont **battus** violemment.

彼たちは互いに激しく闘った。

⑳ Elles se sont **regardées** l'une l'autre

彼女たちはお互いに見つめあった。

⑳ Elle s'est **lavé** les mains.

彼女は手を洗った。

⑳ Ils se sont **serré** la main.

彼たちは互いに握手した。

E　さらに発展

Ils se sont **écrit** des lettres.

（彼たちは手紙を書きあった。）

この文の直接目的語 des lettres は過去分詞のうしろにあります。écrit という過去分詞は変化していません。

しかし直接目的語が過去分詞に先行する場合は、過去分詞を主語の性・数に一致させます。

Ils se les sont **écrites**.

（彼たちはそれらを書きあった。）

このとき des lettres（女性複数名詞）を les と受けて過去分詞の前に出したので、過去分詞は les という直接目的語に性・数を一致させ *écrites* となります。

Ce sont les lettres qu'ils se sont écrites.

（これは彼たちが文通した手紙です。）

も *écrites* の直接目的語にあたる les lettres が過去分詞に先行しているので性・数一致させます。

03 〈avoir + p.p.〉

A　用法

1　avoir + p.p. の前に直接目的語となる代名詞があるとき

Il a vendu sa voiture. → Il l'a **vendue**.

彼はクルマを売った。→彼はそれを売った。

J'ai fait les exercices. → Je les ai **faits**.

私は運動をした。→私はそれをした。

Elle a acheté cette montre. → Elle l'a **achetée**.

彼女はこの腕時計を買った。→ 彼女はそれを買った。

Nous avons vu ce film. → Nous l'avons **vu**.

私たちはその映画を見た。→私たちはそれを見た。

Vous avez écrit la lettre? → Vous l'avez **écrite**?

あなたはその手紙を書いたの？→あなたはそれを書いたの？

2　que（関係代名詞）+ avoir + p.p. の語順のとき

J'aime les tableaux qu'il a **peints**.

私は彼が描いた絵が好きです。

Voici la lettre qu'elle a **écrite**.

ここに彼女が書いた手紙があります。

C'est la villa que nous avons **habitée** autrefois.

ここはかつて私たちが住んでいた別荘です。

Les petits plats qu'elle a **cuisinés** étaient très bons.

彼女が作ったちょっとした料理はとてもおいしかった。

3 quel（感嘆形容詞）「何という」＋ avoir ＋ p.p. の語順のとき

Quelle bonne nouvelle j'ai **apprise**!
何という良い知らせを聞いたことだろう！

Quelle horreur on a **eue**!
何という恐怖を味わったことだろう！

Quels beaux pays nous avons **traversés**!
何というきれいな国々をめぐったことだろう！

Quelles belles fleurs elles ont **cultivées**!
何というきれいな花を彼女たちは栽培したのだろう！

4 quel（疑問形容詞）「どんな〜？」＋ avoir ＋ p.p. の語順のとき

Quelle voiture avez-vous **louée**?
どんなクルマを借りたの？

Quelle chanson ont-ils **chantée**?
彼たちはどんな歌を歌ったの？

Quels films as-tu **vus**?
君はどんな映画を観たの？

Quelles personnes avez-vous **invitées**?
どんな人たちを招待したの？

B 解説

🍓 **ひとくちメモ**

1 avoir ＋ p.p. の形であっても、上記の例文以外の普通文（代名詞が過去分詞に先行していないような複合形）では過去分詞は変化しません。

Tu as bien **réussi**!（よくやった！）

Vous avez **terminé** votre repas?（食事は終わりましたか？）

Elles ont **visité** la ville de Kyoto.（彼女たちは京都の街を訪れた。）

2 代名詞 en が過去分詞に先行していても、過去分詞は変化しません。

Il a mangé des fruits. → Il **en a mangé.**

（彼は果物を食べた。→彼はそれを食べた。）

Il **en a mangés.**　とはなりません。

A-t-il bu de la bière? → **En a-t-il bu?**

（彼はワインを飲んだ？ → 彼はそれを飲んだ？）

En a-t-il **bue?**　とはなりません。

1　avoir ＋ p.p. の前に直接目的語となる代名詞があるとき

Il a vendu sa voiture. → Il l'a **vendue.**

彼はクルマを売った。→ 彼はそれを売った。

　左文の sa voiture（クルマ）という女性単数名詞を右の文で l' が受けてしかも過去分詞の前にあるので、その過去分詞は vendu（売った）に e をつけた形の **vendue** となっています。

J'ai fait les exercices. → Je les ai **faits.**

私は運動をした。→私はそれをした。

　左の文の男性複数名詞 les exercices（運動）を右文の les が受けて過去分詞の前にあるので、その過去分詞は fait に s をつけた形の **faits**（した）となっています。

Elle a acheté cette montre. → Elle l'a **achetée.**

彼女はこの腕時計を買った。→ 彼女はそれを買った。

　左の文の cette montre（この腕時計）という女性単数名詞を右文の l' が受けてそれが過去分詞の前にあるので、その過去分詞は acheté（買った）に e をつけた形の **achetée** となっています。

2　que（関係代名詞）＋ avoir ＋ p.p. の語順のとき

C'est la villa que nous avons **habitée** autrefois.
　ここはかつて私たちが住んでいた別荘です。

　先行詞である女性単数名詞 la villa（別荘）が関係詞節内の過去分詞 **habitée** に先行しているので、過去分詞はこのように habité に e をつけた形の **habitée**（住んでいた）となっています。

Les petits plats qu'elle a **cuisinés** étaient trés bons.
　彼女が作ったちょっとした料理はとてもおいしかった。

　先行詞である男性複数名詞 Les petits plats（ちょっとした料理）が関係詞節内の過去分詞 **cuisinés** に先行しているので、過去分詞は、このように cuisiné に s をつけた形の **cuisinés**（作った）となっています。

3　quel（感嘆形容詞）「何という」＋ avoir ＋ p.p. の語順のとき

Quelle bonne nouvelle j'ai **apprise**!
　何という良い知らせを聞いたことだろう！

　j'ai **apprise**（聞いた）の目的語である女性単数名詞 Quelle bonne nouvelle（何という良い知らせ）が過去分詞 appris（知る、聞く）に先行しているので、その過去分詞は e をつけた形の **apprise** となっています。

Quelle horreur on a **eue**!
　何という恐怖を味わったことだろう！

　on a **eue**（味わった）の目的語である女性単数名詞 Quelle horreur（何という恐怖）が過去分詞 **eue** に先行しているので、このように eu に e をつけた形の **eue**（持つ）となっています。eu は avoir の過去分詞です。

> ## Quelles belles fleurs elles ont **cultivées**!
> 何というきれいな花を彼女たちは栽培したのだろう！

elles ont **cultivées**（彼女たちは栽培した）の目的語である女性複数名詞 Quelles belles fleurs（何というきれいな花）が過去分詞 **cultivées** に先行しているので、その過去分詞は **cultivées**（栽培した）という女性複数形の過去分詞になっています。

4 quel（疑問形容詞）「どんな〜？」+ avoir + p.p. の語順のとき

> ## Quelle voiture avez-vous **louée**?
> どんなクルマを借りたの？

女性単数形 Quelle voiture（どんなクルマ）が過去分詞 **louée** に先行しているのでこのように過去分詞は **louée**（借りた）という女性単数形の形になります。

> ## Quelle chanson ont-ils **chantée**?
> 彼たちはどんな歌を歌ったの？

女性単数形 Quelle chanson（どんな歌）が過去分詞に先行しているので **chantée**（歌った）という女性単数形の過去分詞になっています。

> ## Quelles personnes avez-vous **invitées**?
> どんな人たちを招待したの？

Quelles personnes（どんな人たち）が女性複数名詞で、過去分詞に先行しているので **invitées**（招待した）という女性複数形の過去分詞になっています。

C 練習問題

（　　）の動詞を正しい形の過去分詞にして、全文を和訳してください。

1 J'aime beaucoup les gâteaux qu'il nous a (acheter).
和訳：

2 Qui a apporté ces fleurs? - Paul les a (apporter).
和訳：

3 Quelle belle cravate vous lui avez (donner)!
和訳：

4 Tu as vu Mademoiselle Cadot? - Oui, je l'ai (voir).
和訳：

5 Qui vous a remis ces documents? - Gérard me les a (remettre).
（remettre「渡す」）
和訳：

6 Quelle direction ont-ils (prendre)?
和訳：

7 La montre qu'il a (acheter) était très chère.
和訳：

8 Le pays que nous avons (visiter) était très beau.
和訳：

㉕ Il a vendu sa voiture. → Il l'a **vendue**.

　　彼はクルマを売った。→彼はそれを売った。

㉖ Vous avez écrit la lettre? → Vous l'avez **écrite**?

　　あなたはその手紙を書いたの？→あなたはそれを書いたの？

㉗ Voici la lettre qu'elle a **écrite**.

　　ここに彼女が書いた手紙があります。

㉘ C'est la villa que nous avons **habitée** autrefois.

　　ここはかつて私たちが住んでいた別荘です。

㉙ Quelle bonne nouvelle j'ai **apprise**!

　　何という良い知らせを聞いたことだろう！

㉚ Quelle horreur on a **eue**!

　　何という恐怖を味わったことだろう！

㉛ Quelles belles fleurs elles ont **cultivées**!

　　何というきれいな花を彼女たちは栽培したのだろう！

E　さらに発展

1　Combien de cahiers as-tu **achetés**?（何冊君はノートを買ったの？）

　cahiers（男性複数形）という直接目的語が過去分詞より前にあるので achetés という男性複数形の形になります。ちょうど quel ～の場合と同じです。

2　Combien as-tu **acheté** de cahiers?（何冊君はノートを買ったの？）

　この場合は cahiers が過去分詞の後ろにいってしまったので過去分詞は変化しません。

第 **5** 章
疑問詞をめぐって

01 疑問代名詞

A　用法

🅐 TRACK_030

1 qui（= qui est-ce qui）「誰が〜？」（主格）：《人》に使います。

Qui a mangé mon gâteau?

誰が僕のお菓子を食べたの？

Qui est arrivé là-bas?

誰があそこに到着したの？

Qui est en train de chanter?

誰が歌っているの？

Qui est-ce qui va présider la séance?

誰が会議の司会をするんですか？

Qui est-ce qui est en charge de sa classe?

誰が彼（女）のクラスの担任ですか？

2 qui（= qui est-ce que）「誰を〜？」（目的格）：《人》に使います。

Qui invitez-vous?

あなたは誰を招待しているの？

Qui écoutes-tu?

君は誰の言うことを聞くの？

Qui adore-t-elle?

彼女は誰が大好きなの？

Qui est-ce que vous aimez?

あなたは誰を愛しているの？

208

3　à qui 〜「誰に対して？」/ de qui 〜「誰について？」：《人》に使います。

À qui penses-tu?
君は誰のことを想っているの？

À qui obéissez-vous?
あなたは誰の忠告に従うの？

À qui a-t-elle répondu?
彼女は誰に返事をしたの？

À qui est-ce que vous avez proposé ce projet?
あなたは誰にこの計画を提案したのですか？

De qui parliez-vous?
あなたは誰について話していたの？

De qui est-elle amoureuse?
彼女が恋しているのは誰？

De qui as-tu besoin?
君は誰が必要なの？

De qui doutez-vous?
あなたは誰を疑っているの？

4　qu'est-ce qui 「何が〜？」（主格）：《物》に使います。

Qu'est-ce qui sent bon?
このいいにおいは何？

Qu'est-ce qui te plaît?
君のお気に入りは何？

Qu'est-ce qui est arrivé?
何が起こったの？

Qu'est-ce qui bouge là-bas?
あそこで動いているものは何？

5 que（= qu'est-ce que）「何を〜？」（目的格）:《物》に使います。

Que dites-vous?
何と言ったのですか？

Que regardes-tu?
何を見ているの？

Que désirez-vous?
何がお好みですか？

Qu'est-ce que tu vas boire?
君は何を飲む？

Qu'est-ce que tu as?
君はどうしたの？

6 à quoi 〜?「何に対して？」de quoi 〜?「何について？」:《物》に使います。

À quoi sert-il l'amour?
恋愛って何の役にたつの？

À quoi pensez-vous?
あなたは何について考えているの？

À quoi pense-t-il?
彼は何を考えているの？

De quoi s'agit-il?
何が問題なの？

De quoi est-ce que tu doutes?
何を疑っているの？

De quoi est-ce que ça dépend?
それは何次第ですか？

7 複合疑問代名詞（lequel「どれ」など）:選択の意味を表します。
《人》にも《物》にも使います。

210

Lequel de ces livres préférez-vous?
この本のうちどれが好きですか？

Laquelle de ces cravates désirez-vous?
このネクタイのうちどれが好みですか？

Je visiterai les pays en Europe. – **Lesquels** visiterez-vous?
ヨーロッパの国々を訪れます。－どの国ですか？

J'ai trois frères; **duquel** parlez-vous?
私には３人の兄弟がいます。どの兄弟について話していますか？

5

疑問詞をめぐって

🍓 **ひとくちメモ**

1 **Qui** は主語となるほかに属詞（補語）として使われます。

Qui êtes-vous?（あなたは誰ですか？）

-Je suis l'oncle de Jean.（私はジャンのおじです。）

Qui est-ce?（あの人は誰ですか？）

-C'est Monsieur Cadot, patron d'un café.（カフェの主人のカドさんです。）

2 前置詞 à や de のあとに「何を（に）」の意味の物を表す疑問詞を使いたいときは quoi を用います。

上記の à quoi～?「何に対して？」/ de quoi～?「何について？」を参照してください。

3 【複合疑問代名詞】はこの項の〈**E さらに発展**〉でまとめてあります。

B 解説

1 qui（= qui est-ce qui）「誰が〜？」（主格）：《人》に使います。

> ### Qui est arrivé là-bas?
> 誰があそこに到着したの？

Qui（誰が）は est arrivé（到着した）の主格です。

> ### Qui est en train de chanter?
> 誰が歌っているの？

Qui は上と同様主格です。en train de 〜で（〜しているところ）です。

> ### Qui est-ce qui va présider la séance?
> 誰が会議の司会をするんですか？

Qui est-ce qui は英語でいえば Who is it that 〜の強調構文にあたります。présider la séance（会議の司会をする）です。

2 qui（= qui est-ce que）「誰を〜？」（目的格）：《人》に使います。

> ### Qui invitez-vous?
> あなたは誰を招待しているの？

Qui（誰を）は invitez（招待して）の目的格にあたります。invitez-vous（招待しているの）は vous invitez の倒置形です。

> ### Qui adore-t-elle?
> 彼女は誰が大好きなの？

Qui（誰を）は adore（大好き）の目的格です。adore-t-elle は elle adore の倒置形です。er 型動詞 adorer の三人称 elle なので倒置形の場合、間に t を入れるので、この形になっています。

Qui est-ce que vous aimez?
あなたは誰を愛しているの？

Qui est-ce que は Whom is it that 〜 の強調構文にあたります。したがって que 以下は（主語）＋（動詞）の平叙文の語順になり倒置形にはなりません。

3 **à qui** 〜「誰に対して？」/ **de qui** 〜「誰について？」:《人》に使います。

À qui obéissez-vous?
あなたは誰の忠告に従うの？

À qui は To whom にあたります。obéissez は obéir à 〜（〜に従う）のように使い、その à が文頭に出ています。obéissez-vous は vous obéissez の倒置形です。

À qui est-ce que vous avez proposé ce projet?
あなたは誰にこの計画を提案したのですか？

À qui est-ce que はしいて言えば英語の To whom is it that 〜 の強調構文にあたります。**que** のあとは（主語）＋（動詞）の平叙文語順になります。

De qui parliez-vous?
あなたは誰について話していたの？

De qui は（誰について）の意味です。強調構文型ではないので、あとは倒置形の語順になります。

De qui est-elle amoureuse?
彼女が恋しているのは誰？

Elle est amoureuse de 〜 で（彼女は〜に恋している」ですからこの場合の de 〜が **De qui** となって文頭に出ています。あとは倒置形の語順になります。

De qui as-tu besoin?
君は誰が必要なの？

Tu as besoin de 〜 で（〜を必要としている）ですからこの場合の de 〜 が **De qui** となり文頭に出ました。

4 qu'est-ce qui「何が〜？」（主格）:《物》に使います。

Qu'est-ce qui te plaît?
君のお気に入りは何？

「何が〜？」（主格）《物》の疑問詞はこの形しかなく、一語では表現できません。te plaît（君のお気に入り）は plaire à 〜（〜の気に入る）の à 〜が te（君にとって）となったものです。

Qu'est-ce qui est arrivé?
何が起こったの？

上記と同様です。est arrivé はここでは「生じた」の意味で使われています。

5 que（= qu'est-ce que）「何を〜？」（目的格）:《物》に使います。

Que dites-vous?
何と言ったのですか？

Que の一語ですからあとは倒置になります。

Que désirez-vous?
何がお好みですか？

レストランなどで使われる表現です。倒置になっています。

Qu'est-ce que tu vas boire?
君は何を飲む？

Qu'est-ce que となったので、あとは（主語）＋（動詞）の平叙文の語順になります。

Qu'est-ce que tu as?

君はどうしたの？

慣用的に使われる表現です。（君は何を持ってるの？）が直訳です。que 以下は普通の語順です。

6　à quoi 〜?「何に対して？」 de quoi 〜?「何について？」:《物》に使います。

À quoi pensez-vous?

あなたは何について考えているの？

penser à 〜（〜（物）について考える）の à 〜が À quoi（何について）となって文頭に出ています。

De qoui s'agit-il?

何が問題なの？

Il s'agit de 〜（〜が問題だ）の de 〜が De qoui（何について）となって文頭に出ています。

De quoi est-ce que ça dépend?

それは何次第ですか？

De qoui のあとに est-ce que をもってきています。あとは（主語）＋（動詞）の順です。dépendre de 〜（〜次第）です。

7　複合疑問代名詞（lequel「どれ」など）：選択の意味を表します。
《人》にも《物》にも使います。

Lequel de ces livres préférez-vous?

この本のうちどれが好きですか？

de ces livres（この本のうち）という範囲が示されている中での選択を聞いていますから Lequel（どれ）（男性単数形）を使います。

> Je visiterai les pays en Europe. – **Lesquels** visiterez-vous?
> ヨーロッパの国々を訪れます。－どの国ですか？

les pays en Europe という範囲が示されている中で、特定なものを聞いているので **Lesquels**（どの）（男性複数形）を使っています。

C 練習問題

会話が成り立つように（　　）に適語（句）を下の語群から選んで和訳してください。重複はありません。

1　A :(　　　) faisiez-vous en hiver l'année dernière?
　　B :Je faisais du ski.
　　和訳 :

2　A :(　　　) fait ce bruit?
　　B :C'est le moteur de ma voiture.
　　和訳 :

3　A :(　　　) souffrez-vous?
　　B :Je souffre de rhumatisme.
　　和訳 :

4　A : (　　　) vous cherchez?
　　B :Je cherche Monsieur Cadot.
　　和訳 :

5　A :(　　　) sont arrivés maintenant?
　　B :Les étudiants sont arrivés.
　　和訳 :

6　A :(　　　) parlait-elle?
　　B :Elle parlait à son professeur.
　　和訳 :

7 　A :(　　　　) as-tu besoin?

　　B :J'ai besoin de ma fiancée.

　　和訳 :

8 　A :(　　　　) êtes-vous?

　　B :Je m'appelle Gérard Cadot, patron d'un café.

　　和訳 :

9 　A : (　　　　) pensez-vous?

　　B :Je pense à mon avenir.

　　和訳 :

10 　A : (　　　　) vous avez dit?

　　B :J'ai dit des bêtises.

　　和訳 :

11 　A :Je vais visiter plusieurs villes en Europe.

　　B : (　　　　) ?

　　和訳 :

5

疑問詞をめぐって

De quoi　　　De qui　　　Que　　　À qui　　　Qui est-ce que　　　Lesquelles

Qui est-ce qui　　　À quoi　　　Qu'est-ce que　　　Qui　　　Qu'est-ce qui

㉒ **Qui** a mangé mon gâteau?

誰が僕のお菓子を食べたの？

㉓ **Qui est-ce qui** est en charge de sa classe?

誰が彼（女）のクラスの担任ですか？

㉔ **Qui** invitez-vous?

あなたは誰を招待しているの？

㉕ **Qui est-ce que** vous aimez?

あなたは誰を愛しているの？

㉖ **À qui** penses-tu?

君は誰のことを想っているの？

㉗ **À qui** a-t-elle répondu?

彼女は誰に返事をしたの？

㉘ **À qui est-ce que** vous avez proposé ce projet?

あなたは誰にこの計画を提案したのですか？

㉙ **De qui** est-elle amoureuse?

彼女が恋しているのは誰？

㉚ **Qu'est-ce qui** sent bon?

このいいにおいは何？

㉛ **Qu'est-ce qui** est arrivé?

何が起こったの？

㉜ **Que** regardes-tu?

何を見ているの？

㉝ **Qu'est-ce que** tu vas boire?

君は何を飲む？

㉞ **À quoi** sert-il l'amour?

恋愛って何の役にたつの？

㉟ **De quoi** s'agit-il?

何が問題なの？

㉟ **De quoi est-ce que** ça dépend?

それは何次第ですか？

㉟ **Laquelle** de ces cravates désirez-vous?

このネクタイのうちどれが好みですか？

㉟ J'ai trois frères; **duquel** parlez-vous?

私には3人の兄弟がいます。どの兄弟について話していますか？

E　さらに発展

【複合疑問代名詞】について

1　基本形

lequel（男性単数形）: Je prendrai un livre. — **Lequel** prendrez-vous?（私は本を買います。− どれを買うつもりですか？）

lesquels（男性複数形）: Je voudrais quelques livres. — **Lesquels?**（私は何冊かの本が望みです。− どの本を？）

laquelle（女性単数形）: Je prends une cravate. — **Laquelle**, Monsieur?（私はネクタイを買います。− どれになさいますか？）

lesquelles（女性複数形）: Je prends plusieurs montres. — **Lesquelles?**（私はいくつか腕時計を買います。− どちらを？）

2 de を伴うもの

duquel (de ＋ lequel)：**Duquel** de ces livres avez-vous besoin? (この本のうち、どれがご入用ですか？)

desquels (de ＋ lesquels)：**Desquels** de ces acteurs parliez-vous?
(これらの俳優のなかの、どの俳優たちのことをおっしゃっていましたか？)

de laquelle：**De laquelle** de ces filles parlez-vous?
(この娘たちのうちの誰についておっしゃっていますか？)

desquelles (de ＋ lesquelles)：Je parlais de ces filles.
— **Desquelles?**
(私はそれらの娘たちについて言っていたのです。− どの娘たち？)

3 à を伴うもの

auquel (à ＋ lequel)：**Auquel** de ces sujets pensaient-ils?
(これらのテーマのうちの、どのテーマのことを彼たちは考えていた？)

auxquels (à ＋ lesquels)：J'écrirai à mes amis. — **Auxquels?**
(私は友人たちに手紙を書きます。− どの友人たちに？)

à laquelle：Je m'adresse à une employée. — **À laquelle** vous adressez-vous?
(女性係員に聞いてみます。− どの女性係員に聞くのですか？)

auxquelles (à ＋ lesquelles)：Je m'adresse à des employées. — **Auxquelles?**
(私は女性係員たちに聞いてみます。− どの女性係員たちに？)

⓪2 疑問形容詞

A　用法　　　　　　　　　　　　　❶TRACK_031

　Quel は「どの」「どんな」「何」「誰」の意味で属詞（補語）あるいは付加形容詞として使われます。

1　属詞（補語）として

Quelle est votre valise?
　あなたのスーツケースはどれですか？

Quel est votre acteur préféré?
　あなたの好きな男優は誰ですか？

Quel est votre avis sur ce problème?
　この問題についてのあなたのご意見は？

Quel est votre nom?
　あなたの名前は何ですか？

Quelles sont ces femmes?
　あの女性たちは誰ですか？

Quel est cet arbre?
　この木は何ですか？

Quel est le prix de cette cravate?
　このネクタイの値段はいくらですか？

2　付加形容詞として

Quel boisson désirez-vous?
　どんなお飲み物をお望みですか？

Quel sport pratiquez-vous?
　あなたはどんなスポーツをしていますか？

Quel âge as-tu?

君は何才？

Quelle heure est-il?

今何時ですか？

À quelle heure vous levez-vous?

あなたは何時に起きますか？

De quelle nationalité êtes-vous?

あなたのお国はどちらですか？

Dans quel pays est-il né?

かれはどこの国で生まれましたか？

🍓 ひとくちメモ

　主語が il や elle という人称代名詞や ce の時は、**quel**（属詞（補語）用法）は使われません。

　Qui est-elle?（**Quelle** est-elle? はありません。）（彼女は誰？）

　Qui est-ce?（**Quel** est-ce? はありません。）（それは誰？）

B　解説

1　補語（属詞）として

Quelle est votre valise?

あなたのスーツケースはどれですか？

　Quelle（どれ）は主語 votre valise（あなたのスーツケース）の属詞（補語）です。valise が女性単数名詞ですから Quelle は女性単数形です。

Quel est votre acteur préféré?

あなたの好きな男優は誰ですか？

　Quel（誰）は votre acteur préféré（あなたの好きな男優）の属詞（補語）です。acteur（男優）は男性単数名詞ですから Quel は男性単数形です。

222

Quelles sont ces femmes?

あの女性たちは誰ですか？

Quelles（誰）は ces femmes（あの女性たち）の属詞（補語）です。femmes が女性複数名詞ですから **Quelles** は女性複数形です。

2　付加形容詞として

Quel boisson désirez-vous?

どんなお飲み物をお望みですか？

Quel は boisson（男性単数名詞）にかかっています。

Quelle heure est-il?

今何時ですか？

Quelle は heure（女性単数名詞）にかかっています。

À quelle heure vous levez-vous?

あなたは何時に起きますか？

À quelle heure で（何時に）です。前置詞が前についている例です。

vous levez-vous は vous vous levez（あなたは起きる）の倒置形です。

C 練習問題

各文の単語を日本語に会うように正しく並べかえてください。書き出しは大文字になっています。

1 どの国にあなたは滞在したのですか？

quel/ avez-vous/ Dans/ séjourné/ pays/ ?

2 あなたの考えはどうですか？

idées/ sont/ vos/ Quelles/ ?

3 この男性は誰ですか？

cet/ Quel/ homme/ est/ ?

4 あなたはどのともだちと買い物をするのですか？

du/ quels/ ferez-vous/ Avec/ shopping/ amis/ ?

5 町の中心部はどの方向ですか？

direction/ du/ Quelle/ centre-ville/ est/ la/ ?

6 平日であなたが暇なのはいつですか？

la/ jour/ de/ semaine/ êtes-vous/ Quel/ libre/ ?

7 あなたはどのホテルに宿をとりましたか？

hôtel/ êtes-vous/ Dans/ descendu/ quel/ ?

8 彼女はどの国の出身ですか？

De/ pays/ quel/ originaire/ est-elle/ ?

9 どのサッカーチームが好きですか？

football/ de/ Quelle/ aimez-vous/ équipe/ ?

10 おつとめはどの銀行ですか？

travaillez-vous/ Pour/ banque/ quelle/ ?

D 暗唱例文

2&3 TRACK_031

㉓⑨ → (239) **Quelle** est votre valise?

あなたのスーツケースはどれですか？

(240) **Quel** est votre acteur préféré?

あなたの好きな男優は誰ですか？

(241) **Quel** est votre nom?

あなたの名前は何ですか？

(242) **Quel** est cet arbre?

この木は何ですか？

(243) **Quel** est le prix de cette cravate?

このネクタイの値段はいくらですか？

(244) **Quel** boisson désirez-vous?

どんなお飲み物をお望みですか？

(245) **Quel** âge as-tu?

君は何才？

(246) **De quelle** nationalité êtes-vous?

あなたのお国はどちらですか？

E さらに発展

Quelle que +（être の接続法）で「〜はどうあれ」という譲歩の表現になります。

Quelle que soit la décision, informez-nous.

（決定はどうあれ、知らせてください。）

Quelle que soit le moment, il n'est jamais chez lui.

（いつだって彼は絶対家にいない。）

第5章　疑問詞をめぐって

03 疑問副詞

A　用法

🔘 TRACK_032

1　combien（数・量を表します。）：「いくつの」「どれくらいの」

Combien coûte ce meuble?
この家具はいくらしますか？

C'est **combien**?
これはいくらですか？

Combien vous dois-je?
あなたにいくら払えばいいですか？

Combien êtes-vous dans votre famille?
あなたは何人家族ですか？

Combien d'enfants a-t-il?
彼は子供は何人ですか？

Combien a-t-il d'enfants?
彼は子供は何人ですか？

Combien de personnes sont venues?
何人来ましたか？

Depuis combien de temps êtes-vous à Paris?
パリにはいつからいますか？

Le combien sommes-nous? - Nous sommes le 14 juillet.
今日は何日ですか？　　- 今日は7月14日（パリ祭）です。

2　comment（手段・様態を表します。）：「どのように」「どんな風に」

Comment allez-vous?
お元気ですか

226

Comment est sa maison?

彼(女)の家はどんな感じですか？

Comment est-il venu?

彼はどうやって来たのですか？

Comment trouves-tu cela?

このこと、どう思う？

3　quand（時を表します。）:「いつ」

Quand partez-vous?

いつ出発ですか？

Quand est-ce que vous partez?

いつ出発ですか？

Quand reviendra votre mère?

あなたのお母さんはいつ戻ってきますか？

Quand Gérard a-t-il fait ce voyage?

ジェラールはいつその旅をしたの？

Jusqu'à quand resterez-vous à Paris?

いつまでパリに滞在しますか？

Depuis quand apprenez-vous le français?

いつからフランス語を勉強していますか？

4　où（場所を表します。）:「どこへ」「どこに」

Où vas-tu?

どこへ行くの？

Où est-ce que tu as mal?

どこが痛いの？

Il habite **où**?

彼はどこに住んでいるの？

D'où viens-tu?

君はどこから来たの？

Par où recommence-t-on?

どこから再開するんだっけ？

5 pourquoi（理由を表します。）：「どうして」「何のために」

Pourquoi est-il si triste?

なぜ彼はあんなに寂しそうなの？

Pourquoi est-elle absente?

なぜ彼女は欠席しているの？

Pourquoi mets-tu ton manteau?

なぜコートを着るの？

Pourquoi est-ce que tu dis ça?

なぜそんなことを言うの？

Pourquoi une telle indifférence?

なぜこんなにも無関心でいられるのか？

Pourquoi pas?

もちろんだよ。

🍓 ひとくちメモ

Combien de 〜で「いくつの〜」「何人の〜」です。

Combien d'enfants a-t-il? は **Combien** a-t-il d'enfants?

とも言います。

B 解説

1 combien（数・量を表します。）：「いくつの」「どれくらいの」

Combien vous dois-je?
あなたにいくら払えばいいですか？

vous（あなたに）は間接目的語で、dois は devoir（払わねばならない）の意味です。**Combien**（いくら）ときいています。

Combien de personnes sont venues?
何人来ましたか？

Combien de personnes（何人の人）が主語の働きをしています。personnes（人々）は女性名詞複数です。venir（来る）の過去分詞 venu は主語が女性名詞複数なので venues と es をつけた形になっています。

Depuis combien de temps êtes-vous à Paris?
パリにはいつからいますか？

Depuis combien de temps ～（いつから）で Since when ～の感じです。êtes-vous は直説法現在形ですが、（英語で言う）現在完了の〈継続的〉な意味を持ちます。

Le combien sommes-nous? - Nous sommes le 14 juillet.
今日は何日ですか？　今日は 7 月 14 日（パリ祭）です。

Le combien sommes-nous? は日にちを尋ねる定型文です。答えの文も定型で、Nous sommes le ＋（日付）で今日の日を表します。

2 comment（手段・様態を表します。）：「どのように」「どんな風に」

Comment est-il venu?
彼はどうやって来たのですか？

この **Comment**（どうやって）は手段をきいています。

> **Comment** trouves-tu cela?
> このこと、どう思う？

　この **Comment**（どう）は様態をきいています。答え方は Je trouve cela excellent. cela が目的語、excellent がその属詞（補語）です。（それは素晴らしいと思うよ。）などとなります。この trouve は（見つける）というよりも（…を～と思う）の意味です。この意味で、**Comment** は属詞（補語）の部分をたずねる疑問詞ということになります。

3　quand（時を表します。）：「いつ」

> **Quand est-ce que** vous partez?
> いつ出発ですか？

　Quand est-ce que は Quand の est-ce que 形です。このあとは倒置はありません。

> **Quand** Gérard a-t-il fait ce voyage?
> ジェラールはいつその旅をしたの？

　Gérard（固有名詞）が主語ですからこのように分離して a-t-il で受け直しています。a-t-il fait（したの？）は複合過去形です。

> **Jusqu'à quand** resterez-vous à Paris?
> いつまでパリに滞在しますか？

　Jusqu'à quand ～（いつまで）は Till when ～です。resterez（滞在します）は単純未来形です。

4　où（場所を表します。）：「どこへ」「どこに」

> **D'où** viens-tu?
> 君はどこから来たの？

　D'où は〈de（から）＋ où（どこ）〉の縮約形です。

Par où recommence-t-on?

どこから再開するんだっけ？

Par où で（どこから）です。**Par** は〈行為の始まりや終わり〉を示し、「～から始める」や「～で終える」の意味とともに使われます。

Commencez par bien lire le texte.（まずテキストをよく読みなさい。）
などのように使います。

5　pourquoi（理由を表します。）：「どうして」「何のために」

Pourquoi une telle indifférence?

なぜこんなにも無関心でいられるのか？

このように **Pourquoi** ＋（名詞）で強い意味を表すことができます。

Pourquoi pas?

もちろんだよ。

決まり文句ですが、反語（なぜしないことがあろうか、するとも）からきています。

C　練習問題

（　　）に当てはまる語（句）を語群から選んでください。選ぶ語（句）に重複はありません。また会話全体を和訳してください。

1　（　　　　）trouvez-vous cette fille?
　　Je pense qu'elle est charmante.
　　和訳：

2　（　　　　）vous allez divorcer?
　　Ben, ça dépend de ma femme.
　　和訳：

3 (　　　　) n'aimes-tu pas Gérard?
Parce qu'il est méchant.

和訳：

4 (　　　　) vous êtes née?
Je suis Franc-comtoise, et têtue.

（Franc-comtoise「フランシュ - コンテ人」têtue「頑固な」）
和訳：

5 (　　　　) fois est-il venu ici?
Maintes fois.

和訳：

6 (　　　　) as-tu mal?
Mais partout!

和訳：

7 (　　　　) Gérard était en retard?
Il faisait la grasse matinée.

和訳：

Comment　　　Où est-ce que　　　Où　　　Pourquoi　　　Combien de

Pourquoi est-ce que　　　Quand est-ce que

D 暗唱例文

2&3 TRACK_032

⑳ **Combien** vous dois-je?
あなたにいくら払えばいいですか？

⑳ **Combien** êtes-vous dans votre famille?
あなたは何人家族ですか？

⑳ **Combien de** personnes sont venues?
何人来ましたか？

㉒ **Le combien** sommes-nous? - Nous sommes le 14 juillet.

今日は何日ですか？　―今日は7月14日（パリ祭）です。

㉑ **Comment** est-il venu?

彼はどうやって来たのですか？

㉒ **Comment** trouves-tu cela?

このこと、どう思う？

㉓ **Quand est-ce que** vous partez?

いつ出発ですか？

㉔ **Jusqu'à quand** resterez-vous à Paris?

いつまでパリに滞在しますか？

㉕ **Depuis quand** apprenez-vous le français?

いつからフランス語を勉強していますか？

㉖ **Où est-ce que** tu as mal?

どこが痛いの？

㉗ **Par où** recommence-t-on?

どこから再開するんだっけ？

㉘ **Pourquoi** est-elle absente?

なぜ彼女は欠席しているの？

㉙ **Pourquoi est-ce que** tu dis ça?

なぜそんなことを言うの？

㉚ **Pourquoi pas?**

もちろんだよ。

E　さらに発展

〈感嘆の表現〉に使われる combien や que など

Combien je suis heureux d'être ici!

（ここにいられて何と幸せなことか！）

Combien de fois lui ai-je répété de ne pas le faire!

（それはしちゃいかんと何回彼（女）に言ったか！）

Combien de personnes ont connu ce plaisir secret!

（この密やかな楽しみを知った者は何人いることか！（ほとんどいるまい））

他に次のような表現もできます。

Que tu est sot!

（お前は何てバカなんだ！）

Ce qu'on a ri, cette soirée-là!

（あのパーティでは、何とみんな笑ったことか！）

Quelle jolie voiture!

（何てきれいなクルマなんだ！）

⓪4 間接疑問文の作り方

A　用法

1　疑問詞を伴わない場合 → **si**「〜かどうか」を用います。

Je me demande: "Viendra-t-il?"

　→ Je me demande **s'**il viendra.
　私は彼は来るのだろうかと自問している。

Elle me demande: "Êtes-vous heureux?"

　→ Elle me demande **si** je suis heureux.
　彼女は私が幸せかと聞いている。

Tu m'as demandé: "Avez-vous vu mon père?"

　→ Tu m'as demandé **si** j'avais vu ton père.
　君は私に君の父に会ったかと聞いた。

Je lui ai demandé: "Pouvez-vous m'aider?"

　→ Je lui ai demandé **s'**il(**si** elle) pouvait m'aider.
　私は彼(女)に助けてくれないかと聞いた。

2　qu'est-ce qui → ce qui　　　となります。
　　qu'est-ce que → ce que　　となります。
　　que → ce que　　　　　　　となります。

Je me demande: "**Qu'est-ce qui** fait ce bruit?"

　→ Je me demande **ce qui** fait ce bruit.
　この音を出しているのは何だ、と自問している。

Je lui demande: "**Qu'est-ce que** c'est?"

　→ Je lui demande **ce que** c'est.
　私は彼(女)にこれは何？と聞いている。

Je lui demande: "**Qu'est-ce qui** se passera?"

→ je lui demande **ce qui** se passera.

私は彼（女）に何が始まるんだ、と聞いている。

3　その他は使われている疑問詞をそのまま使います。

Je lui demande: "**Quand** arriverez-vous?"

→ Je lui demande **quand** il(elle) arrivera.

私は彼（女）がいつ着くかと彼（女）に聞いている。

Il me demande: "**Pourquoi** êtes-vous en retard?"

→ Il me demande **pourquoi** je suis en retard.

彼は私になぜ遅れているの？と聞いている。

Elle me demande: "**Comment** avez-vous fait ce travail?"

→ Elle me demende **comment** j'ai fait ce travail.

彼女は私にこの仕事はどうやってしたの、と聞いている。

🍓 **ひとくちメモ**

〈時制の一致〉

Il m'a demandé: "Avez-vous des frères?"

→ Il m'a demandé **si** j'avais des frères.

主節（Il m'a demandé）が過去形で、伝達文（"Avez-vous des frères?"）が現在形なので、間接疑問にするときは伝達文も主節に合わせて過去形となります。〈時制の一致〉と言います。

B 解説

1 疑問詞を伴わない場合 → si「〜かどうか」を用います。

Je me demande: "Viendra-t-il?"
→ Je me demande **s**'il viendra.
私は彼は来るのだろうかと自問している。

上は直接話法、下は間接話法です。s'il viendra(彼は来るのだろうか)が間接疑問文です。疑問文に疑問詞が使われていないので、si を用い、あとは〈主語＋動詞〉の平叙文の語順になります。時制は主節が現在形、セリフ部分が未来形ですから、そのまま未来形を使います。

Elle me demande: "Êtes-vous heureux?"
→ Elle me demande **si** je suis heureux.
彼女は私が幸せかと聞いている。

上と同様ですが、セリフ部分の vous(あなた)は「私」のことですから、間接話法の中では je と変えます。

Tu m'as demandé: "Avez-vous vu mon père?"
→ Tu m'as demandé **si** j'avais vu ton père.
君は私に君の父に会ったかと聞いた。

主節は複合過去形、セリフ部分も複合過去形ですから、間接話法になったときは〈時制の一致〉で j'avais vu ton père と大過去形になります。vous を j' と変えることも必要です。直接話法の mon(私の)は Tu(君)が言っているのですから間接話法では ton(君の)と変えることも必要です。

Je lui ai demandé: "Pouvez-vous m'aider?"
→ Je lui ai demandé **s**'il(**si** elle) pouvait m'aider.
私は彼(女)に助けてくれないかと聞いた。

主節は複合過去形、セリフ部分が現在形ですから、間接話法になったときは〈時制の一致〉で il(elle) pouvait m'aider と半過去形にします。直接話法の vous(あ

なた）とは lui（彼（女））のことですから間接話法では主語は il（彼）か elle（彼女）
にします。

2　qu'est-ce qui → ce qui　　となります。
　　qu'est-ce que → ce que　となります。
　　que → ce que　　　　　　となります。

> Je me demande: "**Qu'est-ce qui** fait ce bruit?"
> 　→ Je me demande **ce qui** fait ce bruit.
> この音を出しているのは何だ、と自問している。

　Qu'est-ce qui を **ce qui** と置きますから **ce qui** fait ce bruit（この音を出して
いるもの）となります。

> Je lui demande: "**Qu'est-ce que** c'est?"
> 　→ Je lui demande **ce que** c'est.
> 私は彼（女）にこれは何？と聞いている。

　Qu'est-ce que を **ce que** と置きますから **ce que** c'est となります。

3　その他の疑問詞は使われている疑問詞をそのまま使います。

> Il me demande: "**Pourquoi** êtes-vous en retard?"
> 　→ Il me demande **pourquoi** je suis en retard.
> 彼は私になぜ遅れているの？と聞いている。

　間接話法では疑問詞 Pourquoi をそのまま使い、セリフ部分の vous は me（私）
のことですから je と変えて、あとは平叙文の語順です。

> Elle me demande: "**Comment** avez-vous fait ce travail?"
> 　→ Elle me demende **comment** j'ai fait ce travail.
> 彼女は私にこの仕事はどうやってしたの、と聞いている。

　間接話法では疑問詞 **Comment** をそのまま使い、セリフ部分の vous をやは
り上のように je と変えて、あとは平叙文の語順です。

C 練習問題

例にならって下線部に間接疑問文を作って和訳してください。

例) Quel temps fait-il?

→ Je voudrais savoir _____.

(Je voudrais ～「～したいです」)

(答) Je voudrais savoir quel temps il fait.
和訳：どんな天気か知りたいです。

1　Quelle heure est-il?
→ Je me demande _____.
和訳：

2　Avez-vous des sœurs, Marie?
→ J'ai demandé à Marie _____.
和訳：

3　Combien d'habitants y a-t-il en France?
→ Je me demande _____.
和訳：

4　Jacques, pourquoi êtes-vous si triste?
→ J'ai demandé à Jacques _____.
和訳：

5　Comment trouvez-vous mon projet?
→ Je demande à mes amis _____.
和訳：

6　Qu'est-ce que les enfants lisent?
→ Je voudrais savoir _____.
和訳：

7　Qui regardez-vous?
→ Dites-moi _____.
和訳：

8 Que regardes-tu?

→ Dis-moi _____.

和訳 :

D 暗唱例文

㉖ Je me demande:" Viendra-t-il?"

→ Je me demande s'il viendra.

私は彼は来るのだろうかと自問している。

㉖ Tu m'as demandé:" Avez-vous vu mon père?"

→ Tu m'as demandé si j'avais vu ton père.

君は私に君の父に会ったかと聞いた。

㉖ Je lui demande:" Qu'est-ce que c'est?"

→ Je lui demande ce que c'est.

私は彼(女)にこれは何?と聞いている。

㉖ Il me demande:" Pourquoi êtes-vous en retard?"

→ Il me demande pourquoi je suis en retard.

彼は私になぜ遅れているの?と聞いている。

㉖ Elle me demande:" Comment avez-vous fait ce travail?"

→ Elle me demande comment j'ai fait ce travail.

彼女は私にこの仕事はどうやってしたの、と聞いている。

E　さらに発展

自由間接話法について

　間接話法を作る時のように、主語や時制を変えながらも、se demander（伝達動詞）や si「〜かどうか」などがなく、いきなり意識内容が書かれるものを、自由間接話法と言います。

（自由間接話法）

> Il ne pouvait cependant se défendre d'une pensée qui l'obsédait(...) *Que faisait-elle? Devait-il tenter de la revoir encore une fois?*　　-Musset
> （彼はしかし、どうしても一つの考えを振り払えないでいた。(...) 彼女は今頃何をしているのだろう？　僕はもう一度彼女に会おうとすべきではないのか？）

　上の文のイタリック部分（ここが自由間接話法です）は以下の下線部を疑問文の語順にしたものです。

（直接話法）

> Il se demandait: "Que fait-elle? Dois-je tenter de la revoir encore une fois?"

これを（間接話法にすると）

> → Il se demandait ce qu'*elle faisait* et s'*il devait tenter de la revoir encore une fois*.

　この部分のイタリック体の下線部だけを独立させて疑問文の語順で書くと *Que faisait-elle? Devait-il tenter de la revoir encore une fois?*（上記（自由間接話法））となります。

第**6**章
比較の表現をめぐって

①① 同等比較

A 用法

1　aussi +（形容詞）+ que ~「~とおなじくらい（形容詞）」

Il est aussi grand que moi.
彼は僕と同じくらい背が高い。

Elle est aussi âgée que lui.
彼女は彼と同じくらいの年だ。

Ces deux films sont aussi intéressants l'un que l'autre.
これらの映画はそれぞれ同じくらい面白い。

Est-elle aussi belle que tu le dis?
彼女って君の言うほど美人なの？

Ils sont aussi généreux qu'honnêtes.
彼たちは寛大であると同時に誠実でもある。

Je ne suis pas aussi sportif que toi.
僕は君ほどスポーツ好きじゃない。

Il n'est pas si grand que son frère.
彼は彼の兄さんほど背は高くない。

2　aussi +（副詞）+ que ~「~とおなじくらい（副詞）」

Cours aussi vite que tu pourras.
できるだけ早く走れ。

Cours aussi vite que possible.
できるだけ早く走れ。

Tu danses aussi bien qu'elle.
君は彼女と同じくらいダンスがうまいね。

3　aussi：動詞句を修飾します。

J'ai **aussi** faim **que** vous.

私もあなたと同じくらい空腹です。

J'ai **aussi** sommeil **que** vous.

僕だってあなたと同じくらい眠いんです。

4　autant de ＋（名詞）＋ que ～「～と同じくらいの（名詞）」

J'ai **autant de** livres **que** toi.

僕は君と同じくらい本を持っている。

Il y a **autant de** moutons **que** d'hommes dans ce village.

その村には人と同じくらいの数のヒツジがいる。

Il invite toujours **autant de** gens chez lui?

彼はいつもそんなにたくさんの人を呼ぶの？

On ne savait pas qu'il travaillait **autant**.

彼がそんなに頑張っていたなんて、誰も知らなかった。

🍓 **ひとくちメモ**

反比例的な **aussi...que** ～もあります。

Il est **aussi** gai **que** son frère paraît mélancolique.

（彼は陽気なのに、一方、その弟ときたら陰気に見える。）

つまり彼の陽気と弟の陰気の度合いが同じ（？）なのです。

6

比較の表現をめぐって

B 解説

1 aussi＋（形容詞）＋que ～「～とおなじくらい（形容詞）」

Elle est **aussi** âgée **que** lui.
　彼女は彼と同じくらいの年だ。

âgée（年を取った）は形容詞でかつ女性形の e がついています。

Ces deux films sont **aussi** intéressants l'un **que** l'autre.
　これらの映画はそれぞれ同じくらい面白い。

aussi ～ l'un **que** l'autre で（それぞれ同じくらい）成句です。

Est-elle **aussi** belle **que** tu le dis?
　彼女って君の言うほど美人なの？

le は代名詞で節を受けています。ここでは elle est belle 節の代用で、（君は彼女が美人だと言っているが、それと同じくらい彼女は美人なの？）の直訳から上の訳になります。

Ils sont **aussi** généreux **qu'**honnêtes.
　彼たちは寛大であると同時に誠実でもある。

ここは généreux（寛大である）と honnêtes（誠実である）の形容詞による〈二つの性格の比較〉で、それが同じくらいだと言っています。

Il n'est pas **si** grand **que** son frère.
　彼は彼の兄さんほど背は高くない。

si grand **que** は aussi grand que の否定形として使われます。どちらでもかまいません。否定文では si も aussi も使えます。

2 aussi ＋（副詞）＋ que 〜「〜とおなじくらい（副詞）」

Cours **aussi** vite **que** tu pourras.
できるだけ早く走れ。

aussi は副詞 vite にかかっています。tu pourras（君ができる）のと同じくらいに、の意味です。tu pourras は一語で possible とも置けます。一般に **aussi...que** ＋（人）＋（pouvoir（できる））あるいは **aussi...que**（人）possible で「できるだけ〜」の意味になります。

3 aussi：動詞句を修飾します。

J'ai **aussi** faim **que** vous.
私もあなたと同じくらい空腹です。

aussi は J'ai faim（空腹です）の動詞句 avoir faim を修飾しています。

4 autant de ＋（名詞）＋ que 〜「〜と同じくらいの（名詞）」

J'ai **autant de** livres **que** toi.
僕は君と同じくらい本を持っている。

このように **autant** は de を伴います。

Il y a **autant de** moutons **que** d'hommes dans ce village.
その村には人と同じくらいの数のヒツジがいる。

ここでは別種類の名詞（人）と（ヒツジ）ですが、数が同じだと言っています。

Il invite toujours **autant de** gens chez lui?
彼はいつもそんなにたくさんの人を呼ぶの？

文末に que ça が省略されていると考えればよいでしょう。（それとおなじくらいの人々）→（そんなにたくさんの人）となります。

6

比較の表現をめぐって

247

C 練習問題

日本語の意味に合うように単語を正しく並べかえてください。

1 彼らはチーターのように速く走る。

Ils (guépards/ aussi/ que/ courent/ les/ vite).

2 彼の背は母ほども高くない。

Il (que/ grand/ pas/ si/ sa/ n'est/ mère).

3 こんなに長い間いなかったのだから、彼だとわかるわけがない。

Après (absence/ longue/ une aussi), il (le/ reconnaître/ est/ de/ impossible).

4 好きなだけまた会いに来てちょうだい。

Viens (voudras/ me/ de/ fois/ que/ tu/ revoir/ autant).

5 それは人が言うほど簡単ではないよ。

(n'est/ aussi/ le dit/ simple/ Ce/ pas/ qu'on).

D 暗唱例文

266 Il est **aussi** grand **que** moi.

彼は僕と同じくらい背が高い。

267 Est-elle **aussi** belle **que** tu le dis?

彼女って君の言うほど美人なの？

268 Ils sont **aussi** généreux qu'honnêtes.

彼たちは寛大であると同時に誠実でもある。

269 Il n'est pas **si** grand **que** son frère.

彼は彼の兄さんほど背は高くない。

270 Cours **aussi** vite **que** tu pourras.

できるだけ早く走れ。

271 Tu danses **aussi** bien qu'elle.

君は彼女と同じくらいダンスがうまいね。

㉒ J'ai **aussi** faim **que** vous.

私もあなたと同じくらい空腹です。

㉓ J'ai **autant de** livres **que** toi.

僕は君と同じくらい本を持っている。

㉔ Il invite toujours **autant de** gens chez lui?

彼はいつもそんなにたくさんの人を呼ぶの？

E さらに発展

aussi についての補足です。

1　A aussi bien que B「B同様Aも」

La jeune fille, **aussi bien que** le jeune homme, doit s'adonner aux sports.

（若い男性同様、若い女性もスポーツに専心すべきだ。）

2　文頭の Aussi「そこで」（接続詞です。あとは倒置されます。）

La vie est chère. **Aussi** devons-nous économiser.

（生活費が高い。だから節約しなくては。）

3　aussi ～ que ＋（接続法）「どんなに～でも」

Aussi loin **que** tu sois, tu es à moi.

（どんなに遠くにいても君は僕のものだ。）

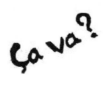

02 優等（劣等）比較

A　用法

plus...que 〜（plus de...que 〜）「〜よりも…だ」優等比較

moins ...que 〜（moins de...que 〜）「〜ほど…ではない」劣等比較

1　形容詞を修飾

Il est **plus** âgé **que** moi.

彼は私より年上だ。

Ce livre est **plus** intéressant **que** celui-là.

この本はあの本より面白い。

Il est **plus** en colère **que** je pensais.

彼は思いのほか怒っている。

Elle est **meilleure que** moi en anglais.

彼女は私よりも英語ができる。

Il est **moins** grand **que** vous.

彼はあなたほど背が高くない。

Il est **moins** sévère **que** méchant.

彼は厳しいというより意地悪なんだ。

Rien n'est **moins** sûr **que** ce jugement.

そんな判断ほど当てにならないものはない。

2　副詞を修飾

Il est arrivé à la gare **plus** tôt **que** moi.

彼は私よりも駅に早く着いた。

J'ai couru **plus** vite **que** lui.

私は彼よりも速く走った。

Parlez **plus** fort.
もっと大きな声で話してください。

Venez un peu **plus** tard.
もっと遅く来てください。

Tâchez d'arriver **moins** tard.
もっと早く来てくれませんか。

Il fait **moins** froid qu'hier.
今日は昨日ほど寒くないね。

3　動詞（句）を修飾

Cette année je travaille **plus** mais je gagne **moins**.
今年は、仕事は増えたが稼ぎは少なかった。

Il pleut **moins** dans le Midi qu'à Paris.
南仏ではパリほど雨は降らない。

Elle a **moins** parlé cette fois.
彼女は今回は口数が少なかった。

4　名詞を修飾

Je voudrais un peu **plus de** vin.
もう少しワインが欲しいんですが。

Mange **moins de** bonbons!
あまりキャンディーは食べないで！

Il y a **moins de** décès cette année **que de** naissances.
今年は死者のほうが出生者よりも少なかった。

Elle avait **plus de** beauté **que de** charme.
彼女はチャーミングというよりも美人だ。

B 解説

1 形容詞を修飾

Il est **plus** âgé **que** moi.
彼は私より年上だ。

âgé が形容詞に相当します。que moi（私より）のように que の後ろは強勢形の代名詞となります。

Ce livre est **plus** intéressant **que** celui-là.
この本はあの本より面白い。

celui は le livre を受けています。限定句や節を伴って、同一名詞の繰り返しを避けるために用いられる指示代名詞です。celui-là で（あそこにある本）です。（第7章8指示代名詞 の項を参照してください。）

Il est **plus** en colère **que** je pensais.
彼は思いのほか怒っている。

être en colère（怒っている）で形容詞句となります。je pensais（私の思い）よりも「怒っていた」となります。

Elle est **meilleure que** moi en anglais.
彼女は私よりも英語ができる。

meilleure（よりよい）は bon の優等比較級です（〈E さらに発展〉参照）。en anglais は（英語において）です。

Il est **moins** grand **que** vous.

　彼はあなたほど背が高くない。

Il n'est pas aussi (= si) grand que vous. と書き換えられます。

Il est **moins** sévère **que** méchant.

　彼は厳しいというより意地悪なんだ。

ここは二つの性格 sévère と méchant（ともに形容詞）の比較を行っています。
「より少なく sévère」ですから（厳しいというより）となります。

Rien n'est **moins** sûr **que** ce jugement.

　そんな判断ほど当てにならないものはない。

que ce jugement（そんな判断ほど）**moins** sûr（当てにならないものは）Rien（な
い）と最後に打ち消していますから上の訳になります。

2　副詞を修飾

J'ai couru **plus** vite **que** lui.

　私は彼よりも速く走った。

plus は副詞 vite（速く）を修飾しています。

Parlez **plus** fort.

　もっと大きな声で話してください。

fort（大きな声で）を **plus** が修飾しています。**plus** しかありませんが、後ろに
que ça（今よりも）が省略されていると考えられます。

3　動詞（句）を修飾

Cette année je travaille **plus** mais je gagne **moins**.

　今年は、仕事は増えたが稼ぎは少なかった。

plus（より多く）は travaille に、**moins**（より少なく）は gagne（稼ぐ）にかかっ
ています。

> Il pleut **moins** dans le Midi **qu**'à Paris.
> 南仏ではパリほど雨は降らない。

　dans le Midi（南仏では）と à Paris の副詞句が比較されています。**moins** 自体は pleut（雨が降る）にかかっています。

4　名詞を修飾

> Il y a **moins de** décès cette année **que de** naissances.
> 今年は死者のほうが出生者よりも少なかった。

　moins de décès で（より少ない死者）ですから、「死者のほうが少なかった」となります。de décès（死者）と de naissances（出生者）の比較になります。
　cette année（今年は）は副詞句で、挿入されています。

> Elle avait **plus de** beauté **que de** charme.
> 彼女はチャーミングというよりも美人だ。

　二つの性質 de beauté（美）と de charme（魅力）の比較になります。

C　練習問題

　（　　）内の日本語に合うように正しく並べかえてください。

1　彼は私よりフランス語がうまい。

　（français/ que/ Il/ en/ est / meilleur/ moi).

2　思ったよりも暑い。

　（plus/ que/ je/ fait/ pensais/ chaud/ Il).

3　彼女は私よりずっとうまくピアノを演奏した。

　（a/ du/ beaucoup / joué/ piano/ Elle/ mieux que/ moi).

4　私の仕事は彼よりはかどっている。

　Mon（avancé/ travail/ que/ sien / plus/ est/ le).

5　あの会議ほど不愉快なものはない。

　Rien n'est（cette/　moins/ réunion/ que/ agréable).

D 暗唱例文

㉗ Ce livre est **plus** intéressant **que** celui-là.

この本はあの本より面白い。

㉗ Il est **plus** en colère **que** je pensais.

彼は思いのほか怒っている。

㉗ Il est **moins** grand **que** vous.

彼はあなたほど背が高くない。

㉗ Il est **moins** sévère **que** méchant.

彼は厳しいというより意地悪なんだ。

㉗ Il est arrivé à la gare **plus** tôt **que** moi.

彼は私よりも駅に早く着いた。

㉘ Venez un peu **plus** tard.

もう少し遅く来てください。

㉘ Il fait **moins** froid **qu'**hier.

今日は昨日ほど寒くないね。

㉘ Il pleut **moins** dans le Midi **qu'**à Paris.

南仏ではパリほど雨は降らない。

㉘ Je voudrais un peu **plus de** vin.

もう少しワインが欲しいんですが。

㉘ Mange **moins de** bonbons!

あまりキャンディーは食べないで！

6

比較の表現をめぐって

255

E　さらに発展

1　de plus en plus「ますます〜だ」

Il pleut **de plus en plus** fort.

（ますます雨がひどくなっている。）

de moins en moins「ますます〜でない」

Je le respecte **de moins en moins**.

（ますます彼への尊敬が薄れた。）

2　**meilleur**: bon「よい」の優等比較級

J'ai trouvé une **meilleure** place **que** la tienne.

（君よりいい席を見つけたよ。）

mieux: bien「よく」の優等比較級

Gérard joue au tennis **mieux que** Marie-Thérèse.

（ジェラールはマリー＝テレーズよりもテニスがうまい。）

pire: mauvais「悪い」の優等比較級

Elle est **pire qu**'un diable.

（彼女は悪魔よりも意地が悪い。）

pis: mal「悪く」の優等比較級　　Tant **pis**（それは残念）にしか使わない。

3　A + n'est pas plus 〜 que + B：「B がそうでないようには A も〜でない」

La baleine **n**'est **pas plus** un poisson **que** le cheval.

（馬が魚でないように、クジラは魚ではない。）

　これは二つの否定の構文です。（馬が魚でない）という明らかな比較を持ち出して（クジラは魚ではない）という、幼い子は知らないかもしれない事柄を説明しようとしています。le cheval のあとに est un poisson が省略されています。

A + n'est pas moins 〜 que + B：「B がそうであるように A も〜だ」

Sa maison n'est **pas moins** grande **que** la mienne.

（彼女の家は私の家と同じくらい大きい。）

これは上と反対の構文ですから、二つの肯定の構文になります。la mienne のあとに est grande が省略されています。

4　Plus..., plus 〜 .「…すればするほど〜する」
　　Plus..., moins 〜 .「…すればするほど〜しない」

Plus il gagne, **moins** il est content.

（彼は稼げば稼ぐほど不満だ。）

⓪③ 最上級

A　用法

🔊 TRACK_036

1　(le, la, les) + (plus, moins) + (形容詞) + (名詞)
　「一番〜である(一番〜でない)(名詞)」

Paris est **la plus belle** ville du monde.
パリは世界でももっとも美しい街だ。

Le mont Fuji est **la plus haute** montagne du Japon.
富士山は日本で一番高い山だ。

Voici **le plus beau** poème qu'il ait jamais écrit.
これは彼がいままでに書いた中でもっとも美しい詩だ。

Les plus grands philosophes des temps modernes sont
tous exigeants.
現代のもっとも偉大な哲学者たちはみんな気難しい。

C'est **la plus belle** chanson qu'il ait jamais écrite.
これは彼が今までに書いた中で最も美しい歌だ。

Elle est **la moins grande** personne de notre équipe.
彼女は我々のチームの中では一番背が低い人物だ。

2　(名詞) + (le, la, les) + (plus, moins) + (形容詞)
　「一番〜である(一番〜でない)(名詞)」

Les hommes **les plus remarquables** étaient là.
もっとも傑出した人々(名士たち)が出席していた。

Il n'aime que les livres **les plus intéressants**.
彼は一番面白い本だけが好きだ。

Gérard est l'homme **le plus heureux** que je connaisse.
ジェラールは私が知る中でもっとも幸せな男性だ。

C'était la tribu **la moins sauvage** de cette époque.
これはこの時代の中で一番野蛮ではなかった部族だった。

3   le ＋（plus, moins）＋（副詞）「一番～に（一番～でなく）…する」

Gérard court **le plus vite** de nous trois.
ジェラールは我々3人のうちでは一番足が速い。

Il parlait le français **le plus couramment**.
彼はフランス語を一番流暢に話した。

Il vaut mieux parler **le moins souvent** possible.
なるべく話さないほうがいい。

Tu as **le plus joliment** raison de refuser.
断ったのは大正解だよ。

C'est la course où on doit finir un travail **le moins rapidement**.
これはなるだけゆっくり仕事を終えるレースなんだ。

B   解説

> 🍓 **ひとくちメモ**
>
> **pire** は mauvais（悪い）の比較級ですから、（**le, la, les**）＋ **pire** で「もっとも悪い」の意味になります。
>
> C'est **la pire** chose qui puisse arriver.
> （これは起こりうる最悪の事態だ。）

1 (le, la, les) ＋ (plus, moins) ＋ (形容詞) ＋ (名詞)
　　「一番〜である(一番〜でない)(名詞)」

> Paris est **la plus belle** ville du monde.
> 　パリは世界でももっとも美しい街だ。

　belle のように前から後ろの名詞にかかる形容詞はこの形 **la plus belle** ville
を取ります。du monde の du は「〜のうちで」の意味です。

> Voici **le plus beau** poème qu'il ait jamais écrit.
> 　これは彼がいままでに書いた中でもっとも美しい詩だ。

　jamais は(いままでに)の意味です。最上級のあとの que 節(ここでは qu')
では接続法が使われるので ait jamais écrit(いままでに書いた中で)という接続法
過去形が使われています。過去分詞 écrit は先行詞 poème(男性単数)に合わせ
てあります。

> C'est **la plus belle** chanson qu'il ait jamais écrite.
> 　これは彼が今までに書いた中で最も美しい歌だ。

　ait jamais écrite の部分は上とほとんど同じですが、ただ先行詞 chanson が
女性名詞なので、過去分詞も合わせて écrite という女性形になります。

> Elle est **la moins grande** personne de notre équipe.
> 　彼女は我々のチームの中では一番背が低い人物だ。

　la moins grande で(一番背が低い)です。de notre équipe(我々のチームの中では)
ではやはり(うちで)の de が使われています。

2 （名詞）＋（le, la, les）＋（plus, moins）＋（形容詞）
「一番〜である（一番〜でない）（名詞）」

Il n'aime que les livres **les plus intéressants**.
　彼は一番面白い本だけが好きだ。

前から名詞にかからない形容詞についてはこのような形を取ります。
les livres が男性複数形ですから形容詞 intéressants も男性複数形です。

Gérard est l'homme **le plus heureux** que je connaisse.
　ジェラールは私が知る中でもっとも幸せな男性だ。

最上級 **le plus heureux**（もっとも幸せな）のあとの que 節では、前述のように
接続法が使われるので que je connaisse（私が知る中で）と接続法現在形を使っ
ています。que 節に接続法が用いられるのは〈語気緩和〉のためです。

3　le ＋（plus, moins）＋（副詞）「一番〜に（一番〜でなく）…する」

Il vaut mieux parler **le moins souvent** possible.
　なるべく話さないほうがいい。

le moins souvent possible で（なるべく〜しない）です。Il vaut mieux ＋（動
詞の原形）「〜したほうがいい」です。

Tu as **le plus joliment** raison de refuser.
　断ったのは大正解だよ。

le plus joliment は（もっとも上手に）という意味です。avoir raison で（正しい）
ですから、「この上なく正しい」つまり「大正解」となります。

C　練習問題

日本語の意味に会うように（　　）内を正しく並べかえてください。

1　これは私の知る限り最悪の事態だ。
C'est (que/　pire/　je/　connaisse/　situation/　la).

2　これはもっとも含蓄のあるシャンソンだ。
C'est (chanson/　la/　la/　significative/　plus).

3　これは彼女が今までに書いた中でもっとも美しい詩だ。
C'est (qu'elle/　écrit/　plus/　poème/　ait/　le/　jamais/　beau).

4　一番流暢に話した少年は誰ですか？
Quel est (qui/　couramment/　garçon/　parlait/　le /　le/　plus)?

5　彼女は私たちの中では一番長くフランスに滞在しました。
Elle (le/　en/　restée/　longtemps/　France/　plus/　de/ est) nous.

D　暗唱例文

2&3 TRACK_036

(285) Paris est **la plus belle** ville du monde.
パリは世界でももっとも美しい街だ。

(286) Voici **le plus beau** poème qu'il ait jamais écrit.
これは彼がいままでに書いた中でもっとも美しい詩だ。

(287) Elle est **la moins grande** personne de notre équipe.
彼女は我々のチームの中では一番背が低い人物だ。

(288) Il n'aime que les livres **les plus intéressants**.
彼は一番面白い本だけが好きだ。

(289) Gérard est l'homme **le plus heureux** que je connaisse.
ジェラールは私が知る中でもっとも幸せな男性だ。

(290) Gérard court **le plus vite** de nous trois.
ジェラールは我々３人のうちでは一番足が速い。

㉙ Il vaut mieux parler **le moins souvent** possible.

なるべく話さないほうがいい。

E さらに発展

1 （所有格）＋（plus, moins）＋（形容詞）＋（名詞）＝（最上級）

この場合、冠詞（le la les）はありません。

Ma plus belle histiore d'amour, c'est vous.

（わが麗しき恋物語）

有名なシャンソンの題名です。

直訳は（私のもっとも美しい恋、それはあなただ）。

2 二者比較

英語と違って「二つ（二人）のうちで〜なほう」は最上級で表現します。

Marie est **la moins grande** de ces deux sœurs.

（マリーはこの二人の姉妹の中では背が低いほうです。）

第 7 章
代名詞をめぐって

①① 無強勢形人称代名詞

A　用法

● TRACK_037

1　（主語）＋（le, la, les, me, te, nous, vous, lui, leur）＋（動詞）
　およびその疑問文

Tu parles à Monsieur Cadot? - Oui, je **lui** parle.
　君はカド氏に話すの？ - ああ、彼に話すよ。

Je l'aime, mais elle ne **m**'aime pas.
　僕は彼女が好きだが、彼女は僕が好きじゃない。

Ma femme va **vous** accompagner.
　妻があなたをお送りします。

Tu parles à Monsieur Cadot? - **Lui** parlé-je?
　君はカド氏に話すの？ - 僕が彼に話すって？

Il prête sa voiture. - **La** prête-t-il?
　彼がクルマを貸すってさ。- やつがそれを貸すって？

Le propose-t-elle?
　それを彼女が提案している？

2　（主語）＋（le, la, les）＋（lui, leur）＋（動詞）
　およびその疑問文

Tu vas donner un cadeau à Marie? - Oui, je **le lui** donne.
　君はプレゼントをマリーにやる？ - ああ、それを彼女にやるよ。

Elle raconte son histoire aux étudiants? - Oui, elle **la leur** raconte.
　彼女はその話を学生たちにする？ - はい、それを彼たちにします。

Tu prêtes ta voiture à Paul? - Oui, je **la lui** prête.
　クルマをポールに貸すの？ - ああ、それを彼に貸すよ。

La lui prêtes-tu?
それを彼(女)に貸すの？

La lui as-tu prêtée?
それを彼(女)に貸したの？

J'ai quitté ma fiancée. - Quoi? **L'**as-tu quittée?
僕はフィアンセと別れた。- 何、彼女と別れたって？

3 （主語）＋（**me, te, nous, vous**）＋（**le, la, les**）＋（動詞）
およびその疑問文（複合過去形も含めて）

Monsieur Cadot vous vendra sa voiture. → Il **vous la**
vendra.
カド氏はあなたにクルマを売るだろう。→ 彼はあなたにそれを売るだろう。

Mon frère vous offre ses livres. → Il **vous les** offre.
弟はあなた(たち)に彼の本を譲る。→ 彼はあなた(たち)にそれらを譲る。

Me les offre-t-il?
彼は私にそれらを譲る？

Je vous prête cet ordinateur. - **Me le** prêtez-vous?
あなたにこのパソコンを貸します。- 私にそれを貸してくれるのですか？

Je vous ai prêté mon ordinateur. - **Me l'**avez-vous prêté?
あなたに私のパソコン貸しましたよ。- 私にそれを貸しました？

J'ai donné un nounours à cette fille. - **Le lui** avez-vous
donné?
クマのぬいぐるみをその子にやったわ。- それを彼女にあげた？

代名詞をめぐって

4　否定文

（主語）＋ ne ＋（le, la, les）＋（lui, leur）＋（助動詞）＋ pas ＋（過去分詞）〜
など

Elle ne donne pas son argent à son fils.

→ Elle ne **le lui** donne pas.

彼女はお金を息子にやらない。→ 彼女はそれを彼にやらない。

Je n'ai pas prêté ma voiture à Paul.

→ Je ne **la lui** ai pas prêtée.

私はポールにクルマを貸さなかった。→ 私はそれを彼に貸さなかった。

Elle n'a pas écrit cette lettre à son père.

→ Elle ne **la lui** a pas écrite.

彼女はその手紙を父に書かなかった。→ 彼女はそれを彼に書かなかった。

Je n'ai pas offert ces cadeaux à Marie.

→ Je ne **les lui** ai pas offerts.

私はそれらのプレゼントをマリーにやらなかった。

→ 私はそれらを彼女にやらなかった。

5　命令文について

肯定命令：（動詞）＋（直接目的語）＋（間接目的語）
否定命令：ne ＋（平叙文の代名詞の語順）＋ pas

Apporte ton cahier. → Apporte-**le**

君のノートを持ってきて。→ それを持ってきて。

Apporte ton cahier à ton professeur. → Apporte-**le-lui**.

君のノートを先生の所に持って行って。→ それを彼の所に持って行って。

Chante la chanson à tes amis. → Chante-**la-leur**.

この歌を友達に歌って。→ それを彼らに歌って。

Donne-nous ces fleurs. → Donne-**les-nous**.

私たちにこの花をください。→ それらを私たちにください。

Prêtez-moi votre main. → Prêtez-**la-moi**

あなたの手を貸してください。→ それを私に貸してください。

Ne donnez pas ce cadeau à Paul. → Ne **le lui** donnez pas.

このプレゼントをポールにやらないで。→ それを彼にやらないで。

Ne me donnez pas ce problème. → Ne **me le** donnez pas.

私にその問題を押し付けないで。→ 私にそれを押し付けないで。

Ne servez pas cette soupe à Gérard. → Ne **la lui** servez pas.

このスープをジェラールに出さないで。→ これを彼に出さないで。

B 解説

🌰 ひとくちメモ

1 直接目的語：【le「彼を」、la「彼女を」、les「彼（女）たちを」】

　直接目的語：【me「私を」、te「君を」、nous「私たちを」、
　　vous「あなた（たち）を」】

　間接目的語：【me「私に」、te「君に」、nous「私たちに」、
　　vous「あなた（たち）に」】

　間接目的語：【lui「彼（女）に」、leur「彼（女）たちに」】
　　【le, la, les】は物をさす場合は「それを」（直接目的語）の意味になります。

2 肯定命令文の en の語順について：文尾につけます。

　Donne du vin. → Donnes-**en**.
　（ワインを少しくれ。→ それをくれ。）
　（右文 Donnes の s に注意）

　Donnez-moi du vin. → Donnez-m'**en**.
　（私にワインを少しください。→ 私にそれをください。）

　Donnez du vin à ce Monsieur. → Donne-lui-**en**.
　（ワインを少しそのかたにあげてください。→ 彼にそれをあげてください。）

1 （主語）＋（le, la, les, me, te, nous, vous, lui, leur）＋（動詞）
とその疑問文

Tu parles à Monsieur Cadot?　- **Lui** parlé-je?
君はカド氏に話すの？ - 僕が彼に話すって？

à Monsieur Cadot（カド氏に）を代名詞 **Lui**（彼に）と受けて文頭に出します。これは間接目的語です。あとの文は倒置します。なお je parle の倒置形は parlé-je のようになります（発音しやすくするためです）。

Il prête sa voiture. - **La** prête-t-il?
彼がクルマを貸すってさ。- やつがそれを貸すって？

sa voiture（彼のクルマ）を **La**（それを）と受けて文頭に出します。これは直接目的語です。あとの文は倒置します。il prête（やつがそれを貸す）の倒置は prête-t-il となります。

270

2 （主語）＋（le, la, les）＋（lui, leur）＋（動詞）
とその疑問文（複合過去形も含めて）

> **La lui** as-tu prêtée?
>> それを彼（女）に貸したの？

　直接目的語 **La**（それを）を間接目的語 lui（彼（女）に）の前に置き、あとの文は倒置になります。prêtée（貸した）は前に直接目的語 **La**（それを）があるのでそれに合わせて女性形過去分詞になっています。

> J'ai quitté ma fiancée. - Quoi? **L'**as-tu quittée?
>> 僕はフィアンセと別れた。- 何、彼女と別れたって？

　右の疑問文では ma fiancée（フィアンセ）が **L'**（彼女を）という直接目的語である代名詞に言いなおされ、あとは〈（助動詞）＋（主語）＋（過去分詞）〉の語順です。**L'**（彼女を）が直接目的語で女性形なので、過去分詞 quitée（見捨てる）には女性形の e がついています。

3 （主語）＋（me, te, nous, vous）＋（le, la, les）＋（動詞）
とその疑問文（複合過去形も含めて）

> Mon frère **vous** offre ses livres. → Il **vous les** offre.
>> 弟はあなた（たち）に彼の本を譲る。→ 彼はあなた（たち）にそれらを譲る。

　右の文では、間接目的語 **vous**（あなた（たち）に）のあとに ses livres（彼の本を）を受ける直接目的語 les（それらを）が続きます。このように必ずしも代名詞の順番は〈直接目的語＋間接目的語〉ではありません。〈私〉に近いものから置くと、ひとくちメモにあるのは、このことです。

> **Me les** offre-t-il?
>> 彼は私にそれらを譲る？

　ここでも間接目的語 **Me**（私に）、ついで直接目的語 les（それらを）の順に並んでいます。〈私〉に近いものから置いています。

> Je **vous** ai prêté mon ordinateur. - **Me** l'avez-vous prêté?
>
> あなたに私のパソコン貸しましたよ。- 私にそれを貸しました？

mon ordinateur（私のパソコン）を l'（それを）と受けていますが、また **vous**（あなたに）と間接目的語で左の文が言っていますから、これを右では **Me**（私に）と受け直し、**Me**（私に）＋ l'（それを）の語順にしています。

4　否定文

> Je n'ai pas prêté ma voiture à Paul.
> → Je ne **la lui** ai pas prêtée.
>
> 私はポールにクルマを貸さなかった。→ 私はそれを彼に貸さなかった。

ma voiture（クルマを）を右の文では **la**（それを）と受け、à Paul（ポールに）を右では **lui**（彼に）と受けています。ne la lui ai pas prêtée の部分は ne ＋（le, la, les）＋（lui, leur）＋（助動詞）＋ pas ＋（過去分詞）の順序になっています。ne は早く出し、pas は（助動詞）と（過去分詞）の間に、と考えておけばいいでしょう。prêtée は la が先行する代名詞が女性形だからです。

> Elle n'a pas écrit cette lettre à son père.
> → Elle ne **la lui** a pas écrite.
>
> 彼女はその手紙を父に書かなかった。→ 彼女はそれを彼に書かなかった。

右の文で **la lui**（それを彼に）の順序については上とほぼ同じことです。Elle ne la lui a pas écrite（彼女はそれを彼に書かなかった）の部分については la が受けるものは左文 cette lettre（その手紙）という女性名詞ですから過去分詞 écrite には e がついています。

5　命令文について

> Apporte ton cahier à ton professeur. → Apporte-le-lui.
>
> 君のノートを先生の所に持って行って。→ それを彼の所に持って行って。

ton cahier（君のノート）を右の文では **le** と受け、à ton professeur（先生の所に）を右文で **lui**（彼の所に）と受けています。そして語順は肯定命令文の場合常に、〈直

接目的語＋間接目的語〉の順になっています。

> # Donne-nous ces fleurs. → Donne-**les**-**nous**.
> 私たちにこの花をください。→ それらを私たちにください。

ces fleurs（この花）を右文では直接目的語 **les**（それらを）と受け、間接目的語 **nous**（私たちに）をそのあとに続けます。語順は肯定命令文ですから、〈直接目的語＋間接目的語〉の順になっています。

> # Ne servez pas cette soupe à Gérard. → Ne **la lui** servez pas.
> このスープをジェラールに出さないで。→ これを彼に出さないで。

左文の cette soupe（このスープを）を右の文では **la**（これを）と受け、à Gérard（ジェラールに）を **lui**（彼に）と受けています。否定語の Ne を最優先させます。否定命令文なので、代名詞の並びは **la lui**（これを彼に）というふうに平叙文の時と同じ代名詞の語順になります。

C　練習問題

例にならって、次の下線部分について無強勢形人称代名詞を用いて、全文を書き換えてください。

例）Elle parle <u>à ses amis</u>. → Elle leur parle.

1　Je prêterai <u>ma voiture à mon frère</u>.

2　Tu aimes <u>les gâteaux</u>?

3　Monsieur Cadot verra <u>ses étudiants</u> demain matin.

4　Il a vu <u>sa cousine</u>.

5　Je ne comprends pas <u>votre avis</u>.

6　Achetez <u>ces fraises</u>.

7　J'ai fait <u>cette dictée</u>. (dictée「書き取り」)

7　代名詞をめぐって

8 Ils n'ont pas voulu <u>ces fleurs</u>.

9 Je n'ai pas écrit <u>cette lettre</u>.

10 Voyez-vous <u>le batiment</u> là-bas?

11 Il apportera <u>son cahier</u> à <u>son professeur</u>.

12 Expliquez-moi <u>ton idée</u>.

13 Elle n'a pas aimé <u>ce roman</u>.

14 Nous montrerons <u>la villa</u> à <u>nos invités</u>.

15 Pourquoi as-tu dit <u>la vérité</u> à <u>Paul</u>?

D 暗唱例文

292 Je l'aime, mais elle ne **m'**aime pas.

僕は彼女が好きだが、彼女は僕が好きじゃない。

293 Il prête sa voiture. - **La** prête-t-il?

彼がクルマを貸すってさ。- やつがそれを貸すって？

294 Tu vas donner un cadeau à Marie? - Oui, je **le lui** donne.

君はプレゼントをマリーにやる？　- ああ、それを彼女にやるよ。

295 Tu prêtes ta voiture à Paul? - Oui, je **la lui** prête.

クルマをポールに貸すの？　- ああ、それを彼に貸すよ。

296 **La lui** as-tu prêtée?

それを彼（女）に貸したの？

297 J'ai quitté ma fiancée. - Quoi? L'as-tu quittée?

僕はフィアンセと別れた。- 何、彼女と別れたって？

298 Mon frère vous offre ses livres. → Il **vous les** offre.

弟はあなた（たち）に彼の本を譲る。→ 彼はあなた（たち）にそれらを譲る。

299 **Me les** offre-t-il?

彼は私にそれらを譲る？

㉚ Je vous prête cet ordinateur. - **Me le** prêtez-vous?

あなたにこのパソコンを貸します。- 私にそれを貸してくれるのですか？

㉛ J'ai donné un nounours à cette fille. - **Le lui** avez-vous donné?

クマのぬいぐるみをその子にやったわ。- それを彼女にあげた？

㉜ Je n'ai pas prêté ma voiture à Paul.

→ Je ne **la lui** ai pas prêtée.

私はポールにクルマを貸さなかった。→ 私はそれを彼に貸さなかった。

㉝ Elle n'a pas écrit cette lettre à son père.

→ Elle ne **la lui** a pas écrite.

彼女はその手紙を父に書かなかった。→ 彼女はそれを彼に書かなかった。

㉞ Apporte ton cahier à ton professeur. → Apporte-**le-lui**.

君のノートを先生の所に持って行って。→ それを彼の所に持って行って。

㉟ Donne-nous ces fleurs. → Donne-**les-nous**.

私たちにこの花をください。→ それらを私たちにください。

㊱ Prêtez-moi votre main. → Prêtez-**la-moi**

あなたの手を貸してください。→ それを私に貸してください。

㊲ Ne servez pas cette soupe à Gérard.

→ Ne **la lui** servez pas.

このスープをジェラールに出さないで。→ これを彼に出さないで。

E さらに発展

肯定命令形の語順について（ y や en がある場合）

→ y と en はこの順で文の最後に置きます。

（動詞）-（le, la, les）-（moi（m'）, toi（t'）, lui, nous, vous, leur）-y - en

Parlez-**lui-en**. （彼にそれについて話してください。）

Donnez-**m'en**. （私にそれをください。）＊ひとくちメモ＊にもあります。

（つまりこの場合、en は直接目的語ながら、間接目的語（m'）のあとになります。）

02 強勢形人称代名詞

A　用法

① TRACK_038

moi, toi, lui, elle, nous, vous, eux. elles
これらを強勢形人称代名詞と呼びます。

1　強調する

Moi, j'y vais.
俺はね、行くよ。

Je ne sais pas, **moi**!
私はといえば、知らないな。

Eux, ils travaillent mieux.
彼たちのほうがよく働く。

Elle, elle est excellente.
彼女か、彼女は優秀だ。

Je leur parle, à **eux**.
僕は実際、彼たちに話しているんだ。

Il les a bien regardées, **elles**.
やつはじっと見てるんだよ、彼女たちをね。

Vous lui avez pardonné, à **lui**?
あなたは許したんですか、彼を？

2　補語（属詞）として

C'est Monsieur Cadot? - Oui, c'est bien **lui**.
あれがカド氏ですか？ － そう、まさに彼です。

Ce sont vos amis? - Oui, ce sont **eux**.
あれはあなたの友人たちですか？ － はい、彼たちです。

L'État, c'est moi.

朕は国家なり。（ルイ 14 世の言葉）

C'est moi qui suis arrivé le premier.

最初に着いたのは私です。

C'est moi que vous cherchez?

あなたが探しているのは私ですか？

3　前置詞のあとで

Tu viens avec moi?

私と一緒に行くかい？

Merci de vous dépenser pour nous.

私たちのためにご尽力いただき、ありがとうございます。

Elle a fait un portrait de lui.

彼女は彼の肖像画を描いた。

Il s'est fâché à cause de nous.

彼は私たちが原因で腹を立てた。

Je sortirai aussitôt après eux.

私は彼たちのすぐあとで出ていくつもりです。

Elle est jalouse de vous.

彼女はあなたに嫉妬していますよ。

Tu es mécontent de moi?

君は僕に不満なの？

Il a fait cela malgré moi.

やめろと言ったのに彼はそれをやった。

4　比較 que のあとで

Je suis moins riche que lui.

僕は彼ほど金持ちじゃない。

Ils arriveront plus tôt que **vous**.

彼たちはあなた（たち）より早く着くでしょう。

Est-elle aussi grande que **toi**?

彼女は君ぐらいの背たけですか？

Nous étudions moins qu'**eux**.

私たちは彼たちほど勉強していません。

5 　**肯定命令文**では無強勢形人称代名詞（le, la, les, nous, vous, lui, leur）を使いますが、me は使わず **moi**（強勢形人称代名詞）、te も使わず **toi**（強勢形人称代名詞）を使います。否定命令文では無強勢形人称代名詞のみを用います。

Aidez-**moi**.

私を助けてください。

Assieds-**toi**.

座りなさい。

Écoutons-**les**.

彼（女）たちの言うことを聞きましょう。

Obéissez-**lui**.

彼（女）の言うことに従ってください。

Accordez-**leur**.

彼（女）たちに同意してください。

B　解説

 ひとくちメモ

1 《1 強調する》の補足として

強勢形人称代名詞は他の語と並置して主語や目的語になります。

Mon frère et **moi**, nous sommes de votre avis.

（私の弟と私はあなたの意見に賛成です。）

2 《3 前置詞のあとで》の補足として

à + (強勢形人称代名詞) は間接目的語として使われます。

Je pense à **elle**.

（私は彼女のことを思っている。）

Cet appartement appartient à **moi**.

（このアパルトマンは私のものです。）

1 強調する

Moi, j'y vais.

俺はね、行くよ。

Moi（俺はね）を文頭に出して j' を強めています。j'y vais で（行くよ）です。y（そこへ）は場所を表していますが、この用例のように必ずしも明確でないときもあります。

Je ne sais pas, **moi**!

私はといえば、知らないな。

moi（私はといえば）は文尾にありますが主語 Je の強めです。このように文尾でも強調は可能です。

Je leur parle, à **eux**.

僕は実際、彼たちに話しているんだ。

à **eux**（彼たちに）は前に出ている間接目的語 leur（彼たちに）を強調しています。

Il les a bien regardées, **elles**.

やつはじっと見てるんだよ、あの娘たちを。

elles（あの娘たちを）はやはり、前にある直接目的語 les（彼女たちを）を受けている強調用法です。このように後ろで **elles** と強調すれば、逆に前の les は（彼たちを）ではなく（彼女たちを）であることが、話し言葉の時でも明らかになります。

7

代名詞をめぐって

2 補語（属詞）として

C'est Monsieur Cadot? - Oui, c'est bien **lui**.
> あれがカド氏ですか？ － そう、まさに彼です。

Monsieur Cadot（カド氏）を右の文で **lui**（彼です）と受けています。

Ce sont vos amis? - Oui, ce sont **eux**.
> あれはあなたの友人たちですか？ － はい、彼たちです。

vos amis（あなたの友人たち）を右の文で **eux**（彼たち）と受けています。

C'est **moi** qui suis arrivé le premier.
> 最初に着いたのは私です。

C'est **moi** qui ～（するのは私です）は強調構文（英語で言えば It is I who ～）
になっています。このような補語の使い方もします。le premier は「最初の人」
（男性）です。suis arrivé（着いた）の属詞（補語）になっています。

3 前置詞のあとで

Tu viens avec **moi**?
> 私と一緒に行くかい？

強勢形人称代名詞 **moi**（私）が前置詞 avec（一緒に）の後ろに使われています。

Merci de vous dépenser pour **nous**.
> 私たちのためにご尽力いただき、ありがとうございます。

se dépenser（力を尽くす）です。強勢形人称代名詞 **nous**（私たち）が前置詞
pour（ために）の後ろに使われています。

Il s'est fâché à cause de **nous**.
> 彼は私たちが原因で腹を立てた。

nous が前置詞句 à cause de ～（～が原因で）の後ろに使われています。

Tu es mécontent de **moi?**

　君は僕に不満なの？

　moi が前置詞 de の後ろに使われています。es(être) mécontent de 〜「〜
に不満だ」となります。

Il a fait cela malgré **moi.**

　やめろと言ったのに彼はそれをやった。

　前置詞 malgré 〜（〜にもかかわらず）（〜に逆らって）から malgré **moi**（やめろと
言ったのに）となります。

4　比較 que のあとで

Je suis moins riche que **lui.**

　僕は君ほど金持ちじゃない。

　強勢形人称代名詞 **lui**（彼）が moins riche que 〜（〜ほど金持ちじゃない）〈比較級〉
の後ろに使われています。

Ils arriveront plus tôt que **vous.**

　彼たちはあなた（たち）より早く着くでしょう。

　強勢形人称代名詞 **vous**（あなた（たち））が plus tôt que 〜（〜より早く）〈比較級〉
の後ろに使われています。

5　肯定命令文では**無強勢形代名詞**（ただし me → **moi**, te → **toi** となります。）

Assieds-**toi.**

　座りなさい。

　toi（君を）は無強勢形人称代名詞ではなく強勢形人称代名詞です。肯定命令
文では **toi** と **moi** のみ強勢形代名詞を使います。

7

代名詞をめぐって

281

> ### Écoutons-**les**.
>
> 彼（女）たちの言うことを聞きましょう。

les（彼（女）たちの言うこと）は無強勢形人称代名詞です。

> ### Accordez-**leur**.
>
> 彼（女）たちに同意してください。

leur（彼（女）たちに）も無強勢形人称代名詞です。accorder à 〜「〜に同意する」です。à ＋（彼（女）たち）を **leur** と受けています。

C　練習問題

下線部に強勢形人称代名詞（**moi, toi, lui, elle, nous, vous, eux. elles**）あるいは無強勢形人称代名詞（**le, la, les, me, te, nous, vous, lui, leur**）を入れてください。日本語のあるものはそれに合わせてください。

1　＿＿＿＿, je suis d'accord.
（僕はと言えば、賛成だ。）

2　Est-ce que ce sont tes amis?
- Oui, ce sont ＿＿＿＿.

3　Donnez ce livre à votre fille.
→ Donnez- ＿＿＿＿ - ＿＿＿＿.

4　Je n'ai pas d'argent sur ＿＿＿＿.
（僕は持ち合わせがない。）

5　Parlons à Monsieur Cadot.
→ Parlons- ＿＿＿＿.

6　Offrez ces fleurs à votre mère. Offrez- ＿＿＿＿ - ＿＿＿＿.

7　Tu me parleras, à ＿＿＿＿.
（君は僕に話すんだ、僕にね。）

8　Prends ta veste. → Prends- ＿＿＿＿.

9 Je voudrais vous parler. Accordez- _______ une minute.
（お話ししたいことがあります。ちょっとお時間ください。）

10 Regardez ce garçon.
→ Regardez- _______.

11 Ça ne vous regarde pas. Occupez- _______ de vos affaires.
（これはあなたには関係ありません。かまわないでください。）

12 Tu es moins âgée que moi?
- Oui, je suis moins âgée que _______.
（あんた、わたしより年下？ ーそうよ、あなたより下よ。）

2 次の日本語をフランス語にしてください。
「私たちは彼女たちについて話していた。」

3 日本語に合うように単語を正しく並べかえてください。
confiance/ pas/ je/ vous/ n'ai/ en/.
（私はあなたを信頼していません。）

D 暗唱例文

2&3 TRACK_038

(308) Je ne sais pas, **moi**!
私はといえば、知らないな。

(309) **Eux**, ils travaillent mieux.
彼たちのほうがよく働く。

(310) Vous lui avez pardonné, à **lui**?
あなたは許したんですか、彼を？

(311) C'est Monsieur Cadot? - Oui, c'est bien **lui**.
あれがカド氏ですか？ ー そう、まさに彼です。

(312) L'État, c'est **moi**.
朕は国家なり。（ルイ 14 世の言葉）

㉑ C'est **moi** qui suis arrivé le premier.

最初に着いたのは私です。

㉕ Il s'est fâché à cause de **nous**.

彼は私たちが原因で腹を立てた。

㉕ Elle est jalouse de **vous**.

彼女はあなたに嫉妬していますよ。

㉕ Il a fait cela malgré **moi**.

やめろと言ったのに彼はそれをやった。

㉕ Je suis moins riche que **lui**.

僕は彼ほど金持ちじゃない。

㉕ Est-elle aussi grande que **toi**?

彼女は君ぐらいの背たけですか？

㉕ Nous étudions moins qu'**eux**.

私たちは彼たちほど勉強していません。

E さらに発展

強勢形人称代名詞は**関係代名詞の先行詞**になることがあります。

Toi qui m'aimais, **moi** qui t'aimais.

（私を愛してくれた君、君を愛した私）—『枯葉』（シャンソン）

03 所有代名詞

A　用法

🅐 TRACK_039

1　le mien (les miens)　　　（男性形・単）（複）「私のもの」
　　la mienne (les miennes)　（女性形・単）（複）「私のもの」

C'est votre voiture? - Non, ce n'est pas **la mienne**.
これはあなたのクルマ？　ーいいえ、私のじゃありません。

Je vois jouer vos enfants et **les** deux **miens**.
あなたのお子さんたちと、うちの二人の子たちが遊んでいるのが見えるわ。

Ton jugement sera **le mien**.
君の判断に同意するよ。

Où sont mes lunettes? - Je porte **les miennes**, voyons!
俺のメガネはどこ？　ー私がかけているのは私のよ、でしょ！

2　le tien (les tiens)　　　（男性形・単）（複）「君のもの」
　　la tienne (les tiennes)　（女性形・単）（複）「君のもの」

Mes cravates sont en soie; en quoi sont **les tiennes**?
僕のネクタイはシルクだ。君のは素材は何？

Mon vélo est super; comment est **le tien**?
僕の自転車は最高だぜ。君のはどうだい？

Ma maison est très proche de **la tienne**.
私の家は君の家のすぐそばだ。

3　le sien (les siens)　　　（男性形・単）（複）「彼（女）のもの」
　　la sienne (les siennes)　（女性形・単）（複）「彼（女）のもの」

J'aime vos tableaux, mais je n'aime pas **les siens**.

あなたの絵は好きですが、彼(女)のは好きじゃありません。

Ta robe est plus belle que **la sienne**.

君のワンピースは彼女のよりきれいだ。

J'ai résolu mon problème. Et alors, **le sien?**

僕は自分の問題は解決した。で、彼(女)のほうは？

4　le nôtre (les nôtres)　　（男性形・単）（複）「私たちのもの」
　　la nôtre (les nôtres)　　（女性形・単）（複）「私たちのもの」

Regardez cette belle maison; c'est **la nôtre**.

あのきれいな家を見てください。私んちの家なんです。

Vos enfants sont plus sages que **les nôtres**.

おたくのお子さんたちのほうが私んちの子供よりお利口だわ。

Ton avis semble raisonnable, mais **le nôtre** est différent.

君の意見ももっともだが、私たちの意見は違う。

5　le vôtre (les vôtres)　　（男性形・単）（複）「あなた(たち)のもの」
　　la vôtre (les vôtres)　　（女性形・単）（複）「あなた(たち)のもの」

Mon ordinateur ne marche pas bien; prêtez-moi **le vôtre**.

私のパソコンは調子が悪いんです。あなたのを貸してください。

J'ai fini des exercices sur le piano. Maintenant finissez **les vôtres**.

私のピアノレッスンは終わったわ。今度はあなた(たち)のレッスンをしてね。

Sa chambre est plus petite que **la vôtre**.

彼(女)の部屋はあなた(たち)の部屋より小さい。

6 le leur (les leurs) （男性形・単）（複）「彼（女）たちのもの」
     la leur (les leurs) （女性形・単）（複）「彼（女）たちのもの」

Cette photo, c'est votre pays? - Non, c'est **le leur**.
この写真はあなたのお国ですか？　ーいいえ、彼（女）たちの国です。

Vos résultats ont été plus brillants que **les leurs**.
あなた（たち）の成績のほうが彼（女）たちより素晴らしかった。

On voit une belle villa avec piscine. - Oui, c'est **la leur**.
プールつきのきれいな別荘が見える。ーああ、彼（女）たちのだ。

B 解説

> 🌰 ひとくちメモ
>
> 　英語で my this car（私のこのクルマ）とは言わずに this car of mine（私のものであるこのクルマ）と言いますが、フランス語でも ma cette voiture とは言いません。
>
> 　英語にならって ma voiture de la mienne の形もありません。
>
> 　ma voiture que voilà か ma voiture-ci となります。

1 「私のもの」

Ton jugement sera **le mien**.
　君の判断に同意するよ。

　le mien（私のもの）は男性単数名詞 mon jugement（私の判断）を受けていますから、（君の判断は私の判断）から（君の判断に同意するよ）となります。

Où sont mes lunettes? - Je porte **les miennes**, voyons!
　俺のメガネはどこ？　ー私がかけているのは私のよ、でしょ！

　les miennes（私のもの）は mes lunettes（私のメガネ）のことです。lunettes は常に複数形（女性名詞）です。「一つのメガネ」と言いたい時は une paire de

lunettes となります。また「メガネをかけている」は porter des lunettes です。
voyons（さあさあ、まあまあ）は、たしなめたりする時に使います。

2 「君のもの」

Mes cravates sont en soie; en quoi sont **les tiennes**?
　僕のネクタイはシルクだ。君のは素材は何？

　les tiennes（君のもの）は女性複数名詞 tes cravates（君のネクタイ）です。ま
た en soie で（シルクでできている）です。一般に en 〜で〈材質〉を示します。
例えば chaise en bois（木の椅子）などです。en は前置詞ですから、その後ろに
「何？」をつけたいときは que の強勢形 quoi をつけます。

Ma maison est très proche de **la tienne**.
　私の家は君の家のすぐそばだ。

　la tienne（君のもの）は女性単数名詞 ta maison（君の家）です。être proche
de 〜（〜のそばにある）です。

3 「彼（女）のもの」

Ta robe est plus belle que **la sienne**.
　君のワンピースは彼女のよりきれいだ。

　la sienne（彼女のもの）は女性単数名詞 sa robe（彼女のワンピース）のことです。
plus belle que 〜で（〜よりきれい）〈比較級〉となります。

J'ai résolu mon problème. Et alors, **le sien**?
　僕は自分の問題は解決した。で、彼（女）のほうは？

　le sien（彼（女）のもの）は男性単数名詞 son problème（彼（女）の問題）のことです。
Et alors（それから）（それで）、また résolu は résoudre（解決する）の過去分詞です。

288

4 「私たちのもの」

Vos enfants sont plus sages que les nôtres.
おたくのお子さんたちのほうが私んちの子供よりお利口だわ。

les nôtres (私たちのもの) は男性複数名詞 nos enfants (私たちの子供) で、sages は ((子供などが) 聞きわけがいい) の意味です。

5 「あなた(たち)のもの」

Mon ordinateur ne marche pas bien; prêtez-moi le vôtre.
私のパソコンは調子が悪いんです。あなたのを貸してください。

le vôtre (あなたのもの) は男性単数名詞 votre ordinateur (あなたのパソコン) を指します。

6 「彼(女)たちのもの」

Vos résultats ont été plus brillants que les leurs.
あなた(たち)の成績のほうが彼(女)たちより素晴らしかった。

les leurs (彼 (女) たちのもの) は男性複数名詞 leurs résultats (彼 (女) たちの成績) を受けています。brillants は (輝かしい) (すばらしい) の意味です。

On voit une belle villa avec piscine. - Oui, c'est la leur.
プールつきのきれいな別荘が見える。―ああ、彼 (女) たちのだ。

la leur (彼(女)たちのもの) は女性単数名詞 leur villa (彼(女)たちの別荘) を受けています。

7

代名詞をめぐって

C 練習問題

1 下線部を適切な所有代名詞に直して和訳してください。

1 Ma sœur est partie avec votre sœur.

和訳：

2 Moi, j'ai des ennuis; toi, tu as tes ennuis.

和訳：

3 Le Shinano a son cours au Japon, et la Seine a son cours en France.

和訳：

4 Est-ce que tu préfères leur proposition à notre proposition?

和訳：

5 Votre enfant est sorti avec nos enfants.

和訳：

6 Ma fille et leur fille vont à l'école ensemble.

和訳：

7 C'est pour ton profit et non pas pour leur profit.

和訳：

8 Il s'est moqué de votre idée et de mon idée.

和訳：

9 Mon chien joue souvent avec son chien.

和訳：

10 Pourriez-vous me prêter vos livres et leurs livres aussi?

和訳：

11 Je voudrais parler d'abord de mon projet; après j'écouterai votre projet.

和訳：

12 Ce sont vos cravates? - Mais oui, ce sont mes cravates.

和訳：

2 次のフランス語を日本語にしてください。

Ce n'est pas convenable de prononcer à côté du mien le nom de Monsieur Trump.

D 暗唱例文

2&3 TRACK_039

320 C'est votre voiture? - Non, ce n'est pas **la mienne**.
これはあなたのクルマ？ ―いいえ、私のじゃありません。

321 Je vois jouer vos enfants et **les** deux **miens**.
あなたのお子さんたちと、うちの二人の子たちが遊んでいるのが見えるわ。

322 Mon vélo est super; comment est **le tien**?
僕の自転車は最高だぜ。君のはどうだい？

323 Ma maison est très proche de **la tienne**.
私の家は君の家のすぐそばだ。

324 Ta robe est plus belle que **la sienne**.
君のワンピースは彼女のよりきれいだ。

325 Vos enfants sont plus sages que **les nôtres**.
おたくのお子さんたちのほうが私んちの子供よりお利口だわ。

326 Mon ordinateur ne marche pas bien; prêtez-moi **le vôtre**.
私のパソコンは調子が悪いんです。あなたのを貸してください。

327 Cette photo, c'est votre pays? - Non, c'est **le leur**.
この写真はあなたのお国ですか？ ―いいえ、彼（女）たちの国です。

7

代名詞をめぐって

291

E さらに発展

1 les ＋（所有代名詞）で〈家族・身内・仲間・同僚〉を表します。

Mes amitiés aux **vôtres**.（ご家族の皆様によろしく。）

les vôtres が「あなたのご家族」の意味です。

Bonne année à vous et à tous **les vôtres**.

　（あなたとご家族の皆みな様に、新年のご挨拶を申し上げます。）

2 la vôtre は「あなたの健康」という意味です。

À **la vôtre**!（乾杯！）

À votre santé!（あなたの健康に（乾杯）！）ともいいます。

④4 不定代名詞

A 用法

1　tout「すべて」「すべてのもの)」（男性単数形）

Tout va bien.
すべて好調だ。

Il a **tout** perdu.
彼はすべてを失った。

Tout n'est pas facile.
すべてが簡単なわけではない。

Ma femme pense toujours à **tout**.
私の妻はいつもすべてを配慮する。

2　tous「すべてのもの」「すべての人」（男性複数形）
　　toutes「すべてのもの」「すべての人」（女性複数形）

Je vous invite **tous**.
私はあなたがたすべてを招待します。

Les garçons sont arrivés? - Oui, **tous** sont là.
男の子たちは着いたかい？　－はい、彼たち全員いますよ。

Les filles sont prêtes? - Oui, **toutes** sont prêtes.
女の子たちは準備ができたかい？　－はい、彼女たち全員準備しました。

3　chacun「おのおの」（男性単数形）
　　chacune「おのおの」（女性単数形）

Chacun de nous s'en alla.
私たちのおのおのは立ち去った。

Chacune de ces maisons a été bâtie au Moyen Âge.

これらの家のおのおのは中世に建てられた。

Ces cravates coûtent 100 euros **chacune**.

これらのネクタイは、それぞれ 100 ユーロする。

4　**aucun**「何も（どれも）（誰も）〜ない」（男性単数形）

　　aucune「何も（どれも）（誰も）〜ない」（女性単数形）

（ne や sans とともに用います）

Aucun de mes amis ne réussit à l'examen.

私の友人のうちの誰も試験に受からなかった。

Laquelle prendrez-vous? - **Aucune**.

どれになさいますか？　−どれにもしません。（ここは単独使用です）

5　**personne**「誰も〜ない」（ne とともに）

Le temps n'attend **personne**.

歳月人を待たず。

Je ne veux de mal à **personne**.

誰をも傷つけたくないです。

6　**rien**「何も〜ない」（ne とともに）

Il n'écoute **rien**.

彼は何も聞こうとしない。

Elle n'a **rien** compris.

彼女は何も理解しなかった。

Je pense que **rien** n'est facile.

簡単なものは何もないと思う。

Il n'a peur de **rien**.
彼は何も怖いものはない。

7　**un autre, une autre**「もう一つのもの（もう一人の人）」（= another）

J'ai pris Monsieur Martin pour **un autre**.
私はマルタン氏を別の人と間違えた。

Tu veux ce livre? - Non, j'en veux **un autre**.
この本が入用？　ーいいえ、別の本です。

8　certains「あるもの（ある人たち）」（= some）
　　d'autres「また別のもの（また別の人たち）」（= others）

Certains sont partis, mais **d'autres** sont restés.
ある者たちは立ち、ほかの者たちは残った。

9　quelqu'un「誰か」（= somebody）

Elle est en train de parler à **quelqu'un**.
彼女は誰に話しかけているところだ。

Quelqu'un a volé ma voiture.
誰かが僕のクルマを盗んだ。

10　quelque chose「何か」（= something）

Vous n'avez pas **quelque chose** de moins cher?
もう少し安いものはありませんか？

Vous désirez **quelque chose** comme boisson?
何か飲み物はいかがですか？

B 解説

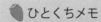
1　tout「すべて」「すべてのもの)」（男性単数形）

Tout va bien.
すべて好調だ。

　Tout（すべて）は三人称単数扱いで、抽象的な概念です。

Il a **tout** perdu.
彼はすべてを失った。

　tout（すべて）はここでは perdu（失う）の目的語ですが、このように助動詞と過去分詞の間に入れます。

Tout n'est pas facile.
すべてが簡単なわけではない。

　Tout（すべて）＝（全体を表す表現）と n'est pas（でない）＝（否定語）で、英語で言う部分否定になっています。「簡単なものは何もない」なら **Rien** n'est facile. となります。この項〈不定代名詞〉rien を参照してください。

2 tous 「すべてのもの」「すべての人」（男性複数形）

toutes 「すべてのもの」「すべての人」（女性複数形）

Je vous invite **tous**.

　私はあなたがたすべてを招待します。

　tous（すべて）は前にある vous（あなたがた）の同格です。vous は invite（招待します）の直接目的語になっています。tous の最後の子音は（ス）と発音されます。tous は内容的にはすべての人が男性であるか、男性と女性の混合と考えられます。

Les garçons sont arrivés? - Oui, **tous** sont là.

　男の子たちは着いたかい？　ーはい、彼たち全員いますよ。

　tous（彼たち全員）は前文の主語 Les garçons（男の子たち）を受ける代名詞です。すべて男性です。

Les filles sont prêtes? - Oui, **toutes** sont prêtes.

　女の子たちは準備ができたかい？　ーはい、彼女たち全員準備しました。

　toutes（彼女たち全員）は前文の主語 Les filles（女の子たち）を受ける代名詞です。すべて女性です。

3 chacun 「おのおの」（男性単数形）

chacune 「おのおの」（女性単数形）

Chacun de nous s'en alla.

　私たちのおのおのは立ち去った。

　de ～は「～のうちの」の意味です。Chacun de nous（私たちのうちのおのおの）です。s'en alla は s'en aller「立ち去る」（代名動詞）の単純過去形です。

Ces cravates coûtent 100 euros **chacune**.

　これらのネクタイは、それぞれ 100 ユーロする。

chacune（それぞれ）は Ces cravates（これらのネクタイ）の同格となっています。

4 aucun「何も（どれも）（誰も）〜ない」（男性単数形）

aucune「何も（どれも）（誰も）〜ない」（女性単数形）

Aucun de mes amis ne réussit à l'examen.
　私の友人のうちの誰も試験に受からなかった。

　この de 〜も「〜のうちの」の意味です。**Aucun** de mes amis（私の友人のうちの誰も）です。**Aucun(e)** は普通 ne と共に使います。

Laquelle prendrez-vous? - **Aucune**.
　どれになさいますか？　−どれにもしません。

　Aucun(e) は普通 ne と共に使いますが、ここは単独で使われている例です。前文が Laquelle（どれに）と聞いているので、女性名詞が問題になっているので、**Aucune** と答えています。

5 personne「誰も〜ない」（ne とともに）

Le temps n'attend **personne**.
　歳月人を待たず。

　personne（誰も〜ない）も **aucun(e)** 同様、普通 ne と共に使います。いずれの場合も pas は必要ありません。

6 rien「何も〜ない」（ne とともに）

Elle n'a **rien** compris.
　彼女は何も理解しなかった。

　rien（何も〜ない）も tout（すべて）のように、動詞の直接目的語のとき、助動詞と過去分詞の間に入れます。ここでは **rien** は compris（理解する）の目的語です。

Je pense que **rien** n'est facile.
　簡単なものは何もないと思う。

rien n'est facile（簡単なものは何もない）は英語で言う全文否定です。やはり ne を使いますが pas は必要ありません。

Il n'a peur de **rien**.
　彼は何も怖いものはない。

---

avoir peur de 〜「〜が怖い」の全文否定です。

7 un autre, une autre「もう一つのもの（もう一人の人）」（＝ another）

J'ai pris Monsieur Martin pour **un autre**.
　私はマルタン氏を別の人と間違えた。

---

prendre A pour B「AをBと間違える」です。un autre（別の人）です。

Tu veux ce livre? - Non, j'en veux **un autre**.
　この本が入用？　ーいいえ、別の本です。

---

un autre が en と用いられている例です。j'en veux **un autre** は je veux un autre livre（私は別の本がほしい）の代用で、またこの文では autre は形容詞になります。

8 certains「あるもの（ある人たち）」（＝ some）
　　d'autres「また別のもの（また別の人たち）」＝ others）

Certains sont partis, mais **d'autres** sont restés.
　ある者たちは立ち、またある者たちは残った。

Certains（ある者たち）と **d'autres**（またある者たち）は対になった形で出てきています。まさしく英語でいえば some, others ということになります。

9 quelqu'un「誰か」（＝ somebody）

Quelqu'un a volé ma voiture.
　誰かが僕のクルマを盗んだ。

「誰か」がわからないときには **Quelqu'un** を使います。特定のものの中の（ある人たち）（いくつか）のときには以下の文の形（女性複数形。これはこの文では photos を受けているので）の場合もあります。

Il m'a donné **quelques-unes** de ses photos.
（彼は自分の写真の何枚かを私にくれた。）

10 quelque chose「何か」（= something）

Vous n'avez pas **quelque chose** de moins cher?
もう少し安いものはありませんか？

quelque chose も quelqu'un も後ろに形容詞を付けたい時には〈de ＋（形容詞）〉にします。ここでは de moins cher（より安い）を付けています。

C 練習問題

日本語の意味に合うように、またはフランス語と同じ意味になるように空所に適切な不定代名詞（tout, quelqu'un, chacun, chacune, personne, quelque chose, rien）を入れてください。

1 私は何も理解できなかった。

Je n'ai ☐ compris.

2 誰も彼が好きじゃない。

☐ ne l'aime.

3 Chaque fille a fait sa toilette.

☐ a fait sa toilette.

4 彼は誰にも会わなかった。

Il n'a vu ☐ .

5 彼女は誰かと散歩している。

Elle se promène avec ☐ .

6 J'ai parlé à chaque garçon.

J'ai parlé à [   ] .

7 何かが燃えているよ。

[   ] est en train de brûler.

8 クールベはすべてを描く画家だ。

Courbet est un peintre qui peint [   ] .

D 暗唱例文

㉘ Tout va bien.

すべて好調だ。

㉙ Il a **tout** perdu.

彼はすべてを失った。

㉚ Je vous invite **tous**.

私はあなたがたすべてを招待します。

㉛ Les garçons sont arrivés? - Oui, **tous** sont là.

男の子たちは着いたかい？　ーはい、彼たち全員いますよ。

㉜ **Chacun** de nous s'en alla.

私たちのおのおのは立ち去った。

㉝ Ces cravates coûtent 100 euros **chacune**.

これらのネクタイは、それぞれ 100 ユーロする。

㉞ **Aucun** de mes amis ne réussit à l'examen.

私の友人のうちの誰も試験に受からなかった。

㉟ Le temps n'attend **personne**.

歳月人を待たず。

㊱ Je pense que **rien** n'est facile.

簡単なものは何もないと思う。

㊲ Il n'a peur de **rien**.

彼は何も怖いものはない。

⑱ J'ai pris Monsieur Martin pour **un autre**.

私はマルタン氏を別の人と間違えた。

⑲ **Certains** sont partis, mais **d'autres** sont restés.

ある者たちは立ち、またある者たちは残った。

⑳ **Quelqu'un** a volé ma voiture.

誰かが僕のクルマを盗んだ。

㉑ Vous n'avez pas **quelque chose** de moins cher?

もう少し安いものはありませんか？

E　さらに発展

1　tout の形容詞の用法について

tout （男性単数形）　　tous （男性複数形）	
tout le monde	「全員」
tout le temps	「いつも」
tout notre pays	「我が国全体」
tout ce que je veux	「私が望むすべて」
tous mes amis	「私の友人たちすべて」

toute （女性単数形）　　toutes （女性複数形）	
toute la journée	「一日じゅう」
toute sa vie	「彼（女）の全人生（で）」
toutes ces fleurs	「これらのすべての花」

2　tout の副詞の用法について（かたちは tout のみ）「全く」「ごく」

C'est **tout** naturel.（これはごく当然です。）

Il a fait ça **tout** autrement.（彼は全く別のやり方でそれをやった。）

3

---

l'un(e) l'autre　　　　　「お互いに」（二人の場合）

les un(e)(s) les autres　　「お互いに」（三人以上の場合）

（代名動詞とともに用います。）

Ils s'aiment l'un l'autre.

　（彼たちはお互いに愛し合っている。）

Il faut s'aimer **les uns les autres**.

　（お互いに愛し合わなければならない。）

Ils se parlaient **les uns aux autres**.

　（彼たちはお互いに話し合った。）

7

代名詞をめぐって

⑤ 副詞的人称代名詞（中性代名詞）en

A　用法　　　　　　　　　　　　　　🔊 TRACK_041

1　（部分冠詞）＋（名詞）を受けます。

Voulez-vous du pain? Il y **en** a encore.
パン、ほしいですか？　まだありますよ。

J'ai acheté du fromage. → J'**en** ai acheté.
私はチーズを買った。→ 私はそれを買った。

Tu as de l'argent? - Oui, j'**en** ai.
君、お金ある？　－ああ、あるよ。

Elle a bu du saké. → Elle **en** a bu.
彼女はお酒を飲んだ。→ 彼女はそれを飲んだ。

2　（複数不定冠詞 des）＋（名詞）を受けます。

Nous voudrions des pommes de terre. - Vous **en** voudriez?
ジャガイモがほしいのですが。－それをお望みですか？

J'ai vendu des livres. - Vous **en** avez vendu?
僕は本を売ったんだ。－それを売ったんですか？

Tu as des soucis? Moi, je n'**en** ai pas.
君、悩みあるの？　僕はね、それはないね。

Des lapins ici? Nous n'**en** avons jamais vu.
このへんにウサギがいる？　私ども、それは見たことが一度もないです。

3　【数詞・数量表現・不定形容詞】とともに使われます。

Combien de tartes as-tu fait? - J'**en** ai fait cinq.
君はいくつタルトを作ったの？　－5個作りました。

Combien d'enfants avez-vous, Madame? - J'**en** ai trois.

あの、お子さんは何人ですか？　－3人おります。

Avez-vous vu des films de ce cinéaste? - Oui, j'**en** ai vu beaucoup.

この監督の映画は見たことがある？　－ああ、たくさん見たよ。

Si vous voulez des fraises, prenez-**en** plusieurs.

イチゴがお望みなら、いくつか召し上がれ。

4　〈（前置詞 de）＋（名詞・代名詞・不定詞・節）〉の代用となります。

Donnez-moi un coup de main; j'**en** ai besoin.

助けてくれませんか。それが必要なんです。

Il reçoit une grosse pension et il **en** vit.

彼はけっこうな年金をもらっていて、それで生活している。

Il aime son travail, et il **en** est fier.

彼は自分の仕事が好きで、またそれにプライドを持っている。

Il attrapa la grippe et **en** mourut.

彼はインフルエンザにかかり、それがもとで死んだ。

Le roi aimait son peuple et **en** était aimé.

その王は人民を愛し、また彼たちに愛された。

Elle ne viendra pas ce soir, et j'**en** suis sûr.

彼女は今夜やって来ないだろう。きっとそうだ。

J'ai des ennuis et n'**en** dors plus.

悩みがあって、そのせいで眠れないんだ。

Moi, mentir? Mais j'**en** suis incapable!

私がウソをつく？　だってそんなことはできませんよ。

7

代名詞をめぐって

B 解説

🌰 ひとくちメモ

1 en の位置：動詞か助動詞の直前に置きます。

Voulez-vous du pain? → En voulez-vous?

（パンが必要ですか？ → それが必要ですか？）

2 en は〈物〉を指し、〈人〉の場合は de ＋（強勢形人称代名詞）の形をとります。

J'en ai peur.（私はそれが怖い。）

J'ai peur de lui.（私は彼が怖い。）

3 en が人を指す場合がありますが、限られています。詳しくはこの項の〈E さらに発展〉を参照してください。

4 部分冠詞について

　数えられない名詞（物質名詞・抽象名詞など）の前に置き、若干の量を表します。

　du ＋（男性名詞）　de la ＋（女性名詞）　de l' ＋（母音で始まる名詞）

　du pain（いくらかのパン）　du fromage（いくらかのチーズ）…

　同様に以下も若干量を表します。

du vin（ワイン）　du saké（お酒）　du courage（勇気）

de l'argent（お金）　de la confiture（ジャム）　de la viande（肉）

de la patience（忍耐）　de l'angoisse（苦悩）　de l'eau（水）

1 （部分冠詞）＋（名詞）を受けます。

Voulez-vous du pain? Il y **en** a encore.

パン、ほしいですか？　まだありますよ。

（部分冠詞）＋（名詞）である du pain（いくらかのパン）を **en** と受けています。この意味では en は中性代名詞ということができます。また en は＊ひとくちメモ＊にあるように動詞 a (avoir) の直前に置きます。（部分冠詞）は〈かたまり〉〈液体〉〈お金〉〈抽象名詞〉の前にお置いて「いくらかの」のニュアンスの意味を表す冠詞です。

J'ai acheté du fromage. → J'**en** ai acheté.

私はチーズを買った。→ 私はそれを買った。

（部分冠詞）＋（名詞）の du fromage（いくらかのチーズ）を **en** と受けて助動詞 ai (avoir) の直前に置きます。このとき **en** は du fromage を指しますが、そのうしろに来る過去分詞 acheté は性・数の影響は受けません。

Tu as de l'argent? - Oui, j'**en** ai.

君、お金ある？　－ああ、あるよ。

ここも上記と同様です。（部分冠詞）＋（名詞）de l'argent（いくらかのお金）を **en** と受けて動詞 ai の前に置いています。

2 （複数不定冠詞 des）＋（名詞）を受けます。

Nous voudrions des pommes de terre. - Vous **en** voudriez?

ジャガイモがほしいのですが。－それをお望みですか？

des pommes de terre（ジャガイモ）を **en**（それを）と受けています。

J'ai vendu des livres. - Vous **en** avez vendu?

僕は本を売ったんだ。－それを売ったんですか？

7

代名詞をめぐって

des livres（本）を **en**（それを）と受けています。もし左の文が J'ai vendu mes livres.（私の本を売った）なら右の文は Vous les avez vendus? となり **en** は使いません。

> ## Des lapins ici? Nous n'**en** avons jamais vu.
> このへんにウサギがいる？　私ども、それは見たことが一度もないです。

Des lapins（ウサギ）を **en**（それは）と受けています。ここでも **en** は過去分詞 vu に先行していますが、過去分詞は性・数の影響はうけません。もし **en** ではなく les を用いたら Nous ne les avons jamais vus. となり過去分詞は lapins を受けて男性複数形になります。

3　【数詞・数量表現・不定形容詞】とともに使われます。

> ## Combien de tartes as-tu fait? - J'**en** ai fait cinq.
> 君はいくつタルトを作ったの？　－５個作りました。

J'en ai fait cinq.（直訳：それについて５個作りました）で J'ai fait cinq tartes.（５個のタルトを作りました）と同じです。この場合の en は「それは」「それについて」と考えればいいでしょう。en〜cinq ＝ cinq tartes の図式です。cinq が【数詞】です。

> ## Avez-vous vu des films de ce cinéaste? - Oui, j'**en** ai vu beaucoup.
> この監督の映画は見たことがある？　－ああ、たくさん見たよ。

j'**en** ai vu beaucoup（直訳：それについてたくさん見ました）で J'ai vu beaucoup de films（たくさんの映画を見ました）と同じです。beaucoup は【数量表現】です。

> ## Si vous voulez des fraises, prenez-**en** plusieurs.
> イチゴがお望みなら、いくつか召し上がれ。

prenez-**en** plusieurs（直訳：それについていくつか召し上がれ）は prenez

plusieurs fraises（いくつかのイチゴを召し上がれ）と同じです。plusieurs は【不定形容詞】です。

4　（前置詞 de）＋（名詞・代名詞・不定詞・節）の代用となります。

> **Donnez-moi un coup de main; j'en ai besoin.**
> 助けてくれませんか。それが必要なんです。

j'en ai besoin（私はそれが必要だ）は j'ai besoin de votre coup de main（あなたの助けが必要だ）のことです。**en** = de votre coup de main
です。**en** = de ＋（名詞）パターンです。

> **Il reçoit une grosse pension et il en vit.**
> 彼はけっこうな年金をもらっていて、それで生活している。

en = de cette grosse pension（そのけっこうな年金で）を受けています。vivre de 〜「〜を糧として生きる」の意味で、**en** はここでは〈手段〉を表しています。
例えば

> **L'homme ne vit pas seulement de pain.**
> （人はパンのみにて生くるにあらず。（マタイ伝））

> **Il aime son travail, et il en est fier.**
> 彼は自分の仕事が好きで、またそれにプライドを持っている。

être fier de 〜「〜を自慢する」の de son travail の部分を **en**（それを）で受けています。

> **Il attrapa la grippe et en mourut.**
> 彼はインフルエンザにかかり、それがもとで死んだ。

en は de la grippe（インフルエンザがもとで）を受けています。〈原因〉を表しています。

代名詞をめぐって

7

> Le roi aimait son peuple et **en** était aimé.
>
> その王は人民を愛し、また彼たちに愛された。

et **en** était aimé = et (il) était aimé de son peuple つまり **en** は de son peuple を受けています。de ＋（名詞）「〜によって」（行為者）のパターンです。

> Elle ne viendra pas ce soir, et j'**en** suis sûr.
>
> 彼女は今夜やって来ないだろう。きっとそうだ。

j'**en** suis sûr（それを確信する）＝ je suis sûr qu'elle ne viendra pas ce soir（彼女は今夜やって来ないだろうと確信する）と置けます。さらにこれは je suis sûr de cela（それを確信する）ですから、この de cela を **en** と置けます。

> Moi, mentir? Mais j'**en** suis incapable!
>
> 私がウソをつく？　だってそんなことはできませんよ。

j'**en** suis incapable ＝ je suis incapable de mentir（ウソをつくことはできない）ですから **en** は de mentir を受けています。de ＋（不定詞）のパターンです。

C　練習問題

4種の例文のどれかの書き換えに従って各文を en を用いて書き直してください。

例1）J'ai bu de la bière. → J'**en** ai bu.
　　　（（部分冠詞）＋（名詞）を受ける）

例2）Il y a des arbres dans mon jardin. → Il y en a dans mon jardin.
　　　（（複数不定冠詞 des）＋（名詞）を受ける）

例3）J'ai deux voitures. → J'**en** ai deux.（数詞とともに）

例4）Les fleurs ont besoin d'eau. → Les fleurs **en** ont besoin.
　　　（de ＋（名詞）を受ける）

1 J'ai beaucoup de travail.

2 Ne parlons pas de cela.

3 Il n'est pas content de mon travail.

4 J'ai oublié le titre de cette peinture.

5 Elle a apporté des fruits.

6 Tu as besoin de mon aide?

7 J'ai vendu trois livres.

8 Vous avez de la chance.

9 Vous avez acheté des cerises?

10 Je ne connais pas le nom de ce restaurant.

11 Ils ont fait des exercices.

12 Nous avons beaucoup d'argent.

13 Je voudrais un kilo de bœf, s'il vous plaît.

14 Ils ont assez d'ennuis.

15 Il y a des champignons dans la forêt.

16 Veulent-ils de la confiture?

7

代名詞をめぐって

㉜ Voulez-vous du pain? Il y **en** a encore.

パン、ほしいですか？　まだありますよ。

㉝ J'ai acheté du fromage. → J'**en** ai acheté.

私はチーズを買った。→ 私はそれを買った。

㉞ Nous voudrions des pommes de terre. - Vous **en** voudriez?

ジャガイモがほしいのですが。ーそれをお望みですか？

㉟ J'ai vendu des livres. - Vous **en** avez vendu?

僕は本を売ったんだ。ーそれを売ったんですか？

㊀ Tu as des soucis? Moi, je n'**en** ai pas.

君、悩みあるの？　僕はね、それはないね。

㊁ Des lapins ici? Nous n'**en** avons jamais vu.

このへんにウサギがいる？　私ども、それは見たことが一度もないです。

㊂ Combien de tartes as-tu fait? - J'**en** ai fait cinq.

君はいくつタルトを作ったの？　ー５個作りました。

㊃ Combien d'enfants avez-vous, Madame? - J'**en** ai trois.

あの、お子さんは何人ですか？　ー３人おります。

㊄ Avez-vous vu des films de ce cinéaste? - Oui, j'**en** ai vu beaucoup.

この監督の映画は見たことがある？　ーああ、たくさん見たよ。

㊅ Donnez-moi un coup de main; j'**en** ai besoin.

助けてくれませんか。それが必要なんです。

㊆ Il aime son travail, et il **en** est fier.

彼は自分の仕事が好きで、またそれにプライドを持っている。

㊇ Il attrapa la grippe et **en** mourut.

彼はインフルエンザにかかり、それがもとで死んだ。

E　さらに発展

　一般に en は〈物〉を指し、〈人〉の場合は de ＋（強勢形人称代名詞）の形をとりますが、次の場合は〈人〉を指すことがあります。

1　感情を表す動詞とともに

se plaindre de ～「～について不平を言う」

avoir pitié de ～「～を気の毒に思う」

s'éprendre de ～「～に夢中になる」など

Il s'est épris **de Françoise**.

（彼はフランソワーズに夢中になった。）

　→ Il s'**en** est épris.

（彼は彼女に夢中になった。）

2　運動を表す動詞とともに

s'approcher de ～「～に近づく」

s'éloigner de ～「～から離れる」）など

Elle s'est approchée **de Gérard**.

（彼女はジェラールに近づいた。）

　→ Elle s'**en** est approchée.

（彼女は彼に近づいた。）

3　若干のその他の動詞とともに

parler de ～「～について話す」

dire de ～「～について言う」など

Parlons **de Marie-Thérèse**.

（マリー＝テレーズについて話そう。）

Parlons-**en**.

（彼女について話そう。）

7

代名詞をめぐって

⓪⑥ 副詞的人称代名詞(中性代名詞) y

A　用法

1　（前置詞 à）＋（名詞・代名詞）の代用となります。

Elle va à Paris. - Elle **y** va?
　彼女はパリに行くんだ。　ー彼女があそこへ行く？

Tu penses à ton examen? - Oui, j'**y** pense toujours.
　試験のこと考えてる？　ーああ、ずっとそれを考えてる。

Elle pense à ce que je lui ai dit? - Oui, elle **y** pense.
　彼女が私が彼女に言ったことを考えている？ーええ、それを考えています。

Je m'oppose à ton idée. - Tu t'**y** opposes?
　私は君の考えには反対だ。ー君がそれに反対だって？

Avez-vous répondu à cette lettre? - Oui, j'**y** ai répondu.
　この手紙に返事を出しましたか？　ーはい、それに返事をしました。

2　（前置詞 à）＋（不定詞）の代用となります。

Elle a renoncé à faire ce travail? - Oui, elle **y** a renoncé.
　彼女はその仕事をするのをあきらめた？　ーはい、それをあきらめました。

Je consens à travailler avec elle. - Vous **y** consentez?
　私は彼女と仕事をすることに同意します。ーそれに同意するんですか？

Il a réussi à convaincre ses parents.- Il **y** a réussi?
　彼は両親を説得することに成功しました。ーそれに成功したのですか？

3　（前置詞 à）＋（前文）の代用となります。

Vous avez un rendez-vous avec lui, et pensez-**y** bien.
　彼と約束がありますよ、それを忘れないで。

Il a plu, et personne ne s'**y** attendait.

雨が降ったけど、誰もそれを予想していなかった。

Je parle le français, et il y attache de l'importance.

私はフランス語ができ、彼はそのことを重視している。

B 解説

> 🍓 ひとくちメモ
>
> 1 e または a で終わる 2 人称単数命令形の直後に y を置くときは、動詞に s を付けます。
>
> Vas-y. (そこに行きなさい。)
>
> Restes-y. (そこにいなさい。)
>
> 2 en 同様、y は肯定命令文を除いて、動詞か助動詞の前に置きます。en と y の両方があるとき、語順は y ＋ en となります。
>
> Tu trouves des champignons? - Oui, il y en a.
>
> (キノコ見つけた？　－ああ、いくらかあるよ。)

1 （前置詞 à）＋（名詞・代名詞）の代用となります。

> Tu penses à ton examen? - Oui, j'y pense toujours.
>
> 試験のこと考えてる？　－ああ、ずっとそれを考えてる。

à ton examen (君の試験を) を y (それを) と受けています。

> Elle pense à ce que je lui ai dit? - Oui, elle y pense.
>
> 彼女が私が彼女に言ったことを考えている？－ええ、それを考えています。

à ce que je lui ai dit (私が彼女に言ったこと) を y (それを) と受けていますから (前置詞 à) ＋ (代名詞 ce) を受けていることになります。

> Je m'oppose à ton idée. - Tu t'y opposes?
>
> 私は君の考えには反対だ。－君がそれに反対だって？

s'opposer à 〜「〜に反対する」の à ton idée (君の考えに) の部分を y (それに) で受けています。

> Avez-vous répondu à cette lettre? - Oui, j'y ai répondu.
> この手紙に返事を出しましたか？　－はい、それに返事をしました。

à cette lettre (この手紙に) を y (それに) と受けて、助動詞 ai の前に置いています。

2　(前置詞 à) ＋ (不定詞) の代用となります。

> Elle a renoncé à faire ce travail? - Oui, elle y a renoncé.
> 彼女はその仕事をするのをあきらめた？　－はい、それをあきらめました。

à faire ce travail (その仕事をするのを) という (前置詞 à) ＋ (不定詞) に当たる部分を y (それを) で受けているパターンです。renoncer à 〜「〜するのをあきらめる」です。

> Il a réussi à convaincre ses parents.- Il y a réussi?
> 彼は両親を説得することに成功しました。－それに成功したのですか？

à convaincre ses parents (両親を説得すること) という (前置詞 à) ＋ (不定詞) に当たる部分を y (それに) で受けているパターンです。réussi à 〜「〜することに成功する」です。

3　(前置詞 à) ＋ (前文) の代用となります。

> Vous avez un rendez-vous avec lui, et pensez-y bien.
> 彼と約束がありますよ、それを忘れないで。

前文の Vous avez un rendez-vous avec lui (彼と約束がありますよ) 全体を cela と置けば Pensez à cela. となり à cela は y とおけるので、(前置詞 à) ＋ (前文) を y で受けることになります。

> Il a plu, et personne ne s'y attendait.
> 雨が降ったけど、誰もそれを予想していなかった。

同様に y（それを）は（前置詞 à）＋（前文）を受けています。前文は Il a plu（雨が降った）です。s'attendre à 〜で「〜を予想する」です。

Je parle le français, et il y attache de l'importance.
　私はフランス語ができ、彼はそのことを重視している。

　y（それを）が受けている（前置詞 à）＋（前文）の前文は Je parle le français（私はフランス語が話せる）です。attacher de l'importance à 〜で「〜を重視する」です。

C　練習問題

各文を y を用いて書き換えて和訳してください。

1　Je vais m'inscrire à cette université.（s'inscrire à 〜「〜に登録する」）
　和訳：

2　Je m'habitue à la vie japonaise.（s'habituer 〜「〜に慣れる」）
　和訳：

3　Il a pris part à ce projet.（prendre part à 〜「〜に参加する」）
　和訳：

4　Elle a renoncé à son idée.
　和訳：

5　Ils ont assisté à cette conférence.（assister à 〜「〜に出席する」）
　和訳：

6　Tu as répondu à mon mail?
　和訳：

7　Allez-vous à Kyoto?
　和訳：

8　Je vous invite à cette soirée.
　和訳：

9 Il faut faire attention à votre valise.

和訳：

10 Il songe toujours à l'avenir.

和訳：

11 J'ai réussi à le convaincre.

和訳：

12 Il a enfin renoncé à boire.

和訳：

D 暗唱例文

2&3 TRACK_042

(354) Tu penses à ton examen? - Oui, j'**y** pense toujours.

試験のこと考えてる？ ーああ、ずっとそれを考えてる。

(355) Elle pense à ce que je lui ai dit? - Oui, elle **y** pense.

彼女が私が彼女に言ったことを考えている？ーええ、それを考えています。

(356) Avez-vous répondu à cette lettre? - Oui, j'**y** ai répondu.

この手紙に返事を出しましたか？ ーはい、それに返事をしました。

(357) Elle a renoncé à faire ce travail? - Oui, elle **y** a renoncé.

彼女はその仕事をするのをあきらめた？ ーはい、それをあきらめました。

(358) Il a réussi à convaincre ses parents.- Il **y** a réussi?

彼は両親を説得することに成功しました。ーそれに成功したのですか？

(359) Vous avez un rendez-vous avec lui, et pensez-**y** bien.

彼と約束がありますよ、それを忘れないで。

(360) Il a plu, et personne ne s'**y** attendait.

雨が降ったけど、誰もそれを予想していなかった。

E　さらに発展

1　à +（不定詞）また à +（名詞）ではないのにこの部分を y で受ける動詞が
あります。

Je n'y **manquerai** pas.(= Je ne manquerai pas de faire
cela.)

（必ずそうします。）

Vous avez ma promesse, vous pouvez **y compter**.(= vous
pouvez compter sur ma promesse.)

（お約束しましたよ。当てにして大丈夫です。）

2　à +（不定詞）でありながら y で受けられないものがあります。

Il a commencé à travailer dès sept heures.

（彼は 7 時から働き始めた。）

Il y a commencé. は言えません。

ほかに

continuer à 〜（〜し続ける）

hésiter à 〜（〜するのをためらう）

tarder à 〜（なかなか〜しない）

も y では受けられません。

07 中性代名詞 le

A　用法

1　直接目的語として

Je sais que Monsieur Cadot habite à Cannes. - Tu **le** sais?

カド氏がカンヌに住んでいるのは知ってます。　―それを知ってるの？

Il ne veut pas que je vienne; il ne **le** veut pas.

彼は私が来るのを望んでいません。それを望んでいません。

Elle ne pouvait pas rivaliser avec lui, elle ne **le** voulait pas.

彼女は彼と競うことができなかったし、望みもしなかった。

Il faut que tu viennes tout de suite. - Il **le** faut vraiment?

君はすぐに来ることが必要です。―本当にそれが必要ですか？

Il viendra, et je vous l'assure.

彼は来るでしょうし、私はあなたにそれを保証します。

Nous vous annonçons qu'il est arrivé. - Vous me l'annoncez?

あなたに彼が到着したことをお知らせします。―それをお知らせくださる？

Vous savez qu'il a gagné le prix? - Non, je l'ignore.

彼が賞をもらったことを知っていますか？　―いいえ、それは知りません。

2　属詞（補語）として

Tu es heureux? - Mais oui, je **le** suis.

君は幸せですか？　―もちろんそうです。

Il était riche autrefois, mais il ne l'est plus.

彼は昔は金持ちだったが、今はもうそうではない。

Elle semble heureuse. - Mais elle l'est!

彼女は幸せそうだね。　―だって幸せなんだよ。

Mon père est médecin, et moi aussi, je voudrais l'être.

父は医者で、私もそうなりたいです。

Si mes filles sont heureuses, moi, je **le** suis aussi.

私の娘たちが幸せなら、この私もそうです。

Je veux que tu sois ma femme, et tu **le** seras!

君には妻になってもらいたいし、また君はそうなるんだ。

B 解説

> 🌰 **ひとくちメモ**
>
> **1** le は後続の節を受ける場合もあります。
>
> Quand il **le** faudra, nous accepterons de mourrir.
> （それが必要なときは、私たちは死をも受け入れるでしょう。）
>
> **le** は後ろの節 nous accepterons de mourrir（私たちは死をも受け入れるでしょう）をあらかじめ受けています。
>
> **2** 属詞（補語）としての le（中性代名詞）は、
>
> a 形容詞
> b 無冠詞名詞
> c 所有格＋名詞
>
> を指すことができます。
>
> 詳しくは以下の **2 属詞（補語）として** の解説にあります。

1 直接目的語として

Je sais que Monsieur Cadot habite à Cannes. - Tu **le** sais?

カド氏がカンヌに住んでいるのは知ってます。 －それを知ってるの？

le（それを）は que Monsieur Cadot habite à Cannes（カド氏はカンヌに住んでいる）という節を受ける中性代名詞で、かつ sais（知っている）の直接目的語です。

7

代名詞をめぐって

Elle ne pouvait pas rivaliser avec lui, elle ne **le** voulait pas.
　彼女は彼と競うことができなかったし、望みもしなかった。

　le（それを）は前文の Elle ne pouvait pas rivaliser avec lui（彼女は彼と競う
ことができなかった）を受ける中性代名詞で、voulait（望んでいた）の直接目的語です。

Il viendra, et je vous l'assure.
　彼は来るでしょうし、私はあなたにそれを保証します。

　l'（それを）は前文の Il viendra（彼は来るでしょう）を受ける中性代名詞で、
assure（保証する）の直接目的語です。

Vous savez qu'il a gagné le prix? - Non, je l'ignore.
　彼が賞をもらったことを知っていますか？　ーいいえ、それは知りません。

　l'（それを）は前文の qu'il a gagné le prix（彼が賞をもらったこと）を受ける中
性代名詞かつ ignore（知らない）の直接目的語です。

2　属詞（補語）として

Tu es heureux? - Mais oui, je **le** suis.
　君は幸せですか？　ーもちろんそうです。

　le（そう）は前出の形容詞 heureux（幸せな）を受けています。heureux は属詞（補
語）として使われています。

Il était riche autrefois, mais il ne l'est plus.
　彼は昔は金持ちだったが、今はもうそうではない。

　l'（そう）はやはり前出の形容詞 riche（お金持ちの）を受けています。riche は
属詞（補語）として使われています。

> Mon père est médecin, et moi aussi, je voudrais l'être.
>
> 父は医者で、私もそうなりたいです。

l'（そう）は médecin（医者）を受けています。つまり（無冠詞名詞）médecin を受ける属詞（補語）ということになります。（無冠詞名詞）は形容詞的になっているとも考えられます。

> Je veux que tu sois ma femme, et tu le seras!
>
> 君には妻になってもらいたいし、また君はそうなるんだ。

le（それ）は ma femme（私の妻）を受けています。この場合、中性代名詞 le は〈（所有格）＋（名詞）〉を受ける属詞（補語）ということになります。

C　練習問題

1　中性代名詞 le を用いて次の各文を書き換えてください。

1　Il faut que nous partions.

2　Il dit que je fais trop de bruit.

3　J'ignore qu'elle va se remarier.

4　J'ai regretté qu'elle n'ait pas été là.

5　Nous voulons que tu sortes.

6　Elle m'a confirmé qu'elle viendrait.

7　Elle voudrait être avocat.

8　Si tu es heureuse, je suis heureux aussi. （下線部に le を使って）

9　Ils savent que j'ai fait une erreur.

10　Nous désirons qu'ils sortent.

2 次の文を和訳してください。

Il semble beaucoup plus robuste qu'il ne l'était.

D 暗唱例文

㊱ Il ne veut pas que je vienne; il ne **le** veut pas.

彼は私が来るのを望んでいません。それを望んでいません。

㊲ Il faut que tu viennes tout de suite. - Il **le** faut vraiment?

君はすぐに来ることが必要です。ー本当にそれが必要ですか？

㊳ Il viendra, et je vous l'assure.

彼は来るでしょうし、私はあなたにそれを保証します。

㊴ Vous savez qu'il a gagné le prix? - Non, je l'ignore.

彼が賞をもらったことを知っていますか？　ーいいえ、それは知りません。

㊵ Tu es heureux? - Mais oui, je **le** suis.

君は幸せですか？　ーもちろんそうです。

㊶ Il était riche autrefois, mais il ne l'est plus.

彼は昔は金持ちだったが、今はもうそうではない。

㊷ Mon père est médecin, et moi aussi, je voudrais l'être.

父は医者で、私もそうなりたいです。

㊸ Je veux que tu sois ma femme, et tu **le** seras!

君には妻になってもらいたいし、また君はそうなるんだ。

E さらに発展

中性代名詞 le (それを) が前にある節を受ける用法は、次の動詞などについて可能です。

affirmer (断言する)　annoncer (知らせる)　comprendre (理解する)
confirmer (確認する)　craindre (恐れる)　croire (信じる)　déclarer (宣言する)
demander (求める)　désirer (願う)　espérer (期待する)　ignorer (知らない)
penser (考える)　recommander (推薦する)　refuser (断る)　regretter (悔やむ)
savoir (知っている)　souhaiter (願う)　suggérer (提案する)　supposer (思う)

Je lui **suggérais** que c'était moins facile qu'il ne pensait.
　→ Je **le** lui **suggérais**.

（私は彼にそれは彼が思うほど簡単ではないとほのめかした。）

Je **comprends** qu'il soit mécontent. → Je **le comprends**.

（彼が不満なのはもっともだと思う。）

7

代名詞をめぐって

un poulet.

ⓞ⑧ 指示代名詞

A　用法　　　　　　　　　　　　　　　　　　　　🔊 TRACK_044

1　celui（男性単数）/ ceux（男性複数）「〜のもの」「〜の人」

Mon enfant est **celui** qui se cache derrière cet arbre.
私の子供はあの木の陰に隠れている子です。

Je vais acheter mon livre et **celui** que tu m'a recommandé.
自分の本と君が推薦した本を買うつもりです。

Quel costume a-t-il mis? - Il a mis **celui** que tu as acheté
pour lui.
彼、どのスーツを着た？　－あなたが彼に買ってあげたやつよ。

Quels pays allez-vous visiter? - **Ceux** qui sont au sud de
l'Europe.
どの国を訪れますか？　－ヨーロッパ南部の国々です。

J'ai deux livres ici;**celui-ci** est un dictionnaire, **celui-là** un
roman.
二冊本があります。こちらは辞書、むこうは小説です。

Voilà des gâteaux. **Ceux-ci** sont faits avec du beurre, **ceux-
là** avec de la vanille.
お菓子です。こちらはバターで作り、あちらはバニラで作りました。

2　celle（女性単数）/ celles（女性複数）「〜のもの」「〜の人」

Est-ce votre voiture? - Non, c'est **celle** de mon père.
これはあなたのクルマですか？　－いいえ、父のものです。

Je préfère votre proposition à **celle** de Monsieur Dupont.
デュポンさんの提案より、あなたの提案のほうが好みです。

J'ai deux maisons; **celle** de Tokyo et **celle** de Kyoto.
二軒家を持っています、一軒は東京、一軒は京都です。

Mes amies sont **celles** qu'on voit là-bas.

私の女友達はむこうに見えます。

Voici deux bicyclettes; **celle-ci** est à moi, et **celle-là** à mon frère.

二台自転車があります。こちらは私のもの、むこうは弟のです。

Comment trouves-tu ces fleurs?

- **Celles-ci** sont fraîches, **celles-là** fanées.

この花はどうですか？ーこっちは生き生きしてるけど、むこうは萎れてるわ。

B 解説

> 🍓 ひとくちメモ
>
> **指示代名詞**は常に限定する語（句）を伴っています。同一名詞のくりかえしを避けるために使われ〈（定冠詞）＋（名詞）〉または〈（指示形容詞 ce, cette...）＋（名詞)〉と置けます。
>
> したがって英語の代名詞 that「それ」【the ＋（名詞）を受けて同一文中などで繰り返しを避けるために使われるもの】に似ています。

1 celui（男性単数）/ ceux（男性複数）「～のもの」「～の人」

Je vais acheter mon livre et **celui** que tu m'a recommandé.

自分の本と君が推薦した本を買うつもりです。

指示代名詞 **celui** は que tu m'a recommandé（君が推薦した）によって限定され、le livre の繰り返しを避けるために使われています。

> Quels pays allez-vous visiter? - **Ceux** qui sont au sud de l'Europe.
>
> どの国を訪れますか？　－ヨーロッパ南部の国々です。

指示代名詞男性複数形の **Ceux** は qui sont au sud de l'Europe（ヨーロッパ南部にある）によって限定されていて、les pays の繰り返しを避けるために使われています。

> J'ai deux livres ici;**celui-ci** est un dictonnaire, **celui-là** un roman.
>
> 二冊本があります。こちらは辞書、むこうは小説です。

celui-ci（こちら）と **celui-là**（むこう）は ce livre-ci（こちらの本）、ce livre-là（そちらの本）の意味で、ce livre の繰り返しを避けるために使われています。-ci は手前のもの、-là は離れているもの、を表します。

> Voilà des gâteaux. **Ceux-ci** sont faits avec du beurre, **ceux-là** avec de la vanille.
>
> お菓子です。こちらはバターで作り、あちらはバニラで作りました。

Ceux-ci は ces gâteaux-ci（こちらのお菓子）、**ceux-là** は ces gâteaux-là（そちらのお菓子）を意味しており、ces gâteaux の繰り返しを避けるために使われています。

2　celle（女性単数）/ **celles**（女性複数）「〜のもの」「〜の人」

> Je préfère votre proposition à **celle** de Monsieur Dupont.
>
> デュポンさんの提案より、あなたの提案のほうが好みです。

préfère A à B（BよりAを好む）で、指示代名詞女性形 **celle** は de Monsieur Dupont（デュポンさんの）によって限定されて、la proposition（提案）の繰り返しを避けるために使われています。

Mes amies sont **celles** qu'on voit là-bas.

　私の女友達はむこうに見えます。

　指示代名詞女性複数形 celles は qu'on voit là-bas（むこうに見える）によって限定され、les amies（女友達）の代用をしています。

Voici deux bicyclettes; **celle-ci** est à moi, et **celle-là** à mon frère.

　二台自転車があります。こちらは私のもの、むこうは弟のです。

　celle-ci（こちらは）は cette bicyclette-ci, **celle-là**（むこうは）は cette bicyclette-là のことで、やはり cette bicyclette の繰り返しを避けるためです。なお **celle-là** à mon frère（むこうは弟のです）は **celle-là** (est) à mon frère のことで est が省略されています。

Comment trouves-tu ces fleurs?

　- **Celles-ci** sont fraîches, **celles-là** fanées.

　この花はどうですか？ーこっちは生き生きしてるけど、むこうは萎れてるわ。

　Celles-ci（こっちは）は ces fleurs-ci, **celles-là**（むこうは）は ces fleurs-là のことで、ces fleurs の繰り返しを避けるためです。なお上の文同様、**celles-là** fanées（むこうは萎れてるわ）は **celles-là** (sont) fanées のことです。

C 練習問題

次の空所に下の語群から適当な指示代名詞を選んで入れてください。同じ語を何度用いてもかまいません。

1 Quel homme aimez-vous? -Mais j'aime [____] que j'aime!

2 La population de Tokyo est plus dense que [____] d'Osaka.

3 Quelle est votre amie? -C'est [____] qui porte une mini-jupe.

4 Voulez-vous [____] ou [____] ?
(Il y a le choix entre deux livres.)

5 De tous les jours, le dimanche est [____] que j'aime le plus.

6 J'ai apporté ton cadeau et [____] de ta sœur.

7 Où habitent les Cadot et les Kimura?
[____] habitent au Japon, et [____] à Cannes.

8 Où se trouvent les villes de Yokohama et de Kobe?
[____] se trouve dans la région de Kansaï, [____] près de Tokyo.

9 [____] qui parlent le moins sont [____] qui pensent le plus.

10 Quelle robe aimes-tu? -J'aime [____] qui est bleue.

---

celui   celle   celui-ci   celui-là   ceux-ci

ceux-là   celle-ci   celle-là   ceux

D 暗唱例文

2&3 TRACK_044

(369) Quel costume a-t-il mis? - Il a mis **celui** que tu as acheté pour lui.
彼、どのスーツを着た？ ーあなたが彼に買ってあげたやつよ。

(370) Quels pays allez-vous visiter? - **Ceux** qui sont au sud de l'Europe.
どの国を訪れますか？ ーヨーロッパ南部の国々です。

(371) J'ai deux livres ici;**celui-ci** est un dictonnaire, **celui-là** un roman.
二冊本があります。こちらは辞書、むこうは小説です。

(372) Est-ce votre voiture? - Non, c'est **celle** de mon père.
これはあなたのクルマですか？ ーいいえ、父のものです。

(373) J'ai deux maisons; **celle** de Tokyo et **celle** de Kyoto.
二軒家を持っています、一軒は東京、一軒は京都です。

(374) Voici deux bicyclettes; **celle-ci** est à moi, et **celle-là** à mon frère.
二台自転車があります。こちらは私のもの、むこうは弟のです。

E　さらに発展

1　celui qui ～「～する人」/ ceux qui ～「～する人々」

【前出の（定冠詞）＋（名詞）などがなくても上の意味で、つまり一般的に〈人〉を指して述べることができます。】

Tous **ceux** qui sont restés dans la salle sont priés d'en sortir.

（ホールに残った方々は全員出てください。）

2　celui-ci「後者」/ celui-là「前者」：この意味で使われます。

Vous connaissez les noms, Sapporo et Miyazaki? **Celui-ci** se trouve au sud, et **celui-là** au nord.

（札幌とか宮崎とかの名前を知っていますか？　後者は南に、前者は北にあります。）

【-ci は「こちら」のニュアンスですから、上の例文でも近いほうからの説明になるので「後者」から始まります。】

vin de Bordeaux　vin de Bourgogne

第**8**章
否定の表現をめぐって

1 一般的な否定の表現

Il **ne** comprend **pas** ce que je dis.
　彼は私の言うことを理解しない。

Elle **ne** ment **jamais**.
　彼女は決してウソをつかない。

Votre sœur **n**'est **point** sotte.
　あなたの妹は少しも愚かではない。

Je **ne** t'aime **plus**.
　もう君を愛していないんだ。

Je **n**'aime **que** toi.
　君しか愛していないんだ。

Vous **n**'êtes **guère** gentil avec elle.
　あなたは彼女にあんまり親切じゃないね。

Il **n**'y a **personne** dans la salle.
　その部屋には誰もいない。

Moi, je **n**'ai **rien** compris.
　僕は何も理解できなかった。

Je **n**'ai **pas encore** fini mon travail.
　僕はまだ仕事を終えていない。

Vous êtes d'accord? – **Pas du tout**.
　あなたは賛成ですか？　ー全然。

Lui, il **n**'a **aucun** talent.
　彼か、彼には才能は何らないね。

C'est la viande **à peine** cuite.
　この肉はほとんど焼けていない。

Ça **ne** me gène **nullement**.
　それは私には全然邪魔ではありません。

Il va venir **sans nul** doute.

彼は間違いなくやってくるでしょう。

Nul rose **sans** épines.

とげのないバラはない。（楽あれば苦あり。）

2 否定の構文：ne...pas などの否定形と que との合体の形

ne...pas que ～「単に～だけが…なのではない」

ne...plus que ～「～以外はもはや…ない」

ne...jamais que ～「～以外は決して…ない」

ne...guère que ～「～以外はほとんど…ない」

ne...rien que ～「～以外は何も .…ない」

Il n'y a **pas que** l'amour seul qui donne de la jalousie.

嫉妬のもとになるのは愛だけではない。

Elle **ne** semblait **plus que** fatiguée.

彼女はもはや疲れた様子しかなかった。

Vous **ne** pensez **jamais qu**'à gâter cet enfant.

あなたはこの子供を甘やかすことだけしか考えていない。

Il n'y a **guère que** dix minutes qu'il est sorti.

彼が出て行ってから10分もない。

Je n'entends **rien que** sa plainte.

私は彼（女）から愚痴以外は何も聞かない。

3 虚辞の ne について

【はっきりした否定ではなく、従属節に含まれる〈否定の考え〉をそれとなく表す用法です。】

Il est plus grand que vous (**ne**) pensez.

彼はあなたが思っているよりも背が高い。

Je crains qu'il (**ne**) vienne.

彼が来るのではないかと心配だ。

J'ai peur qu'il (**ne**) soit en retard.

彼が遅刻するのではないかと心配だ。

Ma seule crainte est qu'elle (**ne**) soit sa femme.

私が唯一心配なのは彼女がやつの妻になるのでは、ということだ。

Il faut empêcher qu'il (**ne**) vienne.

彼が来ることは防がねばならない。

Prenez garde qu'il (**n'**)apprenne cette nouvelle.

彼がこの知らせを嗅ぎつけないように用心しなさい。

4　〈**ne** ＋（副詞）＋ **pas**〉と〈**ne pas** ＋（副詞）〉

Nous n'aimons **pas toujours** ceux que nous admirons.

私たちは賛美する人間をいつも好むとは限らない。　　　　　　　（部分否定）

Il n'est **toujours pas** prêt.（全体否定）

彼はいつだって準備ができていない。

Il **ne** boit **pas absolument**.（部分否定）

彼はまったく飲まないわけではない。

Il **ne** boit **absolument pas**.（全体否定）

彼はまったく飲まない。

Elle **ne** viendra **pas nécessairement**.（部分否定）

彼女は必ずしも来るとは限らないだろう。

Elle **ne** viendra **nécessairement pas**.（全体否定）

彼女はきっと来ないだろう。

5 全体否定と部分否定

Tous les élèves **n'**ont **pas** répondu à la question.（部分否定）

すべての生徒が質問に答えたわけではない。

Aucun élève **n'**a répondu à la question.（全体否定）

どの生徒も質問に答えなかった。

Toutes ces règles **ne** sont **pas** valides.（部分否定）

これらすべての規則が有効なわけではない。

Aucune de ces règles **n'**est valide.（全体否定）

この規則はどれも有効ではない。

Je **n'**ai **pas un** billet de cent euros sur moi.（全体否定）

私は、100 ユーロ札は一枚も持っていない。

B 解説

🍓 **ひとくちメモ**

標準的な否定表現の **ne 〜 pas**（〜しない）ですが、位置によっては意味が変わってきます。

　1）Il **ne** peut **pas** partir.「彼は出発できない。」

　2）Il peut **ne pas** partir.「彼は出発しなくてよい。」

　1）は partir（できない）ことを表し、2）は（出発しないことが選べる）ニュアンスですから上記の訳になります。

1 一般的な否定の表現

Elle **ne** ment **jamais**.

彼女は決してウソをつかない。

ne 〜 jamais（決して〜しない）です。**jamais** の同意語で point もありますが、point は文語的です。

Je **ne** t'aime **plus**.
もう君を愛していないんだ。

ne ～ plus（もう～ない）です。

Je ne fume pas. – Moi, non plus.（僕はタバコを吸わない。 – 私もです。）という表現もあります。

Je **n'**aime **que** toi.
君しか愛していないんだ。

ne ～ que（～しかない）この **que** は接続詞相当と言われ、あとの代名詞 toi（君）は強勢形になっています。

ほかに Je n'ai **que** cent yen.（百円しか持ってない。）や Tu n'as qu'à me donner un coup de fil.（電話を一本くれるだけでいいんだ。）などのように使います。

Vous **n'**êtes **guère** gentil avec elle.
あなたは彼女にあんまり親切じゃないね。

ne ～ guère（ほとんど～ない）（あまり～ない）です。

これに plus がついて ne ～ plus guère だと（もはやほとんど～ない）となります。Ce mot n'est plus guère employé.（この単語はもはやほとんど使われない。）

Moi, je **n'**ai **rien** compris.
僕は何も理解できなかった。

ne ～ rien（何も～ない）です。このように **rien** やほかにも tout（すべて）は複合時制（複合過去形など）では過去分詞の前に置かれます。

Lui, il **n'**a **aucun** talent.
彼か、彼には才能は何らないね。

ne ～ aucun（何も～ない）です。talent（才能）が男性名詞なので aucun です。女性名詞なら aucne となります。ここでは aucun は形容詞ですが代名詞として次のようにも使えます。**Aucun** de nous **ne** parle le français.（我々のうち誰も

338

フランス語は話せない。）

> C'est la viande **à peine** cuite.
>
> この肉はほとんど焼けていない。

à peine（ほとんど〜ない）（ほんのわずかである）です。cuite（焼けて）は cuire（焼く）の過去分詞 cuit の女性形です。la viande（肉）にかかっています。

À peine...que 〜で（…するやいなや〜した）構文もあります。

> **À peine** était-il rentré que le téléphone sonna.
>
> （彼が帰宅するやいなや電話が鳴った。）

> Ça **ne** me gène **nullement**.
>
> それは私には全然邪魔ではありません。

古い用法ですが **ne** 〜 **nullement**（全然〜ない）です。この点で **nullement** は point に近いと言えます。

> **Nul** rose **sans** épines.
>
> とげのないバラはない。（楽あれば苦あり。）

nul... sans 〜（〜のないどんな…もない）ですから（すべての…には〜がある）とも置けます。**nul** はやはり文語的です。

2　否定の構文：que との合体の形

> Il **n'**y a **pas que** l'amour seul qui donne de la jalousie.
>
> 嫉妬のもとになるのは愛だけではない。

ne... pas que 〜（〜だけが…なのではない）です。この項で挙げた構文のうちで、**que** を「以外」と訳さないのはこの構文だけです。つまり、かつては **ne... pas seulement** 〜が使われていた表現の **seulement** の部分が **que** に変わって定着したものだと考えられます。

Je **ne** mange **pas que** des légumes.

（私は野菜だけを食べているわけではない。）

Elle **ne** semblait **plus que** fatiguée.

彼女はもはや疲れた様子しかなかった。

ne ...**plus que** ～ （もはや～しかない）です。**que** を「～以外」と考えるとわかりやすいでしょう。（～以外もはや…ない）ですから（もはや～しかない）となります。

Il **ne** vit **plus que** pour sa patrie.

（彼はもう祖国のためだけに生きている。）

Il **n'y** a **guère que** dix minutes qu'il est sorti.

彼が出て行ってから 10 分もない。

Il y a ＋（時間）＋ que ＋（直説法～）で「～して（時間）がたつ」構文がまずあります。

ne ～ **guère**（ほとんど～ない）（あまり～ない）ですから que を「以外」と置くと（10 分以上ほとんどない）から（10 分もない）となります。

Je **n'entends** **rien que** sa plainte.

私は彼から愚痴以外は何も聞かない。

ne...**rien que** ～ （～以外何も…しない）です。

rien que ～で独立して「～だけ」とも解せます。

Laisse-moi conduire ta voiture, **rien qu'**une fois!

（君のクルマ運転させてよ、一回だけ！）

3 虚辞の ne について

> Il est plus grand que vous (**ne**) pensez.
> 彼はあなたが思っているよりも背が高い。

　虚辞の **ne** は従属節に含まれる〈否定の考え〉をそれとなく表す用法です。省略される場合も多いのですが、この例文のように比較構文で plus（より〜）が使われたあとではよく使われます。vous (**ne**) pensez には（あなたはそんなに彼が背が高いと思っていない）というニュアンスを含みます。

> Je crains qu'il (**ne**) vienne.
> 彼が来るのではないかと心配だ。

　不安を表す語 crains（心配だ）の従属節で虚辞の **ne** を使っています。qu'il (**ne**) vienne（彼が来るのではないか）に使われている（接続法）＋（虚辞の **ne**）は〈来てほしくない〉気持ちを表しています。否定の願望 Je désire qu'il ne vienne pas. と言い換えてもよいところです。ただし désire の文の ne は虚辞の **ne** ではありません。

　また主節が否定形になると〈心配〉は消えますから Je ne crains pas qu'il vienne.（彼が来ることは心配していない（彼が来たってかまわない）。）となり、虚辞の **ne** は使われません。

> Mon seule crainte est qu'elle (**ne**) soit sa femme.
> 私が唯一心配なのは彼女がやつの妻になるのでは、ということだ。

　ここも qu'elle (**ne**) soit sa femme（彼女がやつの妻になるのでは）にある（接続法）＋（虚辞の **ne**）も〈妻になってほしくない〉気持ちを表しています。

> Il faut empêcher qu'il (**ne**) vienne.
> 彼が来ることは防がねばならない。

　妨害・用心の意を表す語（empêcher（防ぐ））のあとで虚辞の **ne** が使われています。qu'il (**ne**) vienne に見られる（接続法）＋（虚辞の **ne**）はやはり〈来てほしくない〉気持ちを表しています。

4 〈ne＋（副詞）＋ pas〉と〈ne pas ＋（副詞）〉

Nous n'aimons **pas toujours** ceux que nous admirons.
　私たちは賛美する人間をいつも好むとは限らない。　　　　　　　（部分否定）

　n'aimons **pas toujours** のように toujours が ne〜pas の外に出ると部分否定（いつも〜とは限らない）になります。

Il **n'est toujours pas** prêt.（全体否定）
　彼はいつだって準備ができていない。

　上記とは違って toujours が ne〜pas の中にあると、全体否定（いつだって〜しない）になります。

Il **ne** boit **pas** absolument.（部分否定）
　彼はまったく飲まないわけではない。

　ここも absolument（絶対）が ne〜pas の外に出ているので部分否定（絶対的に〜なわけではない）となります。

Il **ne** boit **absolument pas**.（全体否定）
　彼はまったく飲まない。

　ここは absolument が ne〜pas の中に入っていますから全体否定（絶対〜しない）の意味になります。

5　全体否定と部分否定

Tous les élèves **n'ont pas** répondu à la question.（部分否定）
　すべての生徒が質問に答えたわけではない。

　Tous（すべて）が ne〜pas とともに使われていると部分否定（すべてが〜なわけではない）になります。上の文も（すべての生徒が質問に答えなかった。）と誤解しないでください。はっきりと全体否定にしたいときは次の文のように **aucun(e)**（どの〜もない）を使います。

一般に（全体を表す語）＋（ne 〜 pas）＝（部分否定）となります。

Aucun élève **n**'a répondu à la question. （全体否定）
　どの生徒も質問に答えなかった。

　このように **Aucun** élève（どの生徒も）と **ne**（なかった）を用いると明確に全体否定になります。**pas** は必要ありません。また **Aucun** ＋（名詞）は単数扱いです。

Toutes ces règles **ne** sont **pas** valides. （部分否定）
　これらすべての規則が有効なわけではない。

　ここも **Toutes** ces règles（これらすべての規則）と **ne** 〜 **pas** が使われていますから部分否定です。全体否定にしたいときは、やはり次のように **Aucune**（どれも〜ではない）を用います。

Aucune de ces règles **n**'est valide. （全体否定）
　この規則はどれも有効ではない。

　ここでは **Aucune**（どれも〜ではない）は代名詞です。de は（〜のうちの）の意味です。やはり **pas** は必要ありません。単数扱いです。

Je **n**'ai **pas** un billet de cent euros sur moi. （全体否定）
　私は、100 ユーロ札は一枚も持っていない。

　pas un billet で（一枚の札だって〜ない）という強い否定です。
　Pas une voiture ne passe à cette heure.（この時間はクルマ一台通らない。）のように使います。sur moi は（身につけて）の意味です。

Il va venir **sans nul** doute.
　彼は間違いなくやってくるでしょう。

　nul（いかなる〜もない）は ne や sans 〜（〜なしで）とともに用いられます。文語的です。会話なら **sans aucun** doute（疑いなく）といいます。

C 練習問題

1 日本語の意味に合うように下の語群から空所に適語を入れてください。語の重複はありません。

1 Tu t'ennuies, toi? - Mais non, pas [＿＿＿＿] tout.
（君、退屈？　ーいいや、全然。）

2 Vous aimez encore cet homme? – Non, je ne l'aime [＿＿＿＿].
（あなたはまだあの男が好きなのですか？　ーいいえ、もう好きではありません。）

3 Faites-vous du sport? – Non, je n'en fais [＿＿＿＿].
（あなたはスポーツをしていますか？　ーいいえ、決してしません。）

4 Je n'ai [＿＿＿＿] doute à ton sujet.
（君のことは全く疑っていない。）

5 Il ne chante [＿＿＿＿] pas.
（彼は絶対に歌なんか歌わない。）

6 Vous n'avez [＿＿＿＿] vingt minutes pour préparer.
（準備に 20 分もありませんよ。）

7 Il sait à [＿＿＿＿] lire.
（彼はほとんど字が読めない。）

8 [＿＿＿＿] les étudiants ne sont pas excellents.
（すべての学生が優秀というわけではない。）

9 Je crains qu'il [＿＿＿＿] faisse une grosse erreur.
（彼が大きな間違いをするのではないかと心配です。）

10 Il n'y a [＿＿＿＿] des déchets.
（そこにはゴミしかない。）

---

jamais	guère	aucun	peine	plus
que	absolument	tous	ne	du

2　次のフランス語を和訳してください。

1　L'amour peut être aveugle; l'amitié jamais.

2　Ce mot ne s'emploie plus guère.

D　暗唱例文

⑤ Elle **ne** ment **jamais**.
　彼女は決してウソをつかない。

⑥ Je **ne** t'aime **plus**.
　もう君を愛していないんだ。

⑦ Je **n'**aime **que** toi.
　君しか愛していないんだ。

⑧ Vous **n'**êtes **guère** gentil avec elle.
　あなたは彼女にあんまり親切じゃないね。

⑨ Je **n'**ai **pas encore** fini mon travail.
　僕はまだ仕事を終えていない。

⑩ Lui, il **n'**a **aucun** talent.
　彼か、彼には才能は何らないね。

⑪ C'est la viande **à peine** cuite.
　この肉はほとんど焼けていない。

⑫ Il va venir **sans nul** doute.
　彼は間違いなくやってくるでしょう。

⑬ Elle **ne** semblait **plus que** fatiguée.
　彼女はもはや疲れた様子しかなかった。

⑭ Il n'y a **guère que** dix minutes qu'il est sorti.
　彼が出て行ってから10分もない。

⑮ Il est plus grand que vous (**ne**) pensez.
　彼はあなたが思っているよりも背が高い。

㊳86 J'ai peur qu'il (**ne**) soit en retard.
彼が遅刻するのではないかと心配だ。

㊳87 Il faut empêcher qu'il (**ne**) vienne.
彼が来ることは防がねばならない。

㊳88 Il **n'**est **toujours pas** prêt.
彼はいつだって準備ができていない。

㊳89 Il **ne** boit **pas absolument**.
彼はまったく飲まないわけではない。

㊳90 Elle **ne** viendra **pas nécessairement**.
彼女は必ずしも来るとは限らないだろう。

㊳91 **Tous** les élèves **n'**ont **pas** répondu à la question.
すべての生徒が質問に答えたわけではない。

㊳92 **Aucun** élève **n'**a répondu à la question.
どの生徒も質問に答えなかった。

E　さらに発展

1　〈**savoir** ＋（間接疑問文）〉のときしばしば **pas** は省略されます。

Je **ne sais** (pas) si la réunion aura lieu demain.
（会議が明日あるのかどうか知りません。）

Je **ne sais** (pas) ce qu'il veut.
（彼が何を望んでいるのかわかりません。）

2　**二重否定について**：〈語気緩和〉あるいは〈強調〉の場合に使われます。

Tu **ne** peux **pas ne pas** te poser la question.
（君はその問いを自らに問わずにはいられないはずだ。）

第9章
前置詞をめぐって

A 用法

1 à について：「〜へ」「〜に対して」

〈動作の対象〉

Ma femme pense toujours **à moi**.
妻はいつも私のことを考えている。

Je songe **à mon amie** pendant le voyage.
私は旅行のあいだ、恋人のことを思う。

Nous obéissons **à notre professeur**.
私たちは先生の言うことをきく。

Je vais offrir un cadeau **à ma mère**.
私は母にプレゼントを贈るつもりだ。

Il faut prendre garde **aux voitures**.
クルマには注意しなければならない。

Il est totalement indifférent **au résultat**.
彼はその結果にまったく無関心だ。

〈様々な用法〉

J'aimerais habiter **à Tahiti**.（位置）
タヒチに住みたいな。

Rentre **à la maison** le plus tôt possible.（到着点）
できるだけ早く家に帰っておいで。

Je suis né **au mois** de décembre.（時期）
私は 12 月の生れです。

Mes amis sont arrivés **à midi**.（時刻）
友人たちは正午に着いた。

Il vaut mieux y aller **à bicyclette**.（交通手段）
そこへは自転車で行ったほうがいいよ。

Le soleil se lève **à l'est**. （方角）
太陽は東から昇る。

Il n'a jamais fait de peinture **à l'huile**. （手段）
彼は油絵は一度も描いたことはない。

J'aime beaucoup la soupe **à l'oignon**. （入っている材料）
私はオニオングラタンスープが大好物だ。

À ces mots, il s'est fâché. （原因）
その言葉を聞いて彼は怒った。

Il préfère vivre **à la japonaise**. （流儀）
彼は日本風の暮らしのほうが好みだ。

À qui sont ces livres? （所属）
この本は誰の？

〈「〜用の」〉

Quelle belle tasse **à thé**!
なんてきれいなティーカップでしょう！

Vous avez de beaux verres **à vin**.
あなたは美しいワイングラスをお持ちです。

Ce sont des cuillères **à café**.
これはコーヒー用のスプーンです。

C'est la boîte **aux lettres**.
これは郵便ポストです。

〈à ＋ （動詞の原形）〉

C'est difficile **à faire**. （形容詞を限定）
これはするには難しい。

C'est une chanson agréable **à entendre**. （形容詞を限定）
これは耳に心地よいシャンソンです。

Il faut acheter une machine **à laver**. （名詞の補語）
洗濯機を買わねばなりません。

2　de について：「〜の」「〜から」「〜について」

〈de ＋（名詞）〉

Il n'est pas **de notre parti**. （所属）
彼は我々の仲間じゃない。

Ma spécialité, c'est l'étude **du droit**. （対象）
私の専門は法律の研究です。

Léonard de Vinci, c'est un homme **de génie**. （性質）
レオナルド・ダ・ヴィンチは天才です。

Que pensez-vous **de ce sujet**? （主題）
この問題についてどう思いますか？

Elle était belle avec son chapeau **de paille**. （材質）
彼女は麦わら帽子をかぶっていて、きれいだった。

Mes parents sont arrivés **de Paris**. （出発点）
両親はパリから着いた。

Cette fille a rougi **de honte**. （原因）
その娘は恥ずかしさで赤面した。

Venez **de ce côté**. （方向）
こちらのほうにきてください。

〈de ＋（動詞の原形）〉

Il est facile **de critiquer**. （意味上の主語）
あら探しするのは簡単だ。

L'important, c'est **d'être calme**. （主格補語）
大事なことは冷静でいることだ。

Mon père a enfin cessé **de fumer**. （直接目的語）
父はついに禁煙した。

Je me contente **de ne pas parler**. （間接目的語）

私は黙っていることに甘んじた。

Je serai content **de partir**. （形容詞の補語）

出発すれば嬉しいだろう。

Je vous montrerai l'art **de bien écrire**. （名詞の補語）

うまく書く技術をあなたに示してあげます。

3 **pour** について :「～のために」「～に向って」「～として」

Je n'hésiterai pas à mourir **pour la patrie**. （目的）

私は祖国のために死ねことをためらわないだろう。

J'ai acheté ce bouquet **pour ma femme**. （用途）

妻のためにこのブーケを買った。

Elle est partie **pour les États-Unis**. （行き先）

彼女はアメリカに立った。

Ce concert sera **pour le 14 juillet**. （予定の時期）

そのコンサートは 7 月 14 日の予定だ。

Pour notre mariage, il faudra y renoncer. （主題（文頭で））

私たちの結婚だが、諦めねばならないようだ。

Vous êtes **pour** ou contre **mon avis?** （賛成）

あなたは私の意見に賛成、それとも反対ですか？

Notre président a parlé **pour nous tous**. （代表）

わが国の大統領が我々全員を代表して話した。

Pouvez-vous réserver un hôtel **pour moi?** （代理）

私のかわりにホテルを予約してくれませんか？

Le Japon est célèbre **pour le mont Fuji**. （理由）

日本は富士山で有名だ。

Il fait très chaud **pour cette saison**. （対立）

この季節のわりにはとても暑いね。

Nous avons **pour but** d'améliorer le cadre de vie.（資格・特性）
私たちの目的は生活環境を改善することだ。

Il me faut changer le vieux frein **pour un neuf**.（交換）
私は古いブレーキを新しいのと交換しなければならない。

4 en について :「〜に」「〜で」

Il est **en France**.（場所）
彼はフランスにいる。

Les feuilles tombent **en automne**.（時）
秋には落葉する。

En combien de temps finirez-vous ce travail?（期間）
どれくらいでこの仕事が終えられますか？

J'ai des projets **en tête**.（抽象的な場所）
私にはいくつかの計画を考えている。

Votre famille est **en bonne santé**?（状態）
ご家族はお元気ですか？

Il était **en chemise**, et mouillé de sueur.（服装）
彼はワイシャツを着ており、汗びっしょりだった。

C'est **en fer**.（材質）
これは鉄でできている。

Est-ce que vous **croyez en Dieu**?（信仰・信頼）
あなたは神を信じていますか？

5 dans について :「〜の中に」

Nous allons faire des courses **dans un supermarché**.（場所）
私たちはスーパーに買い物にいくところです。

Je peux m'asseoir **dans ce fauteuil**?（方向）
この肘掛け椅子に座ってもいいですか？

Mes élèves sont très fort **dans ce domaine**.（領域）

私の弟子たちはこの分野にとても強い。

Cette armoire est **dans le syle du 18ème siècle**.（様式）

このタンスは 18 世紀様式です。

Il part **dans une semaine ou deux**.（時間）

彼は 1、2 週間で出発します。

Dans sa jeunesse, il était timide.（時間）

若いころは彼は臆病だった。

6　sur について：「～の上に」「～に基づいて」

Il y a un vase **sur la table**.（位置）

テーブルの上に花瓶がある。

Je voudrais que ma maison soit bâtie **sur un terrain solide**.
（基礎）

私の家はしっかりした地盤の上に建てたいものだ。

Leurs noms étaient **sur la liste**.（表面）

彼たちの名前がそのリストに載っていた。

Avez-vous des allumettes **sur vous?**（携帯）

今、マッチを持っていますか？

Il a essayé de tirer un coup de feu **sur le président**.（目標）

彼は大統領を銃撃しようとした。

Il y avait un embouteillage **sur 10 kilomètres**.（範囲）

10 キロにわたって渋滞していた。

Je vais écrire un livre **sur le cinéma**.（主題）

私は映画について本を書くつもりです。

Il est arrivé **après tout le monde**.
彼はみんなが来てから着いた。

Il nous faut partir **avant le midi**.
正午前には出発しなければならない。

Il a écrit son roman **avec ce stylo**.
彼は小説をこの万年筆で書いた。

Allô, je suis bien **chez Monsieur Cadot**?
もしもし、カドさんのお宅ですか？

Aucune décision n'a été prise **concernant cette proposition**.
この提案に関して何の決定もされなかった。

Il ne faut pas avancer **contre le courant**.
流れに逆らって進んではいけないよ。

D'après la télé, il y a eu une catastrophe en Iran.
テレビによるとイランで惨事があったらしい。

Depuis combien de temps travaille-t-il ici?
どれくらい前から彼はここで働いていますか？

Je peux garer ma voiture **derrière la mairie**?
市役所の裏手にクルマを駐車してもいいですか？

Voulez-vous vous mettre **devant le feu**?
火の前に座りませんか？

Les Alpes se trouvent **entre la France et la Suisse**.
アルプスはフランスとスイスのあいだにあります。

Je l'attendrai **jusqu'à trois heures**, mais pas plus.
彼を3時までは待ちますが、それ以上はムリです。

Je suis devenu médecin **malgré moi**.
私はいやいやながら医者になった。

L'Amérique a été découverte **par Colomb**.

アメリカ大陸はコロンブスによって発見された。

Il ne compte pas **parmi les grands poètes**.

彼は大詩人の中には入らない。

Pendant la Seconde Guerre mondiale, il y avait des résistants.

第二次大戦のあいだ、レジスタンス運動家がいた。

Sans toi, je ne pourrais jamais vivre.

君なしではとうてい生きられない。

Il a tout perdu **sauf l'honneur**.

彼は名誉以外はすべて失った。

Vers le milieu de sa vie, il a décidé de devenir peintre.

人生なかばで彼は画家になる決心をした。

8 前置詞句

Je me suis fait gronder **à cause de toi**.

おまえのせいで、怒られてしまった。

Il a pris son carnet **afin de noter quelque chose**.

彼は何かをメモするために手帖を取り出した。

À part toi, personne ne le sait.

君以外には誰もそれを知らないよ。

Le résultat était **au-delà de nos espérances**.

結果は私たちの期待以上のものだった。

Leur villa se situe **au-dessous de cette petite colline**.

彼(女)たちの別荘はその小さな丘の下のほうにある。

Ils ont posé une lampe **au-dessus de la table**.

彼たちはテーブルの上に灯りを取り付けた。

Nous étions égarés **au milieu de la foule.**

私たちは群衆のさなかで離ればなれになった。

Ils ont réussi à traverser le fleuve **au moyen d'une barque.**

彼たちは小舟を使ってうまくその河を渡った。

Au lieu de la voiture, j'ai pris le train.

クルマのかわりに私は電車に乗った。

Il porte une belle montre **autour de son poignet.**

彼はきれいな腕時計を手首のまわりにつけている。

Grâce à vous, j'ai bien réussi à un examen d'entrée.

あなたのおかげで、入学試験に合格できました。

Les voitures sont stationnées **le long de la rue.**

クルマがその通りに沿って停めてある。

On a bavardé joyeusement **tout le long du repas.**

食事のあいだじゅうずっと楽しくおしゃべりした。

B　解説

ひとくちメモ

à と dans の違いについて

1 à は場所を空間的な一点と捉えます。

J'étais à **Paris** en ce temps-là.（その当時私はパリだった。）

2 明確に区画された空間の内部や広がりが意識されるとき。また限定詞を伴うときは dans を使います。

circuler dans **Paris**（パリをかけめぐる）

dans le **Paris** d'aujourd'hui（今日のパリで）

dans une vieille maison（古い家の中で）

1 à について：「～へ」「～に対して」

> Je vais offrir un cadeau **à ma mère**.
>
> 私は母にブーケを贈るつもりだ。

à ma mère（母に）は動作（offrir 贈る）の対象を表しています。

> Il est totalement indifférent **au résultat**.
>
> 彼はその結果にまったく無関心だ。

indifférent à ～（～に対して無関心）ですから、やはり動作の対象です。

> Je suis né **au mois** de décembre. (時期)
>
> 私は 12 月の生れです。

「～月に」と言いたいときは **au mois de ～** を用います。

> Le soleil se lève **à l'est**. (方角)
>
> 太陽は東から昇る。

（東から）は de l'est とはならず（東において）のニュアンスで上のようになります。（沈む）も同様です。

> Le soleil se couche **à l'ouest**. （太陽は西に沈む。）

> Il n'a jamais fait de peinture **à l'huile**. (手段)
>
> 彼は油絵は一度も描いたことはない。

peinture à l'huile（油絵）は（油彩の絵の具による絵）と考えます。à は手段を表しています。

> Il préfère vivre **à la japonaise**. (流儀)
>
> 彼は日本風の暮らしのほうが好みだ。

à la japonaise（日本風の）は à la manière japonaise（日本のやりかたで）から来ています。

> Ce sont des cuillères **à café**.
> これはコーヒー用のスプーンです。

à café で（コーヒー用）となります。à ～は用途を示しています。

> C'est difficile **à faire**. （形容詞を限定）
> これはするには難しい。

à faire（するには）は形容詞 difficile（難しい）にかかっています。英語の to 不定詞（副詞用法）に似ています。This is difficult to do. です。

2　de について：「～の」「～から」「～について」

> Venez **de ce côté**. （方向）
> こちらのほうにきてください。

de ce côté（こちらのほうに）の意味です。ここでは de ～は「～へ」の意味です。de ～は「～から」の意味もあるので、例えば le train de Paris は「パリからの列車」と「パリへの列車」の両方が考えられます。混乱を避けるために「パリからの列車」は le train **en provenance de** Paris また「パリへの列車」は le train **à destination de** Paris と表現します。

3　pour について：「～のために」「～に向って」「～として」

> Elle est partie **pour les États-Unis**. （行き先）
> 彼女はアメリカに立った。

pour les États-Unis（アメリカに）は行き先を明示しています。à は方向を指すことにとどまります。

> Ce concert sera **pour le 14 juillet**. （予定の時期）
> そのコンサートは 7 月 14 日の予定だ。

pour le 14 juillet（7 月 14 日の予定）というふうに未来のことを表します。Je voudrais réserver une table **pour ce soir**. （今夜の食事の予約をしたいんですが。）も同様です。

Nous avons **pour but** d'améliorer le cadre de vie.（資格・特性）
　私たちの目的は生活環境を改善することだ。

　avoir **pour but** de ＋（動詞の原形）で「〜するのが目的だ」という構文です。**pour but** の部分だけを直訳すれば「目的として」となります。le cadre de vie は（生活環境）です。

Il me faut changer le vieux frein **pour un neuf.**（交換）
　私は古いブレーキを新しいのと交換しなければならない。

　changer A **pour** B で（A を B と交換する）です。Il me faut 〜で（私は〜しなければならない）です。

4　en について：「〜に」「〜で」

En combien de temps finirez-vous ce travail?（期間）
　どれくらいでこの仕事が終えられますか？

　En combien de temps（どれくらいの時間をかけて）の意味で使っています。

Il était **en chemise**, et mouillé de sueur.（服装）
　彼はワイシャツを着ており、汗びっしょりだった。

　en chemise（ワイシャツを着て）の意味です。英語なら in を使うところです。J'ai vu une femme **en noir**.（黒い服の女性を見た。）も同様です。

Est-ce que vous **croyez en Dieu?**（信仰・信頼）
　あなたは神を信じていますか？

　croire en Dieu「神を信じる」という表現で、**en** は動詞の語法に伴う前置詞です。believe in God に近いです。

5　dans について：「〜の中に」

Je peux m'asseoir **dans ce fauteuil?**（方向）
　この肘掛け椅子に座ってもいいですか？

ce fauteuil（この肘掛け椅子）の場合だけ **dans** を用い、ほかの椅子の場合は **sur** を使います。Je peux m'asseoir **sur cette chaise?**（この椅子に座ってもいいですか？）やはり肘掛け椅子は〈中にすっぽり〉のイメージがあるのでしょう。

Il part **dans une semaine ou deux.**（時間）
　　彼は 1, 2 週間で出発します。

dans une semaine ou deux（1、2 週間で）の意味で、このように **dans** は「〜たてば」の意味を持っています。

6　sur について：「〜の上に」「〜に基づいて」

Il y a un vase **sur la table.**（位置）
　　テーブルの上に花瓶がある。

sur la table（テーブルの上に）のように用い、**sur** は〈接地して上に〉を示しています。接地していないときは後述の **au-dessus de 〜**（〜の上のほうに）を使います。

Avez-vous des allumettes **sur vous?**（携帯）
　　今、マッチを持っていますか？

sur 〜は〈身につけて持っている〉のニュアンスです。

Il y avait un embouteillage **sur 10 kilomètres.**（範囲）
　　10 キロにわたって渋滞していた。

この場合の **sur** は範囲を表し（にわたって）の意味になります。

7　その他の前置詞

Il a écrit son roman **avec ce stylo.**
　　彼は小説をこの万年筆で書いた。

avec は〈手段〉あるいは〈材料〉を表しています。

Aucune décision n'a été prise **concernant cette proposition**.

この提案に関して何の決定もされなかった。

concernant ～（～に関して）です。これも前置詞です。

Les Alpes se trouvent **entre la France et la Suisse**.

アルプスはフランスとスイスのあいだにあります。

entre A et B（AとBのあいだに）の意味で、**entre** は二つ（二人）に関して用いられます。三つ（三人）以上のときは entre と parmi の両方が使えます。**parmi** は二つ（二人）に関しては用いません。

Je l'attendrai **jusqu'à trois heures**, mais pas plus.

彼を3時までは待ちますが、それ以上はムリです。

jusqu'à ～（～までずっと）と継続を表します。（～までに）のときは **avant** を使います。Il nous faut partir **avant le midi**.（正午前には出発しなければならない。）

Je suis devenu médecin **malgré moi**.

私はいやいやながら医者になった。

malgré ～（～にも関わらず）（～の意志に反して）です。

Il ne compte pas **parmi les grands poètes**.

彼は大詩人の中には入らない。

parmi ～（～のあいだに）は **entre** で述べたように、三つ（三人）以上のときに使います。また compte（compter）はこの場合は自動詞で「数に入る」の意味です。

Il a tout perdu **sauf l'honneur**.

　彼は名誉以外はすべて失った。

　sauf 〜（〜を除いて）（〜は別として）ですから **à part** 〜に似ています。

Vers le milieu de sa vie, il a décidé de devenir peintre.

　人生なかばで彼は画家になる決心をした。

　Vers（〜のあたりで）（〜のころに）です。ここでは時間的ですが、空間的に用いて Elle se dirige **vers eux**.（彼女は彼たちのほうに進む。）も可能です。

8　前置詞句

Je me suis fait gronder **à cause de toi**.

　おまえのせいで、怒られてしまった。

　à cause de 〜（〜が原因で）です。また Je me suis fait gronder は〈se faire ＋（動詞の原形）〉で se が（動詞の原形）の直接目的語となっており「自分が〜される」の意味になり、その複合過去形です。この場合、複合形であっても過去分詞 **fait** は主語の性・数に一致しません。したがって例えば Elle s'est **fait** renverser par un camion.（彼女はトラックにはねられた。）となります。

Il a pris son carnet **afin de noter quelque chose**.

　彼は何かをメモするために手帖を取り出した。

　afin de ＋（動詞の原形）で「〜するために」です。やや文語的です。
　pris (prendre) は（取り出す）の意味です。

À part toi, personne ne le sait.

　君以外には誰もそれを知らないよ。

　À part 〜（〜は除いて）（〜は別として）です。**À part que** ＋（直説法）で「〜ということを除けば」の用法もあります。

Leur villa se situe **au-dessous de cette petite colline**.

彼(女)たちの別荘はその小さな丘の下のほうにある。

au-dessous de ～（～の下のほうに）は英語の below に近い言葉です。英語の under にあたるのは **sous** となります。

Ils ont posé une lampe **au-dessus de la table**.

彼たちはテーブルの上に灯りを取り付けた。

au-dessus de ～（～の上のほうに）は英語の above に近い言葉です。〈接地しないで上のほうに〉の内容です。英語の on（接地している場合）にあたるのは **sur** となります。

Ils ont réussi à traverser le fleuve **au moyen d'une barque**.

彼たちは小舟を使ってうまくその河を渡った。

au moyen de ～（～を使って）（～の助けをかりて）の意味です。

Les voitures sont stationnées **le long de la rue**.

クルマがその通りに沿って停めてある。

le long de ～（～に沿って）です。英語で言うと along です。ここでは空間的です。

On a bavardé joyeusement **tout le long du repas**.

食事のあいだじゅうずっと楽しくおしゃべりした。

tout le long de ～（～のあいだじゅうずっと）は時間的表現です。tout は強調です。

C 練習問題

1 空所に適切な前置詞を下の語群から選んで和訳してください。重複はありません。また語群の語（句）は大文字にすべき文字も小文字になっています。

1 On mange du riz [　　　　　] des baguettes.

2 [　　　　　] l'avion, elle a pris le train.

3 Je n'ai rien fait [　　　　　] l'hiver.

4 Il paraît très jeune [　　　　　] son âge.

5 Ce tunnel passe [　　　　　] la Manche.

6 [　　　　　] ce qu'il a dit, elle a divorcé.

7 J'aime Paris surtout [　　　　　] mois de mai.

8 Elle est arrivée [　　　　　] manteau de fourrure.

9 J'ai trouvé une belle chaise [　　　　　] le style Renaissance.

10 Tout le monde a ri aux éclats [　　　　　] moi.

11 Une belle plage s'étend [　　　　　] 5 kilomètres.

12 Il s'est approché [　　　　　] la fenêtre.

13 Tu n'as pas de brosse [　　　　　] dents, par hasard?

14 Est-ce que Madame Martin est [　　　　　] elle?

15 Il s'est caché [　　　　　] le rideau.

à	d'après	sur	de	pendant
au lieu de	derrière	avec	pour	au
sauf	dans	en	chez	au-dessous de

2　日本語の意味に合うように（　）内を並べかえてください。

1　そのきれいな娘は自転車に乗って私に会いに来た。
Cette (belle/ venue/ est/ me/ à/ fille/ bicyclette/ voir).

2　お母様はお元気ですか？
Est-ce (est/ votre/ en/ bonne/ que/ santé/ mère)?

3　彼の声はいつも耳に心地よい。
Sa (entendre/ à/ est/ toujours/ agréable/ voix).

4　その河に沿ってきれいな村があった。
Il (village/ long/ avait/ un/ le/ de/ ce/ y/ fleuve/ beau).

5　持ち合わせがないんだ。
Je (sur/ pas/ n'ai/ moi/ d'argent).

6　店の前のトラックが見える？
Tu (un/ le/ vois/ magasin/ camion/ devant)?

7　この雑誌は文学の批評のためのものだ。
Cette (critiquer/ revue/ pour/ littérature/ a/ la/ de/ but).

D　暗唱例文

2&3 TRACK_046

(393) Il faut prendre garde **aux voitures**.
クルマには注意しなければならない。

(394) Le soleil se lève **à l'est**.
太陽は東から昇る。

(395) Il préfère vivre **à la japonaise**.
彼は日本風の暮らしのほうが好みだ。

(396) Il faut acheter une machine **à laver**.
洗濯機を買わねばなりません。

(397) Cette fille a rougi **de honte**.
その娘は恥ずかしさで赤面した。

㊥ Ce concert sera **pour le 14 juillet.**

そのコンサートは7月14日の予定だ。

㊴ Notre président a parlé **pour nous tous.**

わが国の大統領が我々全員を代表して話した。

㊵ C'est **en fer.**

これは鉄でできている。

㊶ Il part **dans une semaine ou deux.**

彼は1，2週間で出発します。

㊷ Je vais écrire un livre **sur le cinéma.**

私は映画について本を書くつもりです。

㊸ Allô, je suis bien **chez Monsieur Cadot?**

もしもし、カドさんのお宅ですか？

㊹ Il ne faut pas avancer **contre le courant.**

流れに逆らって進んではいけないよ。

㊺ Je me suis fait gronder **à cause de toi.**

おまえのせいで、怒られてしまった。

㊻ Ils ont posé une lampe **au-dessus de la table.**

彼たちはテーブルの上に灯りを取り付けた。

E　さらに発展

pour や avec には〈対立〉を表す用法があります。

（A　用法 pour の項を参照）

Pour un débutant, il se débrouille bien.

（彼は初心者のわりには、うまくやっている。）

Avec tant de talent, il n'a pas réussi.

（あんなに才能がありながら、彼は成功しなかった。）

Je t'aime bien tout de même **avec ton sale caractère.**

（お前はいやな性格だが、それでもお前が好きだ。）

第 **10** 章
接続詞をめぐって

A 用法

1 理由・原因を表す

Pourquoi n'aimes-tu pas Marie? – **Parce qu**'elle est méchante.

なぜマリーが好きじゃないの？　ーなぜって意地悪だから。

Pourquoi partez-vous si vite? - **Parce que** j'ai rendez-vous.

なぜこんなに早く帰るの？　ーなぜって約束があるんだ。

Elle ne vient pas **parce que** son mari est malade.

ご主人が病気なので彼女は来ない。

Le bébé pleure **parce qu**'il a faim.

その赤ん坊はおなかが空いているので泣いている。

Ce n'est pas **parce que** tu es riche que je t'aime.

私があなたを愛しているのは、あなたがお金持ちだからじゃないわ。

Je ne dis pas ça **parce que** je te hais.

君が憎いからこう言うんじゃないんだ。

Je le ferai, **puisque** c'est important.

それをやります。だって大事なことだから。

Puisque vous désirez, nous serons mieux dans mon cabinet de travail.

だってあなたが望まれることだから、私の書斎のほうがいいでしょう。

Ils ne viendront pas, **car** ils sont tous partis en vacances.

彼たちは来ないよ、なぜならみんなバカンスに出かけたから。

Elle doit être fatiguée, **car** elle est plus nerveuse que d'habitude.

彼女は疲れているにちがいない、なぜならいつもよりイライラしている。

Comme il pleut, je reste chez moi.

雨なので家にいます。

Comme je ne parle pas français, nous discutions en anglais.

私はフランス語がダメなので、私たちは英語で議論した。

Étant donné que le train est déjà parti, il n'y a rien à faire.

列車はもう出てしまった以上、もう何もできない。

Je suis **d'autant plus** étonné **que** c'est très soudain.

それが突然だったので、それだけにいっそう驚いている。

Je te comprends **d'autant mieux que** j'ai éprouvé le même sentiment.

私も同じ思いをしたことがあるので、いっそう君が理解できる。

2 結果を表す

Je pense, **donc** je suis.

われ思う、ゆえにわれあり。（デカルト）

Il avait besoin d'argent; **aussi** a-t-il vendu sa maison.

彼はお金が必要だった。だから家を売った。

J'étais **si** fatigué **que** je restais au lit.

とても疲れていたので、ベッドにいた。

Gérard a **tellement** changé **que** nous ne le reconnaissons pas.

ジェラールはとても変わってしまったので、彼だとわからない。

Il a travaillé dur, **si bien que** sa santé a baissé.

彼はひどく働いたので、その結果健康が衰えた。

Il est parti sans rien dire, **de sorte que** personne l'a remarqué.

彼は何も言わずに行ってしまったので、誰も気がつかなかった。

J'étais épuisé **à tel point que** je ne pouvais plus dormir.

私は疲労のあまり、もう眠れなくなった。

接続詞をめぐって

3 譲歩を表す

Même s'il pleuvait, nous sortirions.
仮に雨でも私たちは出かけるでしょう。

Même quand le premier ministre sera mort, ce projet
continuera.
首相が死んだとしてもこの計画は続くだろう。

Quoi qu'il arrive, je le sauverai.
何が起ころうとも僕は彼を救うだろう。

Aussi loin **que** tu sois, tu es à moi.
どんなに離れていても君は僕のものだ。

Autant qu'il ait bu, il sait se tenir.
彼はどんなに飲んだとしても、しゃんとしていられる。

4 対立を表す

Bien qu'il soit très jeune, il a du jugement.
彼はとても若いが分別がある。

Quoique je fasse de mon mieux, j'ai un tas de choses à
refaire.
最善をつくしているのだが、やり直さなければならないことが多い。

Alors que le médecin le lui a interdit, il boit trop.
医者から禁じられたのに彼は飲みすぎる。

Jean est brun **tandis que** sa mère est blonde.
ジャンは髪が茶だが一方彼の母はブロンドだ。

Certes il l'a dit, **mais** il s'est contredit le lendemain.
確かに彼はそう言ったが、翌日には反対のことを言った。

5 仮定を表す

À moins que tu ne sois trop occupé, viens dîner chez moi.
君が忙しすぎるのでなければ、家に夕食に来て。

Pourvu que tu sois là, le reste est peu de chose.
君がいてくれさえすれば、あとのことは大したことではない。

À la condition que tu sois sage, tu peux rester ici.
お利口にしているなら、ここにいてもいいわよ。

Pour peu que tu l'aimes, il commence à se vanter.
ちょっとでも彼を好きになったら、つけあがるわよ。

6 等位接続詞（既述の 1 ～ 5 は従位接続詞（ただし car, donc, aussi は等位接続詞））

Nous avons bien voyagé en Amérique **et** en Asie.
私たちはアメリカとアジアをよく旅した。

Le hockey sur glace est un sport intéressant, **mais**
dangereux.
アイスホッケーは面白いけれども危険なスポーツだ。

Son histoire semble incroyable, **cependant** elle est vraie.
彼（女）の話は信じがたいようだが、しかし真実だ。

On dit que les femmes sont frivoles; **or** ma femme ne l'est pas.
女性は移り気だと言われるが、ところで妻はそうではない。

B 解説

 ひとくちメモ

1 **譲歩**と**対立**について

譲歩：仮定的なことがらを踏まえたうえでの結論を述べるものです。「たとえ…でも～だ」のような訳になります。上の例文で比較します。

Aussi loin **que** tu sois, tu es à moi.
どんなに離れていても君は僕のものだ。

1　理由・原因を表す

> Pourquoi partez-vous si vite? - **Parce que** j'ai rendez-vous.
> 　なぜこんなに早く帰るの？　－なぜって約束があるんだ。

Parce que（なぜならば）は Pourquoi（なぜ）という問いかけに対して使われます。英語の Why と Because の関係に等しいと言えます。

> Le bébé pleure **parce qu'**il a faim.
> 　その赤ん坊はおなかが空いているので泣いている。

この **parce qu'il a faim**（おなかが空いているので）の従属節は主節の Le bébé pleure（赤ん坊が泣いている）にかかるもので、理由を表しています。

> Ce n'est pas **parce que** tu es riche que je t'aime.
> 　私があなたを愛しているのは、あなたがお金持ちだからじゃないわ。

C'est **parce que** ... que 〜（〜なのは…だからだ）の構文の最初の C'est が否定された構文です。したがって（〜なのは…だからではない）となります。

Je ne dis pas ça **parce que** je te hais.

君が憎いからこう言うんじゃないんだ。

dis ... ça **parce que** je te hais（君が憎いからこう言う）という部分を ne 〜 pas が否定しているので、上のような訳になります。英語でも not...because 〜（〜だからといって…なのではない）構文があるのと似ています。

Je le ferai, **puisque** c'est important.

それをやります。だって大事なことだから。

puisque（だって〜だから）も理由を示しますが、話者にとって当然だと思われる理由を提示するニュアンスを持っています。（客観的にその理由が正しいとは限りません。したがって（だって）のように訳しました。）

Ils ne viendront pas, **car** ils sont tous partis en vacances.

彼たちは来ないよ、なぜならみんなバカンスに出かけたから。

car（なぜなら）は常に前文の述べたことの理由を表します。したがって **car** が文頭に来ることはありません。英語の for に似ています。**car** は等位接続詞と呼ばれます。等位接続詞については改めてこの項の **6** で取り上げています。

Comme il pleut, je reste chez moi.

雨なので家にいます。

Comme（なので）節は理由を表し、主節の前に置かれます。後述のように、**comme** を繰り返す代わりに **que** が用いられます。（**E さらに発展**）

Étant donné que le train est déjà parti, il n'y a rien à faire.

列車はもう出てしまった以上、もう何もできない。

Étant donné que（〜である以上）で理由を示します。一般にこのときの過去分詞 **donné** は変化しません。

Je suis **d'autant plus** étonné **que** c'est très soudain.

それが突然だったので、それだけにいっそう驚いている。

d'autant plu ... que ～（～のせいでそれだけ…）の構文です。…には形容詞・副詞をもってきます。ここでは étonné（驚いて）という過去分詞（形容詞相当）がきています。

2 結果を表す

Je pense, **donc** je suis.

われ思う、ゆえにわれあり。（デカルト）

donc（ゆえに）は英語で言えば therefore です。**donc** は **car** 同様に等位接続詞です。等位接続詞については改めてこの項の **6** で取り上げています。

デカルト（17世紀）が使った言葉をそのまま今も日常で普通に使われていることを思うと不思議でもあります。suis は（存在する）の意味です。

Il avait besoin d'argent; **aussi** a-t-il vendu sa maison.

彼はお金が必要だった。だから家を売った。

aussi（だから）も結果を表し文頭で用い、後ろはしばしば倒置になります。**donc**（ゆえに）とも置き換えられます。ともに等位接続詞です。

J'étais **si** fatigué **que** je restais au lit.

とても疲れていたので、ベッドにいた。

si ... que ～（とても…なので～だ）の構文で、英語の so ... that ～に通じますから〈程度〉の構文とも解釈できます。

Il a travaillé dur, **si bien que** sa santé a baissé.

彼はひどく働いたので、その結果健康が衰えた。

si bien que（その結果）はあとに直説法がきていれば〈結果〉です。
あとに接続法がくると〈譲歩〉になり「どんなによく～しても」の意味になります。

Si ben que vous l'aimiez, elle est indifférente.

（どんなに彼女を愛しても、彼女は無関心だ。）

J'étais épuisé à tel point que je ne pouvais plus dormir.

私は疲労のあまり、もう眠れなくなった。

　à tel point que ～（～するほどに）の意味ですから〈程度〉の構文ともいえます。**à tel point que** ～は **à ce point que** ～や **au point que** ～とも言います。

3　譲歩を表す

Même s'il pleuvait, nous sortirions.

仮に雨でも私たちは出かけるでしょう。

　Même si ～（仮に～でも）の後ろは pleuvait（雨でも）が直説法半過去形、主節の sortirions（出かけるでしょう）が条件法現在形です。

Quoi qu'il arrive, je le sauverai.

何が起ころうとも僕は彼を救うだろう。

　Quoi que ～（何を～しようと）の譲歩構文です。il arrive ＋（名詞）で（～が起こる）という非人称構文ですからこの（名詞）の部分が **Quoi** で表されているわけです。

Aussi loin **que** tu sois, tu es à moi.

どんなに離れていても君は僕のものだ。

　Aussi ... que ～（どんなに…に～しようとも）は **que** を省略して主語と動詞の倒置の形もあります。例文だと **Aussi** loin sois-tu となります。

Autant qu'il ait bu, il sait se tenir.

彼はどんなに飲んだとしても、しゃんとしていられる。

　Autant que ～（いかに～しても）（～の限りでは）の意味があります。il ait bu（飲んだ）は接続法過去形で、この節が主節よりも時制が前であることを示しています。

4 対立を表す

Bien qu'il soit très jeune, il a du jugement.
　　彼はとても若いが分別がある。

　Bien que ＋（接続法）（〜だけれども）で、この用法は文語的です。Bien que très jeune と主語と être 動詞を省略することもあります。

Quoique je fasse de mon mieux, j'ai un tas de choses à refaire.
　　最善をつくしているのだが、やり直さなければならないことが多い。

　Quoique ＋（接続法）（〜だけれども）も動詞が省略されて Quoique fatigué, il a continué à travailler. （疲れていたが彼は働き続けた。）のようになることもあります。また Quoique ＋（現在分詞）の形もあります。

Quoique ayant fait de son mieux, il a échoué.
　　（最善をつくしたが彼は失敗した。）

Alors que le médecin le lui a interdit, il boit trop.
　　医者から禁じられたのに彼は飲みすぎる。

　Alors que 〜（〜だけれども）は接続法を伴いません。

　Alors (même) que ＋（条件法）だと（たとえ〜であっても）の意味になります。

　Alors même qu'il gagnerait beaucoup d'argent, il le gaspillera facilement. （たとえ大金を稼いでも、かれは簡単に浪費してしまうだろう。）

Jean est brun tandis que sa mère est blonde.
　　ジャンは髪が茶だが一方彼の母はブロンドだ。

　… tandis que 〜（…だ。一方〜だ。）で英語の while に近い接続詞句です。Tandis que je travaillais, elle s'amusait. （僕が働いているあいだ、彼女は遊んでいた。）のように〈同時性〉の用法もあります。

Certes il l'a dit, **mais** il s'est contredit le lendemain.
確かに彼はそう言ったが、翌日には反対のことを言った。

Certes … mais 〜（確かに…だが〜だ）で英語の True...but 〜に近いものです。
il s'est contredit（反対のことを言った）は se contredire（矛盾したことを言う）の
複合過去形です。

5 仮定を表す

À moins que tu ne sois trop occupé, viens dîner chez
moi.
君が忙しすぎるのでなければ、家に夕食に来て。

À moins que ＋（接続法）（もし〜でなければ）で、tu ne sois の ne は虚辞の
ne です。

Pourvu que tu sois là, le reste est peu de chose.
君がいてくれさえすれば、あとのことは大したことではない。

Pourvu que ＋（接続法）（〜しさえすれば）です。**Pourvu que** ＋（接続法）
を独立節にすると（〜であればいいな）の意味になります。**Pourvu qu'il fasse
beau demain.**（明日晴れればいいな。）

À la condition que tu sois sage, tu peux rester ici.
お利口にしているなら、ここにいてもいいわよ。

À la condition que ＋〈（接続法）あるいは（直説法）〉（〜という条件で）と
なります。**à la condition de** ＋（動詞の原形）でも同じ意味になります。Tu
peux sortir **à la condition de** rentrer à l'heure.（時間通りに帰るなら出かけても
いいよ。）

Pour peu que tu l'aimes, il commence à se vanter.
ちょっとでも彼を好きになったら、つけあがるわよ。

接続詞をめぐって

Pour peu que ＋（接続法）（わずかでも～であれば）です。se vanter は（自画自賛する）の意味です。

6　等位接続詞

Nous avons bien voyagé en Amérique **et** en Asie.
　私たちはアメリカとアジアをよく旅した。

前置詞の **à, de, en** については上のように繰り返されます。またこの文の否定文は Nous n'avons voyagé **ni** en Amérique **ni** en Asie.（私たちはアメリカもアジアもどちらも旅したことはない。）となります。この **ni ... ni** ～も接続詞です。

Son histoire semble incroyable, **cependant** elle est vraie.
　彼（女）の話は信じがたいようだが、しかし真実だ。

cependant（しかし）は **et cependant** や **mais cependant** とも言われます。**cependant** は副詞扱いになることもあります。

On dit que les femmes sont frivoles; **or** ma femme ne l'est pas.
　女性は移り気だと言われるが、ところで妻はそうではない。

or は（ところで）（しかし）（ところが）などの意味をもちます。中性代名詞 l' は先行する属詞（補語）である形容詞 frivoles（移り気な）を受けています。

C　練習問題

つぎの 1 群～3 群の各グループ内で、番号の文と記号の文を意味が通るように結び付けてください。重複はありません。またできた 1）～18）の文をそれぞれ和訳してください。

〈1 群〉

1　Bien qu'elle soit très jeune,

2　Ma femme doit être mécontente,

3   Pourvu que tu ne me déranges pas,

4   Pour peu que nous le voulions,

5   Étant donné que c'est fini entre nous,

6   Il est d'autant plus heureux

    a)   nous réussirons.

    b)   nous reprendrons notre liberté.

    c)   car elle semble plus nerveuse.

    d)   tu peux faire ce que tu veux.

    e)   qu'elle est d'accord.

    f)   elle reste toujours prudente.

〈2群〉

7   Alors qu'elle m'avait promis de ne pas le faire,

8   Le bébé est content

9   J'étais si fatigué

10 Je me tourmente

11 Même quand je serai mort,

12 Puisque vous êtes d'accord,

    g)   parce qu'il a beaucoup tété sa mère.

    h)   à tel point que je veux me confiner chez moi.

    i)   elle l'a vu.

    j)   mon fils héritera mon nom.

    k)   les jeux Olympiques aura lieu assurément.

    l)   que je ne pouvais plus marcher.

〈3群〉

13　On n'est pas grand

14　Quoi que vous fassiez pour lui,

15　Comme il pleut,

16　Aussi riche qu'il soit,

17　Tandis que l'un travaillait,

18　À moins qu'il pleuve,

m)　l'autre se reposait.

n)　le match de football aura lieu.

o)　toutes les plantes paraissent belles.

p)　parce qu'on est renommé.

q)　il ne réussira jamais.

r)　je ne me marierai jamais avec lui.

D　暗唱例文　　　　　　　　　　　　　2&3 TRACK_047

407 Pourquoi n'aimes-tu pas Marie? – **Parce qu**'elle est méchante.

なぜマリーが好きじゃないの？　－なぜって意地悪だから。

408 Elle ne vient pas **parce que** son mari est malade.

ご主人が病気なので彼女は来ない。

409 Ce n'est pas **parce que** tu es riche que je t'aime.

私があなたを愛しているのは、あなたがお金持ちだからじゃないわ。

410 Je le ferai, **puisque** c'est important.

それをやります。だって大事なことだから。

411 Ils ne viendront pas, **car** ils sont tous partis en vacances.

彼たちは来ないよ、なぜならみんなバカンスに出かけたから。

④⑫ **Comme** je ne parle pas français, nous discutions en anglais.

私はフランス語がダメなので、私たちは英語で議論した。

④⑬ Je te comprends **d'autant mieux que** j'ai éprouvé le même sentiment.

私も同じ思いをしたことがあるので、いっそう君が理解できる。

④⑭ Il avait besoin d'argent; **aussi** a-t-il vendu sa maison.

彼はお金が必要だった。だから家を売った。

④⑮ Gérard a **tellement** changé **que** nous ne le reconnaissons pas.

ジェラールはとても変わってしまったので、彼だとわからない。

④⑯ Il est parti sans rien dire, **de sorte que** personne l'a remarqué.

彼は何も言わずに行ってしまったので、誰も気がつかなかった。

④⑰ **Quoi qu**'il arrive, je le sauverai.

何が起ころうとも僕は彼を救うだろう。

④⑱ **Autant qu**'il ait bu, il sait se tenir.

彼はどんなに飲んだとしても、しゃんとしていられる。

④⑲ **Quoique** je fasse de mon mieux, j'ai un tas de choses à refaire.

最善をつくしているのだが、やり直さなければならないことが多い。

④⑳ Jean est brun **tandis que** sa mère est blonde.

ジャンは髪が茶だが一方彼の母はブロンドだ。

④㉑ **Certes** il l'a dit, **mais** il s'est contredit le lendemain.

確かに彼はそう言ったが、翌日には反対のことを言った。

④㉒ **À moins que** tu ne sois trop occupé, viens dîner chez moi.

君が忙しすぎるのでなければ、家に夕食に来て。

④㉓ **Pourvu que** tu sois là, le reste est peu de chose.

君がいてくれさえすれば、あとのことは大したことではない。

10

接続詞をめぐって

㊽ **Pour peu que** tu l'aimes, il commence à se vanter.

ちょっとでも彼を好きになったら、つけあがるわよ。

㊾ Son histoire semble incroyable, **cependant** elle est vraie.

彼(女)の話は信じがたいようだが、しかし真実だ。

E　さらに発展

〈接続詞 que の注意すべき用法について〉

1　様々な意味の接続詞(句)に相当します。

a)〈時〉

Il y a cinq ans **que** mon père est mort. (= **depuis que** ～)

(父が死んで 5 年になる。)

Il ne faut pas aller jouer **que** tu n'aies fini tes devoirs.

(= **avant que** ～)

(宿題が終わらない前は遊びに行ってはいけません。)

Il était déjà loin **qu'**elle attendait encore quelqu'un.

(= **quand** ～)

(彼はもう遠くまで行っていたが、一方彼女はまだ誰かを待っていた。)

b)〈目的〉

Approchez **que** je vous voie mieux. (= **pour que** ～)

(私があなたをもっとよく見えるように近づいてください。)

c)〈原因〉

Si tes parents te grondent, c'est **qu'**ils t'aiment.

(= **parce que** ～)

(あんたの両親が叱るのもあんたが可愛いからよ。)

d)〈結果〉

Il s'est surmené **qu**'il est tombé malade.

(＝ à tel point que ～)

（彼は過労でついに病気になった。）

e)〈仮定〉

Qu'il le veuille ou non, il devra accepter la proposition.

(＝ Soit que ～)

（望もうが望むまいが彼はその提案を受けねばならないだろう。）

f)「～せずに」

Pas un jour ne se passe **qu**'il ne boive. (＝ sans que ～)

（彼が飲まずには一日も過ぎない。）

2　先行する接続詞（句）の繰り返しを避けるために使われます。

Comme il était fatigué, et ＊ **qu**'il a tant bu, il s'est endormi d'un sommeil de plomb.

（彼は疲れてもおり、またしこたま飲んでもいたので、どっぷりと眠り込んだ。）

Si tu le rencontres et ＊ **qu**'il soit de bonne humeur, diteslui la vérité.

（もし彼に出会って、また彼の機嫌がよかったら、彼に本当のことを言ってください。）

― **Si** の繰り返しの ＊ **qu**' のあとは接続法となります。―

【この用法は comme, quand, lorsque, puisque, si, après que, avant que, bien que などの接続詞（句）について使われます。】

付録 1 　暗唱例文一覧

直説法現在形

① André **fréquente** les cinémas.

② Si tu **viens**, nous irons ensemble.

③ J'**habite** à Paris depuis l'année dernière.

④ À qui **penses**-tu?

⑤ Cette maladie n'**est** pas contagieuse.

直説法複合過去形

⑥ J'**ai perdu** mon portefeuille.

⑦ Je **suis allé** au cinéma hier soir.

⑧ Nous **sommes sortis** ensemble il y a une semaine.

⑨ **Avez**-vous **vu** ce film?

⑩ Je **me suis promené** cet après-midi.

⑪ J'**ai été** à Paris plusieurs fois.

⑫ On **a gâté** cet enfant.

⑬ Si tu **as fini** ton devoir, tu joueras dehors.

⑭ J'**ai étudié** l'allemand pendant six ans.

直説法半過去形

⑮ Picasso **avait** assurément du talent.

⑯ Il **venait** chaque jour me dire des mots d'amour.

⑰ Je **buvais** trop, et j'avais mal à la tête.

⑱　Quand il m'a téléphoné, je **travaillais** dur.

⑲　Je **lisais** quand elle est entrée.

⑳　Elle m'a demandé si je l'**aimais**.

㉑　Je lui ai dit que je **partais** bientôt.

㉒　J'**achevais** mon droit en 2011 à Paris.

直説法大過去形

㉓　Lorsque la police est arrivée, le voleur **était** déjà **parti**.

㉔　J'**avais étudié** le français avant de venir en France.

㉕　Je lui **avais parlé** mais nous n'avions rien de commun.

㉖　J'ai remarqué qu'il **avait acheté** une nouvelle voiture.

㉗　Je lui ai demandé ce qui lui **était arrivé** en ces dix ans.

㉘　Quand j'**avais** trop **bu**, j'étais malade.

直説法単純過去形

㉙　Napoléon **naquit** en 1769 et **mourut** en 1821.

㉚　Einstein **découvrit** la théorie de la relativité.

㉛　Un évènement **donna** un tour inattendu à cette aventure.

㉜　Ce **fut** une extraordinaire nuit de liberté exaltée.

直説法前過去形

㉝　Aussitôt qu'il **fut sorti**, il la vit.

㉞　Dès que nous **eûmes fini** notre repas, nous travaillâmes.

㉟ Dès qu'ils **eurent lâché** cet homme, il retomba.

㊱ Lorsque l'avion **eut décollé**, elle s'effondra.

直説法単純未来形

㊲ Je **ferai** le voyage en Italie l'année prochaine.

㊳ Quand nous **reverrons**-nous?

㊴ Ma sœur **deviendra** infirmière.

㊵ **Téléphonez**-moi lorsque vous **arriverez**.

㊶ Quand elle **sera** grande, elle **comprendra**.

㊷ Si je suis riche un jour, j'**achèterai** cette voiture.

㊸ S'il continue à boire comme ça, il **sera** malade.

㊹ Tu me **répondras** quand je te pose des questions.

㊺ Tu **liras** cette lettre demain.

直説法前未来形

㊻ Je prendrai une douche quand je **serai arrivé** chez moi.

㊼ Je te téléphonerai quand j'**aurai fini** mon devoir.

㊽ Que ferez-vous quand vous **aurez achevé** vos études?

㊾ Mes étudiants **seront arrivés** avant moi.

㊿ Nous **aurons fini** ce travail pour jeudi.

(51) Jusqu'au bout de ma vie, tu m'**auras amusé**!

条件法現在形

(52) S'il faisait beau demain, je **sortirais**.

(53) Si vous me le demandiez, je vous **aiderais**.

(54) Si j'étais dans une bonne forme, je **ferais** le voyage en France.

(55) Si la guerre n'exisitait plus, ce **serait** merveilleux.

(56) Ma femme **serait** heureuse si je ne buvais plus.

(57) Je **voudrais** revoir cette fille.

(58) J'**aimerais** sortir avec elle.

(59) **Pourriez**-vous m'aider dans mon travail?

(60) On **dirait** que c'est un jouet.

(61) Elle n'est pas là. **Serait**-elle malade?

(62) Cette solution **serait** bonne, mais j'en doute.

(63) Il y **aurait** sept morts dans cet accident.

(64) Ils n'**auraient** pas l'audace de trahir leurs femmes.

(65) Il m'a dit qu'il m'**écrirait**.

(66) Nous pensions qu'il **achèterait** une voiture.

条件法過去形

(67) S'il avait fait beau hier, je **serais sorti**.

(68) Si vous m'aviez demandé, je vous **aurais aidé**.

(69) Si j'avais été dans une bonne forme, j'**aurais fait** le voyage.

(70) Ma femme **aurait été** heureuse si je n'avais plus bu.

(71) J'**aurais aimé** être avec vous hier.

(72) Il **aurait dû** vous écouter.

(73) Elle **aurait souhaité** vous parler.

(74) Le voleur **aurait été aidé**, il me semble.

(75) Ma montre **aurait retardé** de cinq minutes.

76. Elle m'a dit qu'elle m'**aurait écrit** avant son mariage.

77. Je leur disais que je **serais parti** avant le printemps.

接続法現在形

78. Je veux que tu **sortes** tout de suite.

79. Je souhaite que cet hôtel vous **plaise**.

80. Je désire qu'elle **vienne** avec moi.

81. Je ne pense pas qu'il (ne) **soit** intelligent.

82. Je doute fort qu'il vous **reçoive**.

83. Croyez-vous qu'il **soit** capable de s'en charger?

84. Il faut que je vous **voie**, c'est urgent.

85. Il importe que vous **lisiez** ce livre.

86. Il est possible qu'il **pleuve** ce soir.

87. Il est surprenant qu'il **finisse** si tôt.

88. Je resterai ici jusqu'à ce qu'il **vienne**.

89. Bien qu'il **soit** malade, il travaille dur.

90. Il arrivera avant qu'il **fasse** nuit.

91. Pourvu qu'il **fasse** beau demain.

92. Qu'il **se taise**!

93. **Vienne** la nuit, **sonne** l'heure!

接続法過去形

94. Je suis navré qu'il **soit** déjà **parti**.

95. Je suis content que vous **soyez venu**.

96. Elle est heureuse que je lui **aie écrit**.

97. C'est dommage qu'il **ait perdu** sa fortune.

暗唱例文一覧

(98) Je regrette que tu ne m'**aies** pas **attendu**.

(99) Elle est fachée que je ne l'**aie** pas **vue** hier soir.

(100) Pouvez-vous attendre jusqu'à ce que j'**aie terminé**?

(101) Pourriez-vous attendre jusqu'à ce que je **sois arrivé**?

(102) Il reviendra avant qu'il **ait commencé** à pleuvoir.

接続法半過去形

(103) Elle voulait que je **pusse** l'aider.

(104) Je désirais qu'elle **fût** mon amie.

(105) Je ne croyais pas qu'ils **eussent** tant de courage.

(106) Il était à craindre qu'elle ne **fût** en retard.

接続法大過去形

(107) J'étais mécontent qu'il **eût perdu** cet argent.

(108) Elle était heureuse qu'il **fût venu** la voir.

(109) J'avais voulu qu'elle **eût fini** avant.

(110) Je ne pensais pas qu'ils **eussent invité** cette fille.

(111) Je doutais qu'il **fût venu**.

命令法

(112) **Écoutez**-moi.

(113) **Écoutons**-le.

(114) **Finissons** notre travail.

(115) N'**écoutez** pas ses histoires.

(116) **Lève**-toi, c'est déjà l'heure.

(117) N'**aie** pas peur.

(118) **Sois** gentil.

(119) **Soyez** prudent.

(120) **Allons**, au travail.

近接過去と近接未来

(121) Il **vient d'arriver** de Londres.

(122) Nous **venons d'acheter** une belle voiture.

(123) À qui **venez**-vous **de parler**?

(124) Tu **viens de réviser** tes leçons?

(125) Ce film **vient de** commencer.

(126) Vous **allez faire** les courses?

(127) Je **vais** le **voir** dans quelques instants.

(128) On **va se revoir** un de ces jours?

(129) Nous **allons nous promener** sous la pluie.

受動態

(130) J'**ai été invité(e)** par les Cadot à Cannes.

(131) J'**étais** toujours **invité(e)** par les Cadot.

(132) Je **serai invité(e)** par les Cadot cette année aussi.

(133) Si vous étiez d'accord, je **serais invité(e)**.

(134) Si vous aviez été d'accord, j'**aurais été invité(e)**.

(135) Il est possible que je **sois invité(e)** par les Cadot.

(136) Je suis content(e) d'**être invité(e)**.

(137) **Ayant été invité(e)**, je suis content(e).

(138) **Soyez invité(e)(s)**.

⑬⑨ J'ai **fait** parler une étudiante.

⑭⓪ Je **fais** venir mon frère.

⑭① **Faites** sortir le chien.

⑭② **Faites**-le sortir.

⑭③ Je **fais** réparer ma voiture à (par) mon garagiste.

⑭④ Je lui **fais** réparer ma voiture.

⑭⑤ Il est impossible de **faire** (se) taire ces enfants.

⑭⑥ J'ai **laissé** les enfants jouer.

⑭⑦ J'ai **laissé** jouer les enfants.

⑭⑧ **Laissez**-moi réfléchir un peu.

⑭⑨ J'ai **laissé** les enfants regarder la télé.

⑮⓪ **Laisse** les enfants la regarder.

関係詞 qui

⑮① Connaissez-vous le monsieur **qui** vient d'arriver?

⑮② Passez-moi le journal **qui** est sur la table.

⑮③ Il prend l'avion **qui** part à midi.

⑮④ La fille à **qui** Jean parle est ma cousine.

関係詞 que

⑮⑤ L'homme **que** j'aime est chanteur.

⑮⑥ Quels sont les enfants **que** nous voyons dans la cour?

⑮⑦ J'aime la robe **que** tu portes.

⑮⑧ Je ne suis plus le garçon **que** j'étais.

関係詞 dont

⑮⑨ Je connais une fille **dont** le père est un acteur renommé.

⑯⓪ C'est le peintre **dont** j'admire les tableaux.

⑯① Voilà l'église **dont** on aperçoit le clocher.

⑯② Est-ce le livre **dont** tu as besoin?

⑯③ C'est la voiture **dont** j'ai rêvé.

関係詞 où

⑯④ J'ai visité la maison **où** habitait Van Gogh.

⑯⑤ J'aimerais aller au pays **où** il est né.

⑯⑥ J'irai chez toi le jour **où** tu seras libre.

⑯⑦ La semaine est inoubliable **où** nous habitions ensemble.

複合関係詞

⑯⑧ Voici le sac de voyage **dans lequel** j'ai mes affaires.

⑯⑨ C'est l'**homme auquel** je pense.

⑰⓪ Ce sont des fleurs **auxquelles** elle tient beaucoup.

ジェロンディフ

⑰① Les enfants sont sortis **en claquant** la porte.

⑰② Les ouvriers sifflaient **en travaillant**.

⑰③ Fermez la porte **en sortant**.

⑰④ Il s'est perdu **en venant** chez moi.

⑰⑤ Il s'est blessé **en coupant** cet arbre.

⑰ D'habitude, je travaille **en regardant** la télé.

⑰ **En me réveillant**, j'ai trouvé la maison vide.

⑱ J'ai cassé mes lunettes **en jouant** au football.

現在分詞

⑲ Ce sont mes étudiants **jouant** au tennis là-bas.

⑱ J'ai trouvé un pauvre enfant **tremblant** de froid.

⑱ Je cherche une bonne **connaissant** la cuisine.

⑱ C'est un homme **ayant fait** sa jeunesse.

⑱ J'écoute l'avion **passant** au-dessus de ma maison.

⑱ On m'a vu **revenant** du marché.

⑱ J'observe des chats **jouant** avec une balle.

⑱ J'ai vu le cheval **sautant** la haie.

⑱ Il se promenait, **rêvant** à son futur.

⑱ **Le sachant**, j'ai fait semblant de l'ignorer.

⑱ Il se leva, **se cognant** aux meubles.

⑲ Le courage **me manquant**, je restais muet.

⑲ Le sommeil ne **venant** pas, il a ouvert un livre.

過去分詞

⑲ Nous cherchons un appartement bien **meublé**.

⑲ Quelles sont les langues **parlées** au Canada?

⑲ Je gardais mes yeux **ouverts**.

⑲ Je voyais, **suspendu** à la cheminée, le portrait en miniature.

⑲ **Épuisée** de fatigue, elle ne pouvait plus marcher.

197. Mon père, **brisé** d'inquiétude, finit par tomber malade.

198. **Appuyé** sur la rampe du pont, il voyait l'eau couler.

199. On pense mal, **assis**.

200. Cette action, **commencée** une heure plus tôt, aurait évité la catastrophe.

過去分詞の一致 être + p.p.

201. Elle est **descendue** dans un hôtel.

202. Ma mère est **née** en France.

203. Les étudiantes sont **allées** voir ce film.

204. La chanteuse est **arrivée** avec sa bande.

205. Elles sont **respectées** de tout le monde.

206. Ils sont **déménagés** à Tokyo.

207. Ma grand-mère est **morte** très vieille.

過去分詞の一致 代名動詞

208. Ce matin, elle s'est **peignée** soigneusement.

209. Elles se sont **cachées** derrière un arbre.

210. Ils se sont **donnés** à leurs études.

211. Ils se sont **battus** violemment.

212. Elles se sont **regardées** l'une l'autre

213. Elle s'est **lavé** la main.

214. Ils se sont **serré** la main.

過去分詞の一致 avoir + p.p.

㉕ Il a vendu sa voiture. → Il l'a **vendue**.

㉖ Vous avez écrit la lettre? → Vous l'avez **écrite**?

㉗ Voici la lettre qu'elle a **écrite**.

㉘ C'est la villa que nous avons **habitée** autrefois.

㉙ Quelle bonne nouvelle j'ai **apprise**!

㉚ Quelle horreur on a **eue**!

㉛ Quelles belles fleurs elles ont **cultivées**!

疑問代名詞

㉒ **Qui** a mangé mon gâteau?

㉓ **Qui est-ce qui** est en charge de sa classe?

㉔ **Qui** invitez-vous?

㉕ **Qui est-ce que** vous aimez?

㉖ **À qui** penses-tu?

㉗ **À qui** a-t-elle répondu?

㉘ **À qui est-ce** que vous avez proposé ce projet?

㉙ **De qui** est-elle amoureuse?

㉚ **Qu'est-ce qui** sent bon?

㉛ **Qu'est-ce qui** est arrivé?

㉜ **Que** regardes-tu?

㉝ **Qu'est-ce que** tu vas boire?

㉞ **À quoi** sert-il l'amour?

㉟ **De quoi** s'agit-il?

㊱ **De quoi est-ce que** ça dépend?

㊲ **Laquelle** de ces cravates désirez-vous?

238 J'ai trois frères; **duquel** parlez-vous?

疑問形容詞

239 **Quelle** est votre valise?

240 **Quel** est votre acteur préféré?

241 **Quel** est votre nom?

242 **Quel** est cet arbre?

243 **Quel** est le prix de cette cravate?

244 **Quel** boisson désirez-vous?

245 **Quel** âge as-tu?

246 **De quelle** nationalité êtes-vous?

疑問副詞

247 **Combien** vous dois-je?

248 **Combien** êtes-vous dans votre famille?

249 **Combien de** personnes sont venues?

250 **Le combien** sommes-nous?
- Nous sommes le 14 juillet.

251 **Comment** est-il venu?

252 **Comment** trouves-tu cela?

253 **Quand est-ce que** vous partez?

254 **Jusqu'à quand** resterez-vous à Paris?

255 **Depuis quand** apprenez-vous le français?

256 **Où est-ce que** tu as mal?

257 **Par où** recommence-t-on?

258 **Pourquoi** est-elle absente?

暗唱例文一覧

㉟ **Pourquoi est-ce que** tu dis ça?

㉟ **Pourquoi** pas?

㉖ Je me demande: "Viendra-t-il?"
→ Je me demande **s'**il viendra.

㉖ Tu m'as demandé :"Avez-vous vu mon père?"
→ Tu m'as demandé **si** j'avais vu ton père.

㉖ Je lui demande :"Qu'est-ce que c'est?"
→ Je lui demande **ce que** c'est.

㉖ Il me demande :"Pourquoi êtes-vous en retard?"
→ Il me demande **pourquoi** je suis en retard.

㉖ Elle me demande :"Comment avez-vous fait ce travail?"
→ Elle me demande **comment** j'ai fait ce travail.

㉖ Il est **aussi** grand **que** moi.

㉖ Est-elle **aussi** belle **que** tu le dis?

㉖ Ils sont **aussi** généreux **qu'**honnêtes.

㉖ Il n'est pas **si** grand **que** son frère.

㉗ Cours **aussi** vite **que** tu pourras.

㉗ Tu danses **aussi** bien **qu'**elle.

㉗ J'ai **aussi** faim **que** vous.

㉗ J'ai **autant de** livres **que** toi.

㉗ Il invite toujours **autant de** gens chez lui?

㉕ Ce livre est **plus** intéressant **que** celui-là.

㉖ Il est **plus** en colère **que** je pensais.

㉗ Il est **moins** grand **que** vous.

㉘ Il est **moins** sévère **que** méchant.

㉙ Il est arrivé à la gare **plus** tôt **que** moi.

㉚ Venez un peu **plus** tard.

㉛ Il fait **moins** froid **qu**'hier.

㉜ Il pleut **moins** dans le Midi **qu**'à Paris.

㉝ Je voudrais un peu **plus de** vin.

㉞ Mange **moins de** bonbons!

最上級

㉟ Paris est **la plus belle** ville du monde.

㉖ Voici **le plus beau** poème qu'il ait jamais écrit.

㉗ Elle est **la moins grande** personne de notre équipe.

㉘ Il n'aime que les livres **les plus intéressants**.

㉙ Gérard est l'homme **le plus heureux** que je connaisse.

㉚ Gérard court **le plus vite** de nous trois.

㉛ Il vaut mieux parler **le moins souvent** possible.

無強勢形人称代名詞

㉒ Je **l**'aime, mais elle ne **m**'aime pas.

㉓ Il prête sa voiture. - **La** prête-t-il?

㉔ Tu vas donner un cadeau à Marie? – Oui, je **le lui** donne.

㉙ Tu prêtes ta voiture à Paul? – Oui, je **la lui** prête.

㉖ **La lui** as-tu prêtée?

㉗ J'ai quitté ma fiancée. – Quoi? **L'**as-tu quittée?

㉘ Mon frère vous offre ses livres. → Il **vous les** offre.

㉙ **Me les** offre-t-il?

㉚ Je vous prête cet ordinateur. – **Me le** prêtez-vous?

㉛ J'ai donné un nounours à cette fille. – **Le lui** avez-vous donné?

㉜ Je n'ai pas prêté ma voiture à Paul.
→ Je ne **la lui** ai pas prêtée.

㉝ Elle n'a pas écrit cette lettre à son père.
→ Elle ne **la lui** a pas écrite.

㉞ Apporte ton cahier à ton professeur. → Apporte-**le-lui**.

㉟ Donne-nous ces fleurs. → Donne-**les-nous**.

㉠ Prêtez-moi votre main. → Prêtez-**la-moi**

㉡ Ne servez pas cette soupe à Gérard. → Ne **la lui** servez pas.

強勢形人称代名詞

㉢ Je ne sais pas, **moi**!

㉣ **Eux**, ils travaillent mieux.

㉤ Vous lui avez pardonné, à **lui**?

㉥ C'est Monsieur Cadot? - Oui, c'est bien **lui**.

㉦ L'État, c'est **moi**.

㉧ C'est **moi** qui suis arrivé le premier.

㉨ Il s'est fâché à cause de **nous**.

㉩ Elle est jalouse de **vous**.

316 Il a fait cela malgré **moi**.

317 Je suis moins riche que **lui**.

318 Est-elle aussi grande que **toi**?

319 Nous étudions moins qu'**eux**.

所有代名詞

320 C'est votre voiture? – Non, ce n'est pas **la mienne**.

321 Je vois jouer vos enfants et **les** deux **miens**.

322 Mon vélo est super; comment est **le tien**?

323 Ma maison est très proche de **la tienne**.

324 Ta robe est plus belle que **la sienne**.

325 Vos enfants sont plus sages que **les nôtres**.

326 Mon ordinateur ne marche pas bien; prêtez-moi **le vôtre**.

327 Cette photo, c'est votre pays? – Non, c'est **le leur**.

不定代名詞

328 **Tout** va bien.

329 Il a **tout** perdu.

330 Je vous invite **tous**.

331 Les garçons sont arrivés? – Oui, **tous** sont là.

332 **Chacun** de nous s'en alla.

333 Ces cravates coûtent 100 euros **chacune**.

334 **Aucun** de mes amis ne réussit à l'examen.

335 Le temps n'attend **personne**.

336 Je pense que **rien** n'est facile.

③③⑦ Il n'a peur de **rien**.

③③⑧ J'ai pris Monsieur Martin pour **un autre**.

③③⑨ **Certains** sont partis, mais **d'autres** sont restés.

③④⓪ **Quelqu'un** a volé ma voiture.

③④① Vous n'avez pas **quelque chose** de moins cher?

副詞的人称代名詞 en

③④② Voulez-vous du pain? Il y **en** a encore.

③④③ J'ai acheté du fromage. → J'**en** ai acheté.

③④④ Nous voudrions des pommes de terre. – Vous **en** voudriez?

③④⑤ J'ai vendu des livres. – Vous **en** avez vendu?

③④⑥ Tu as des soucis? Moi, je n'**en** ai pas.

③④⑦ Des lapins ici? Nous n'**en** avons jamais vu.

③④⑧ Combien de tartes as-tu fait? – J'**en** ai fait cinq.

③④⑨ Combien d'enfants avez-vous, Madame?
– J'**en** ai trois.

③⑤⓪ Avez-vous vu des films de ce cinéaste? – Oui, j'**en** ai vu beaucoup.

③⑤① Donnez-moi un coup de main; j'**en** ai besoin.

③⑤② Il aime son travail, et il **en** est fier.

③⑤③ Il attrapa la grippe et **en** mourut.

副詞的人称代名詞 y

③⑤④ Tu penses à ton examen? – Oui, j'**y** pense toujours.

③⑤⑤ Elle pense à ce que je lui ai dit? – Oui, elle **y** pense.

㉟ Avez-vous répondu à cette lettre? – Oui, j'**y** ai
répondu.

㉟ Elle a renoncé à faire ce travail? – Oui, elle **y** a
renoncé.

㉟ Il a réussi à convaincre ses parents. – Il **y** a réussi?

㉟ Vous avez un rendez-vous avec lui, et pensez-**y** bien.

㉟ Il a plu, et personne ne s'**y** attendait.

中性代名詞 le

㊱ Il ne veut pas que je vienne; il ne **le** veut pas.

㊲ Il faut que tu viennes tout de suite. – Il **le** faut
vraiment?

㊳ Il viendra, et je vous **l'**assure.

㊴ Vous savez qu'il a gagné le prix? – Non, je **l'**ignore.

㊵ Tu es heureux? – Mais oui, je **le** suis.

㊶ Il était riche autrefois, mais il ne **l'**est plus.

㊷ Mon père est médecin, et moi aussi, je voudrais **l'**être.

㊸ Je veux que tu sois ma femme, et tu **le** seras!

指示代名詞

㊹ Quel costume a-t-il mis? – Il a mis **celui** que tu as
acheté pour lui.

㊺ Quels pays allez-vous visiter? – **Ceux** qui sont au sud
de l'Europe.

㊻ J'ai deux livres ici; **celui-ci** est un dictonnaire, **celui-là**
un roman.

㊼ Est-ce votre voiture? - Non, c'est **celle** de mon père.

(373) J'ai deux maisons; **celle** de Tokyo et **celle** de Kyoto.

(374) Voici deux bicyclettes; **celle-ci** est à moi, et **celle-là** à mon frère.

否定の表現

(375) Elle **ne** ment **jamais**.

(376) Je **ne** t'aime **plus**.

(377) Je **n'**aime **que** toi.

(378) Vous **n'**êtes **guère** gentil avec elle.

(379) Je **n'**ai **pas encore** fini mon travail.

(380) Lui, il **n'**a **aucun** talent.

(381) C'est la viande **à peine** cuite.

(382) Il va venir **sans nul** doute.

(383) Elle **ne** semblait **plus que** fatiguée.

(384) Il **n'**y a **guère que** dix minutes qu'il est sorti.

(385) Il est plus grand que vous (**ne**) pensez.

(386) J'ai peur qu'il (**ne**) soit en retard.

(387) Il faut empêcher qu'il (**ne**) vienne.

(388) Il **n'**est **toujours pas** prêt.

(389) Il **ne** boit **pas absolument**.

(390) Elle **ne** viendra **pas nécessairement**.

(391) **Tous** les élèves **n'**ont **pas** répondu à la question.

(392) **Aucun** élève **n'**a répondu à la question.

前置詞

(393) Il faut prendre garde **aux voitures**.

(394) Le soleil se lève **à l'est**.

(395) Il préfère vivre **à la japonaise**.

(396) Il faut acheter une machine **à laver**.

(397) Cette fille a rougi **de honte**.

(398) Ce concert sera **pour le 14 juillet**.

(399) Notre président a parlé **pour nous tous**.

(400) C'est **en fer**.

(401) Il part **dans une semaine ou deux**.

(402) Je vais écrire un livre **sur le cinéma**.

(403) Allô, je suis bien **chez Monsieur Cadot**?

(404) Il ne faut pas avancer **contre le courant**.

(405) Je me suis fait gronder **à cause de toi**.

(406) Ils ont posé une lampe **au-dessus de la table**.

接続詞

(407) Pourquoi n'aimes-tu pas Marie? – **Parce qu**'elle est méchante.

(408) Elle ne vient pas **parce que** son mari est malade.

(409) Ce n'est pas **parce que** tu es riche que je t'aime.

(410) Je le ferai, **puisque** c'est important.

(411) Ils ne viendront pas, **car** ils sont tous partis en vacances.

(412) **Comme** je ne parle pas français, nous discutions en anglais.

(413) Je te comprends **d'autant mieux que** j'ai éprouvé le même sentiment.

④⑭ Il avait besoin d'argent; **aussi** a-t-il vendu sa maison.

④⑮ Gérard a **tellement** changé **que** nous ne le reconnaissons pas.

④⑯ Il est parti sans rien dire, **de sorte que** personne l'a remarqué.

④⑰ **Quoi qu'**il arrive, je le sauverai.

④⑱ **Autant qu'**il ait bu, il sait se tenir.

④⑲ **Quoique** je fasse de mon mieux, j'ai un tas de choses à refaire.

④⑳ Jean est brun **tandis que** sa mère est blonde.

④㉑ **Certes** il l'a dit, **mais** il s'est contredit le lendemain.

④㉒ **À moins que** tu ne sois trop occupé, viens dîner chez moi.

④㉓ **Pourvu que** tu sois là, le reste est peu de chose.

④㉔ **Pour peu que** tu l'aimes, il commence à se vanter.

④㉕ Son histoire semble incroyable, **cependant** elle est vraie.

付録 2 　 精選問題 100 題

1 空所に【ou, mais, et, ni, car】のいずれかを入れてください。同じ語を何度使ってもかまいません。

1 Je suis rentré, [　　　　] j'étais malade.

2 Il a travaillé bien, [　　　　] il a échoué.

3 Je viendrai en avion [　　　　] en train.

4 Je n'achèterai [　　　　] l'un [　　　　] l'autre.

5 Monsieur Cadot est un homme honnête, [　　　　] l'on l'aime beaucoup.

6 L'argent ne fait pas le bonheur, [　　　　] tout le monde le poursuit.

7 Il fait très froid en décembre [　　　　] en janvier.

8 Mes parents vont divorcer, [　　　　] ils ne s'aiment plus.

9 Vous voudriez du café [　　　　] du thé?

10 Ne bougez pas, [　　　　] vous êtes mort.

2 各文の下線部分が答えの中心となるような問いの文を【quand, combien, comment, où】のいずれかを利用して作ってください。

1 Mon jardin est grand et très soigné.

2 Les Japonais mangent du riz avec des baguettes.

3 Nous irons à Sapporo.

4 Je suis venu ici en train.

5 Elle a trois frères.

6 Je vous téléphonerai jeudi ou samedi.

7 Ils arrivent de Londres.

8 Je trouve ce film insipide.

9 Il pèse soixante kilos.

10 Ils partiront après-demain.

3 各文の（　）の動詞を直説法複合過去形にしてください。

1 Elle (se perdre) en venant chez moi

2 Il (s'acheter) une belle chemise.

3 Elles (se montrer) leurs bijoux.

4 Les manifestants (se rassembler) devant l'Éysée.

5 Elle (se brûler) les doigts

6 Ils (se battre) violemment.

7 Elles (se baigner) dans la mer.

8 Monsieur et Madame Cadot, vous (vous amuser) pendant votre promenade?

9 Son autorité (s'écrouler) finalement.

10 Elle (s'acheter) un jean.

4 各文の（　　）の動詞を接続法現在形にしてください。

1 Je ne pense pas qu'elle (revenir).

2 Je voudrais que vous me (prêter) ce livre.

3 Je souhaite que tu (finir) le plus tôt possible.

4 Elle regrette que nous (refuser) son invitation.

5 Est-il nécessaire que je (faire) un voyage d'affaires?

6 Il est douteux qu'il (venir) à temps.

7 Il est impossible qu'il (aller) la revoir.

8 Je crains que ma fille ne (tomber) malade.

9 Je défends qu'on (sortir) avant midi.

10 Pourriez-vous vous serrer pour que je (avoir) de la place?

5 各文の（　　）の動詞を接続法過去形にしてください。

1 Je suis étonné qu'elle (partir) en Angleterre.

2 Il est regrettable qu'ils (vendre) leur appartement à Cannes.

3 Je ne crois pas qu'il (réussir) à l'examen.

4 Il vaut mieux partir avant qu'il (venir).

5 J'ai peur que ma mère ne (dépenser) trop d'argent.

6 Elle est contente qu'il (donner) une réponse affirmative.

7 Il se peut qu'il (commettre) un crime.

8 Tu peux rester ici en attendant que je (revenir)?

9 Nous souhaitons que tu (accepter) notre proposition.

10 Je crois bon que vous (demander) son avis tout de suite.

6 各文の空所に下の語群から適語を選んで入れてください。重複はありません。

1 Le mont Fuji est ⬚ haut que le mont Everest.

2 Il était malade. Comment est-il?   – Il va ⬚ maintenant.

3 Je ne peux pas me concentrer, car j'ai ⬚ sommeil.

4 Sa condition était mauvause et il a gagné ⬚ de médailles.

5 Il tombe ⬚ de neige à Toyama, pays du nord.

6 Je n'ai pas ⬚ d'argent pour acheter ce livre.

7 Il était ⬚ fatigué pour continuer à travailler.

8 Mais ⬚ de pluie dehors!

9 Le président de mon entreprise est ⬚ riche moi.

10 Ils ont ⬚ mal joué qu'ils ont été sifflés.

---

que   peu   beaucoup   plus   moins   assez
si   très   mieux   trop

---

7 空所に下の語群から適語を選んで入れてください。重複はありません。

1 Cette étudiante a été interrogée [   ] un examinateur.

2 J'ai étudié la langue allemande au lycée [   ] trois ans.

3 Mon studio donne [   ] la rue.

4 Il a appelé un ami, et sorti [   ] .

5 Je vous y emmènerai [   ] ma voiture.

6 C'est une femme célèbre [   ] sa beauté.

7 Je vous y emmènerai [   ] voiture.

8 L'exposition aura lieu à Paris [   ] Rouen.

9 J'ai emprunté une voiture [   ] un ami.

10 Je me suis souvenu [   ] toi.

- -

en   dans   à   sur   de   pour
par   avec   pendant   avant

- -

8 例にならって各文を書き換えてください。

〈例文〉 Pourquoi êtes-vous en colère?
　　　　→ Dites-moi pourquoi vous êtes en colère.

〈例文〉 Aimes-tu le Japon?
　　　　→ Dis-moi si tu aimes le Japon.

1   De quoi parliez-vous?
    → Dites-moi _____ .

2   Qu'est-ce qui se passe?
    → Dis-moi _____ .

3   Qui êtes-vous?
    → Dites-moi _____ .

4   Que fais-tu?
    → Dis-moi _____ .

5   Qu'est-ce que tu as fait hier soir?
    → Dis-moi _____ .

6   À quelle conférence avez-vous assisté?
    → Dites-moi _____ .

7   Tu vas m'écrire un de ces jours?
    → Dis-moi _____ .

8   Avez-vous reçu mon invitation?
    → Dites-moi _____ .

9   Est-ce que tu penses à moi de temps en temps?
    → Dis-moi _____ .

10 Pourquoi ce livre coûte-t-il si cher?
    → Dites-moi _____ .

9 次の 1 から 10 の文に正しく続く文を下の イ から ヌ の中から選んで結び
つけてください。重複はありません。また完成した文をそれぞれ和訳してく
ださい。

    1   Il a tant parlé
        和訳:

2 S'il avait assez de temps,
   和訳：

3 En attendant qu'il revienne,
   和訳：

4 Comme il a fait beaucoup d'erreurs,
   和訳：

5 La neige étant très poudreuse,
   和訳：

6 Il a affirmé
   和訳：

7 Pourvu qu'il me laisse tranquille,
   和訳：

8 Il travailla si bien
   和訳：

9 Il est nécessaire
   和訳：

10 Bien qu'il ait travaillé dur,
   和訳：

イ il ne put pas faire de ski.

ロ il n'a pas réussi.

ハ il visiterait ce château.

ニ il peut faire ce qu'il veut.

ホ que son patron augmenta son salaire.

ヘ qu'il fasse de son mieux pour le moment.

ト il lui faut recommencer.

チ qu'il avait la gorge sèche.

リ　qu'il aurait fini ce travail avant dix-sept heures.

ヌ　lisons ce magazine.

10　次の１～５の（　　）の動詞を条件法現在形に、また６～10の動詞は条件法過去形に直してください。なお６～10の動詞については条件法過去第２形も書いてください。

1　S'il était plus riche, sa femme (être) plus heureuse.

2　Si tu étais à ma place, qu'est-ce que tu (faire)?

3　Si nous étions moins pauvre, nous (pouvoir) supporter la vie.

4　(Avoir)-vous du feu, s'il vous plaît?

5　Si les gens se donnaient la main, ils (pouvoir) maintenir la paix.

6　Si elle s'était mariée avec lui, elle le (regretter) tôt ou tard.

7　S'il avait cessé de boire, elle ne le (quitter) pas.

8　Sans votre aide, je ne (achever) jamais de lire ce roman.

9　Si nous avion reçu cet argent, nous (être) arrêtés par la police.

10　Si le nez de Cléopâtre avait été moins long, l'histoire du monde (changer) totalement.

解答一覧

第1章　動詞をめぐって

01 直説法 —— 1・直説法現在形　（p.14）

1　prenons〈Si の節中で未来〉
　タクシーに乗れば私たちは定刻に着くでしょう。

2　fais〈現在の習慣〉
　君はいつも同じ間違いをしている。

3　est〈過去から現在まで続いている行為〉
　いつから彼はここにいるんだい？

4　boit〈一般的な事実や真実など〉
　ドイツではたくさんビールを飲みます。

5　vois〈現在の習慣〉
　私は毎日彼に会います。

6　J'étudie〈過去から現在まで続いている行為〉
　私はだいぶ前から英語を勉強しています。

7　dort〈現在行われている行為や状態〉
　音を立てないで。彼が寝ているから。

8　pleut〈Si の節中で未来〉
　もし明日雨なら試合は中止さ。

9　fait〈一般的な事実や真実など〉
　お金では幸せになれないよ。

10　pensez〈現在行われている行為や状態〉
　誰のことを思っているの？

01 直説法 —— 2・直説法複合過去形　（p.22）

（1）

1　avez vu
　あなた（たち）は昨日の午後、その展覧会を見ました。

2　avons oublié
　私たちは手紙を出すのを忘れました。

3　J'ai rendu
　私は母を訪問しました。

4 a fait
昨日彼女はテニスをしました。

5 ai répondu
私は彼女に電話で返事をしました。

6 as parlé
君は近藤さんに話しかけたの？

7 ont mangé
彼たちはレストランで何を食べたの？

8 me suis couché(e) （主語が女性なら e がつきます。）
昨夜私はとても早く寝ました。

9 me suis levé(e) （主語が女性なら e がつきます。）
昨日の朝は私はとても遅く起きました。

(2)

1 As-tu vu ce film?
君はその映画を見ましたか？

2 A-t-il réussi à son examen?
彼は試験に受かったの？

3 Combien avez-vous payé cette cravate?
あなたはそのネクタイにいくら払いましたか？

01 直説法 —— 3・直説法半過去形 （p.29）

(1)

1 faisions 私たちは 1 週間に 1 回その仕事をしていた。

2 avait 私がそこに行った年、そこにはカド氏がいた。

3 vivait 彼女はお金のためだけに生きていた。

4 était 私が読んだその本は面白かった。

5 j'aimais 彼女は私がフランスが好きかどうかを聞いた。

(2)

1 J'ai quitté / lisait
私は彼女が読書をしているあいだにその部屋を出た。

2 sont arrivés / jouais
彼たちが到着したとき、私はテニスをしていた。

3 me promenais / a commencé
私が散歩をしているときに雨が降り始めた。

4 dormais / j'ai senti
その夜寝ているときに私は地震を感じた。

5 sont venus / m'apprêtais
私が外出の準備をしているときに彼たちが私の家に来た。

01 直説法 ── 4・直説法大過去形 （p.35）

（1）

1 j'avais pris　私はお風呂を終えるやいなや、テレビを見たものだ。

2 avais demandé　彼は私が彼に頼んだことを断った。

3 étais arrivé　私が遅刻したので、彼女は不満だった。

4 étaient arrivés　彼たちは私たちより前に到着していた。

5 j'avais quitté　彼は私がフィアンセと別れたことを知った。

（2）

1 Elle a perdu les livres qu'elle avait achetés.

2 J'ai entendu à la radio que notre président avait divorcé.

3 Quand j'avais reçu mon argent, j'allais la voir.

4 J'ai constaté qu'il m'avait volé.

5 Elle s'était fâchée, car j'étais en retard.

01 直説法 ── 5・直説法単純過去形 （p.40）

（1）

1 finit / applaudit
彼が演説を終え、全員が彼を誉めたたえた。

2 entra
私が眠っているとき彼は私の部屋に入ってきた。

3 prîmes
私たちはマルセイユで船に乗った。

4 fit
昨夜の大火事はたくさんの死者を出した。

5 cria
「助けて！」と彼女は叫んだ。

6 sortit
彼女は彼がやってくるとすぐに出て行った。

7 peignit
システィナ礼拝堂の天井画を描いたのはミケランジェロだ。

8 arrivâmes
私たちがヘルシンキに到着した夜はとても寒かった。

9 se souvint
友人は私が言っておいたことを思い出した。

10 naquit
アルフレッド・ド・ミュッセはいつ生まれたか？

01 直説法──6・直説法前過去形 （p.45）

（1）

1 fut arrivé
彼が着いてから、私たちは彼に語った。

2 eut mangé
カド氏は食べ終えるとすぐに、仕事を再開した。

3 eurent accepté
彼たちがこちらの申し出を受け入れてから、私たちは飲みに出かけた。

4 fut descendu
彼はタクシーから降りて、お金を払った。

5 eut fait
彼女は授業をしてから教室を離れた。

6 fus rentré(e)
私が家に帰るとすぐに、彼女から電話があった。

7 eut posé
彼が質問をするとすぐに私は答えた。

8 fus parti(e)
君が行ってしまってから、彼たちは私に君の話をした。

9 eûtes écrit
あなたは手紙を書いて満足した。

10 furent arrivées
彼女たちが着くとすぐに、私たちは彼女たちにお願いごとをした。

01 直説法 ── 7・直説法単純未来形 （p.51）

（1）

1 partira 彼女は 3 日後に出発するでしょう。

2 resteras 君はここにいなさい。必要なんだ。

3 seront 彼たちは 1 週間後に帰ってくるでしょう。

4 rendrez この本はできるだけ早く返してくださいね。

5 fera 明日はいい天気になると確信してます。

6 saura もし君が彼女を裏切ったら、彼女にはそれはわかるよ。

7 paierai (payerai) 必ず明日にはお支払いします。

8 pardonneront 必ず彼女たちは君を許してくれるよ。

9 restera 美術館は工事中も開館するでしょう。

10 verras / l'aimeras 彼を見たら君も彼が好きになるさ。

（2）

1 Pourriez-vous me rappeler dès qu'elle reviendra?

2 Cette conférence se terminera dans une heure.

01 直説法 ── 8・直説法前未来形 （p.57）

1 J'aurai terminé
早く来て！　もうじき終えてしまうよ。

2 aurez réparé
私のクルマの修理が終わったら電話してください。

3 seront partis
1 週間たてば彼たちはフランスに出発してしまっているだろう。

4 aurez lu
この本を読み終わられたら、私に貸してください。

5 aurai fait
もうちょっと待ってください。寸法直しは正午前に終わりますから。

6 sera sortie
彼女が出しだい、私も出ます。

7 aura commencé
私が到着する前に彼は始めてしまっているだろう。

8 aurons résolu
今 13 時だが、15 時にはその問題は我々が解決してしまっているだろう。

02 条件法 ── 1・条件法現在形　(p.65)

(1)

1 J'aimerais
あなたをダンスに誘いたいのですが。

2 visiterions.
もしパリにいらっしゃるのでしたら、必ず会いに行くのですが。

3 seriez
ひょっとしてカドさんではありませんか？

4 dirais
私があなただったら彼(女)に本当のことを言います。

5 j'achèterais
もしお金持ちならあの家を買うんだが。

6 voudrais
もし可能なら 3 日間の休みをとりたいんだが。

7 vaudrait
走ったほうがいいんじゃないかな、遅刻しているから。

8 n'essayerais
もう 1 回チャンスがあったとしても、もうやらないでしょう。

9 reviendrais
彼は私が数日後には戻ってくるだろうと思っていました。

10 sortirais
君は僕と出かけると言ったよね？

(2)

1 Si je n'étais pas occupé, je pourrais sortir avec elle.
2 Si la force ne lui manquait pas, il pourrait continuer son travail.

02 条件法 ── 2・条件法過去形 (p.74)

(1)

1 j'aurais réussi
もし私に運があったなら、成功したでしょうに。

2 auriez fait
あなたが私の立場だったら、どうしていましたか？

3 aurais mis(e)(es)
もし私がそのニュースを知っていたなら、あなたに知らせたでしょうに。

4 j'aurais été
あなたに会えていたら、嬉しかったでしょうに。

5 aurait fait
どうも彼は間違いをしたようです。

6 aurais présenté
もしあなたが来ていたら、私の兄（弟）を紹介していたでしょうに。

7 auriez pu
もしあなたが時間通りに来ていたら、彼女に会えたでしょうに。

8 j'aurais fini
カドさんは私が翌日前には仕事を終えることを知っていました。

(2)

1 Il pensait que j'aurais terminé le projet avant lui.

2 S'il avait été plus intelligent, il n'aurait pas fait ces bêtises.

03 接続法 ── 1・接続法現在形 (p.84)

(1)

1 fasse　私が旅行をする前に会いに来てください。

2 ait　父に少しのお金がわたるように私はとても働いています。

3 nous quittions　僕たちは別れたほうがいいよ。

4 aide　お手伝いしましょうか？

5 tombe　彼女は娘が病気にならないかと心配しています。

6 donniez　彼はあなたが私を助けるようにと命令しています。

7 m'écrive　彼女が私に手紙を書くかもしれません。

8 ait　戦争があるのは残念です。

(2)

1　Pourvu que tu sois là.

2　Il partira sans qu'elle s'en aperçoive.

03 接続法──2・接続法過去形　(p.92)

1　soit partie
彼女が行ってしまったので、私は驚いた。

2　m'ait téléphoné
彼が電話をしてくるまで、私は家にいます。

3　t'ait prêté
ジャンが君にクルマを貸したことに驚いているよ。

4　aie acheté
彼女は僕がいいプレゼントを買ってあげたので満足している。

5　j'aie travaillé
彼女は僕が彼女のために働きかけたのだろうかと疑っている。

6　ait été
彼(女)の口頭試問はかなり大変だったのではないかと私たちは危惧している。

7　ait été
彼の行動が慎重だったとは私は思わない。

8　se soit fâchée
彼女を怒らせたことをすまなく思っている。

9　ait eu
彼はクルマの事故を起こしたようだ。

10　ayez saisi
あなたは私の返答を悪く取ったのではないかと私は恐れている。

03 接続法──3・接続法半過去形　(p.96)

1　parlât　彼女はゆっくりと話さねばならなかった。

2　fît　彼がそんなことをするとは思わなかった。

3　partissent　彼たちはすぐに出発したほうがよかった。

4　posât　彼が私に質問をすることは禁じた。

5　voulût　彼が彼女とデートしたいなんて、残念だった。

6　fusse　私が彼たちと一緒にいることが必要だった。

7　arrivassent　彼女たちはそこに着く必要があった。

8　excusât　彼にそのことで謝るようにと命じた。

03 接続法 ── 4・接続法大過去形　(p.101)

1　Elle était mécontente que j'eusse fait une erreur.

2　Je ne pensais pas qu'il eût put venir.

3　Elle était heureuse qu'ils fussent venus.

4　Je doutais qu'il eût compris mes indications.

5　Elle ne croyait pas que je fusse arrivé.

6　Je regrettais qu'il nous eût donné de mauvais conseils.

04 命令法　(p.108)

1　Soyez courageux.　勇気をだしてください。

2　Lisons ce livre.　この本を読もう。

3　Donne-moi un coup de main.　ちょっと手伝ってくれ。

4　Faites attention.　注意してください。

5　Obéis à ton professeur.　先生のいうことを聞いてね。

6　Vendez-nous moins cher.　もっと安くしてください。

7　Réponds-moi clairement.　はっきりと返事しなさい。

8　Ne dors pas maintenant.　今は寝ないで。

9　Ne sors pas ce soir.　今夜は外出しないで。

10　N'allons pas au cinéma.　映画に行くのはやめよう。

05 近接過去と近接未来　(p.114)

（1）

1　vient de finir　やっと冬が終わった。

2　viennent de fumer　彼たちはタバコを吸い終えた。

3　vient de rentrer　彼はバカンスから戻ったところだ。

4　viens de voir　君はガールフレンドに会ってきたの？

5　vient de vendre　彼女は生家を売り払ったばかりだ。

(2)

1 va venir　彼女は今夜私の家に会いにくるだろう。

2 vais terminer　私はじき夕食を終えるだろう。

3 va prendre　我々は駅に行くのにタクシーに乗るだろう。

4 vont arriver　彼たちは今にも着くでしょう。

5 allons avoir　私たちは今夜のパーティに多くの客があるでしょう。

(3)

1 Je viens de la croiser.

2 Monsieur Cadot va partir immédiatement.

06 受動態　(p.122)

1 La lune fut atteinte par l'homme en 1969.

2 Toute la ville a été détruite par l'incendie.

3 Tout le monde respecte Monsieur Cadot.

4 Ce jardin est bordé par des arbres.

5 Cette lettre aurait été écrite par une femme.

6 L'argent avait été trouvé dans la fosse.

7 La police avait arrêté le voleur.

8 Ce château sera visité par mes étudiants.

9 Le physicien a résolu le problème.

10 Des livres d'occasion étaient vendus par mes parents.

07 使役と放任　(p.130)

1 Comment voudriez-vous que je fasse griller votre steak?

2 Ce rois a fait construire le château de Versailles.

3 Pourriez-vous laisser entrer un peu d'air frais?

4 Il faut faire examiner ce papier par votre avocat.

5 Je ne laisse jamais sortir mes filles le soir.

6 Mon père m'a laissé partir pour Tokyo sans rien dire.

第2章　関係詞をめぐって

01 関係詞 qui　(p.137)

(1)

1　Montrez-moi ce pull qui est dans la vitrine.

2　Voici l'ami avec qui j'ai joué au tennis hier.

3　Il vaut miex étudier les détails qui semblent intéressants.

4　J'aime l'homme qui est désintéressé.

5　Connais-tu cet homme qui était devant l'écran?

6　Je vois le chien qui court dans la prairie.

7　Prenez les livres qui sont dans mon cabinet de travail.

8　Il cherche la personne à qui j'ai parlé.

(2)

1　pays qui sont bien gouvernés

2　le livre qui était intéressant

3　l'information qui est utile

4　la personne à qui vous parliez

02 関係詞 que　(p.143)

1　C'est le livre que j'ai acheté au Japon.
　これは私が日本で買った本です。

2　L'homme que j'ai vu hier resemble à mon frère.
　私が昨日会った男性は私の弟に似ています。

3　Avez-vous reçu le cadeau que je vous ai envoyé?
　私があなたに送った贈り物を受け取りましたか？

4　Je ne vois pas bien les idées que mon père a.
　父が考えていることはよくわからない。

5　L'ordinateur que j'utilise tous les jours marche fort bien.
　私が毎日使っているパソコンはとても調子がいい。

6　Je voudrais être toujours le serviteur que je suis pour vous.
　私はあなたにとって、いつまでも、しもべでいたい。

03 関係詞 dont　(p.149)

1　C'est le cahier dont la couverture est noire.
　　これは表紙が黒いノートです。

2　Le tennis est un sport dont les règles sont assez compliquées.
　　テニスは規則がけっこう複雑なスポーツです。

3　C'est un problème dont on peut se passer.
　　これはやりすごしてもよい問題です。

4　C'est le résultat dont je suis content.
　　これは私が満足している結果です。

5　Voici la faute dont vous êtes responsable.
　　ここにあるのはあなたに責任のあるミスです。

04 関係詞 où　(p.154)

1　Elle a pleurait le jour où nous nous sommes quittés.
　　私たちが別れた日、彼女は泣いた。

2　La villa où mes parents demeurent est très jolie.
　　私の両親が住んでいる別荘はきれいだ。

3　La Belgique est un pays où on parle français.
　　ベルギーはフランス語が話されている国だ。

4　Le moment est enfin venu où nous allons réaliser notre rêve.
　　（別解：Le moment où nous allons réaliser notre rêve est enfin venu.)
　　私たちが夢をかなえられる時が来た。

5　Ils sont arrivés près du jardin où ils voulaient se promener.
　　彼らはその公園の近くに着き、そこを散歩したいと思った。
　　（注：「散歩したいと思っていた公園の近くに着いた」とも考えられます。）

05 複合関係詞 lequel (laquelle) など　(p.158)

1　auquel
　　私はあなたが手紙を書いている男性の名前を知っています。

2　à laquelle
　　これは私が想っていた女性です。

3　près duquel
　　君のそばにいた男性を知っていますか？

4 dans lequel
日本はコメを作っている国です。

5 parmi lesquelles
何人かの女性が負傷し、その中には私の娘もいます。

6 avec lequel
君がこの用紙を書くのに使ったペンを貸してくれないか。

7 avec laquelle
これは私がずっと一緒に暮らしてきた人物です。

関係詞の総合練習問題 解答 （p.160）---

（1）

1 que 彼はいつも言いつけられた仕事をしている。

2 qui 彼はテーブルの上にあった本を手にとった。

3 où この年月はフランス人が夢を見ていた時代だ。

4 où これは彼が生まれた村だ。

5 qui あそこを走っている男性を見てください。

6 que 私が好きだった歌はもう歌われていない。

7 dont あそこに鐘楼が見える教会があります。

8 où 彼はロンドンに行き、そこで会議に出た。

9 dont 問題となっているテーマについて話しましょう。

10 qui 人は愛する者と生きるものです。
（注：この qui は先行詞を持たない関係代名詞で、「～する人」「～するもの（こと）」の意味を表します。
Amenez qui vous voulez.（だれでも好きな人を連れてきてください。）

（2）

1 auquel これが私が今考えている計画です。

2 auxquels これが私たちが今考えている計画（複数）です。

3 laquelle 彼らが守ろうとしている大義は重いものです。

4 auxquelles 私には思ってやらねばならない女の子がたくさんいる。

5 lequel これは子供たちが遊びたがる公園です。

第3章　分詞をめぐって

01 ジェロンディフ　(p.167)

(1)

1　en pleurant　彼女は泣きながら出て行った。

2　en nous levant　早起きすれば私たちは時間通りに着けるだろう。

3　en travaillant　君は一生懸命勉強すれば成功するだろう。

4　en apprenant　その吉報を知って、彼は喜びの絶頂にあった。

5　en l'imitant　彼たちは先生の物まねをして馬鹿にしていた。

(2)

1　J'ai monté l'escalier en courant.

2　Elle riait en me regardant.

3　Le cambrioleur est entré en brisant les vitres.

4　En descendant la montagne, on a bien causé.

5　En entendant votre voix, je me rappelle votre mère.

02 現在分詞　(p.176)

1　faisant
　あそこで騒音を出しているのは子供たちです。

2　admirant
　私はグループがモナリザに見とれているのを見た。

3　tombant
　夜が来て、私たちは帰路についた。

4　chantant
　私たちはきれいな女の子が国歌を歌っているのを聞いていた。

5　lisant
　私は弟が私の日記を読んでいるところをとらえた。

6　aboyant
　私たちには犬が吠えているのが聞こえる。

7　sachant
　そのことはよく知っていたので、私は質問をしなかった。

03 過去分詞 （p.184）

（1）

1 Rentré　家に帰って彼は勉強し始めた。

2 Accablée　彼女は疲労困憊しているが手紙を書かねばならない。

3 mise　これはある作家によって演出された演劇だ。

（2）

1 Appuyé　　　　　　2 blessé　　　　　　3 parlée

第4章　過去分詞の一致をめぐって

01 〈être + p.p.〉（p.191）

1 arrivée　私の新車は無事に着いた。

2 allée　マリー、昨日お父さんに会いに行ったの？

3 aimé　彼はどうしようもない。ちやほやされすぎだ。

4 partie　カド家の人々はバカンスに出発した。

5 sortie　彼のフィアンセは誰かとデートした。

6 restées　私と妹は3年間女子高にいた。

7 tombée　私は彼に恋をした。

8 nés　彼たちは全員1961年にブラジルで生まれた。

9 descendues　私の妹たちは高級なホテルに泊まった。

10 revenues　彼女たちはきのうアメリカから帰ってきた。

02 代名動詞 （p.197）

1 Elle s'est couchée très tard.
彼女はとても遅く寝た。

2 Elle s'est coupée à la main.
彼女は手を切った。

3 Elle s'est coupé la main.
彼女は手を切った。

4 Elles se sont raconté leurs souvenirs.
彼女たちは思い出を語り合った。

5 Elle s'est brûlé les doigts.
彼女は指をやけどした。

6 Ils se sont aimés ardemment.
   彼たちは激しく愛し合った。

7 Elle s'est teint les cheveux.
   彼女は髪を染めた。

8 Gérard et Marie-Thérèse se sont écrit longtemps.
   ジェラールとマリー＝テレーズは長いこと文通していた。

9 Elle s'est lavé la figure.
   彼女は顔を洗った。

10 Elles se sont levées de bonne heure.
    彼女たちは早起きした。

03 〈avoir + p.p.〉 （p.205）

1 achetés
   彼が私たちに買ってくれたお菓子が大好きだ。

2 apportées
   誰がこの花を持ってきたの？　— ポールがそれを持ってきました。

3 donnée
   あなたは何てきれいなネクタイを彼にあげたんでしょう。

4 vue
   カドの娘さんに会った？　— ああ、会ったよ。

5 remis
   誰がこの書類をあなたに渡したの？　— ジェラールが僕にそれをくれたんだ。

6 prise
   彼たちはどの方向に行った？

7 achetée
   彼が買った腕時計はとても高価だった。

8 visité
   私たちが訪れた国はとてもきれいだった。

第5章　疑問詞をめぐって

01 疑問代名詞 （p.216）

1 Que
   Ａ去年の冬は何をしていましたか？　Ｂスキーをしていました。

2 Qu'est-ce qui
A この音を出しているのは何？　B 僕のクルマのエンジン音だ。

3 De quoi
A どこが悪いんですか？　B リューマチです。

4 Qui est-ce que
A 誰を捜しているんですか？　B カドさんですよ。

5 Qui est-ce qui
A 誰が今到着したのですか？　B 学生たちが到着しました。

6 À qui
A 彼女は誰に話しかけていたんですか？　B 彼女の先生に話しかけていました。

7 De qui
A 君は誰が必要なの？　B 僕のフィアンセが必要なんだ。

8 Qui
A あなたはどなたですか？　B カドと申します。カフェをやっています。

9 À quoi
A 何のことを考えているんですか？　B 私の未来について考えています。

10 Qu'est-ce que
A なんて言いました？　B バカげたことを言いました。

11 Lesquelles
A ヨーロッパではいくつかの都市を訪れるつもりです。B どんな都市ですか？

02 疑問形容詞 （p.224）

1 Dans quel pays avez-vous séjourné?

2 Quelles sont vos idées?

3 Quel est cet homme?

4 Avec quels amis ferez-vous du shopping?

5 Quelle est la direction du centre-ville?

6 Quel jour de la semaine êtes-vous libre?

7 Dans quel hôtel êtes-vous descendu?

8 De quel pays est-elle originaire?

9 Quelle équipe de football aimez-vous?

10 Pour quelle banque travaillez-vous?

03 疑問副詞　(p.231)

1　Comment
　　あの女の子、どう思いますか？　―彼女は魅力的だと思うよ。

2　Quand est-ce que
　　いつあなた（たち）は離婚するの？　―それねえ、妻しだいさ。

3　Pourquoi
　　なぜジェラールが好きじゃないの？　―だってあいつは意地悪なんだ

4　Où est-ce que
　　あなたはどこで生れましたか？　―フランシュ＝コンテよ。だから頑固。

5　Combien de
　　ここには何回来ましたか？　―何回も。

6　Où
　　どこが痛いの？　―だって、そこらじゅうさ。
　　（この mais は〈異議〉を唱える mais です。「そんなこと聞くのかい」のニュ
　　アンスです。）

7　Pourquoi est-ce que
　　なぜジェラールは遅刻したの？　―寝坊したんだ。

04 間接疑問文の作り方　(p.239)

1　Je me demande quelle heure il est.
　　私は今何時かと自問しています。

2　J'ai demandé à Marie si elle avait des sœurs.
　　私はマリーに姉妹はいるのかと聞きました。

3　Je me demande combien d'habitants il y a en France.
　　私はフランスの人口はどれくらいかと自問しています。

4　J'ai demandé à Jacques pourquoi il était si triste.
　　私はジャックになぜそんなに悲しいのかと聞きました。

5　Je demande à mes amis comment ils trouvent mon projet.
　　私は友達に彼たちが私の計画をどう思うか、聞いています。

6　Je voudrais savoir ce que les enfants lisent.
　　子供たちが何を読んでいるのか知りたいです。

7　Dites-moi qui vous regardez.
　　誰を見ているのか教えてください。

8　Dis-moi ce que tu regardes.
　　何を君が見ているのか教えてください。

第6章　比較の表現をめぐって

01 同等比較　(p.248)

1　Ils courent aussi vite que les guépards.

2　Il n'est pas si grand que sa mère.

3　Après une aussi longue absence, il est impossible de le reconnaître.
（ここでの aussi は「こんなにも」の意味です。）

4　Viens me revoir autant de fois que tu voudras.

5　Ce n'est pas aussi simple qu'on le dit.

02 優等（劣等）比較　(p.254)

1　Il est meilleur que moi en français.

2　Il fait plus chaud que je pensais.

3　Ell a joué du piano beaucoup mieux que moi.

4　Mon travail est plus avancé que le sien.

5　Rien n'est moins agréable que cette réunion.

03 最上級　(p.262)

1　(C'est) la pire situation que je connaisse.

2　(C'est) la chanson la plus significative.

3　(C'est) le plus beau poème qu'elle ait jamais écrit.

4　(Quel est) le garçon qui parlait le plus couramment?

5　(Elle) est restée en France le plus longtemps de nous.

第7章　代名詞をめぐって

01 無強勢形人称代名詞　(p.273)

1　Je la lui prêterai.

2　Tu les aimes?

3　Monsieur Cadot les verra demain matin.

4　Il l'a vue.

5　Je ne le comprends pas.

6　Achetez-les.

7 Je l'ai faite.

8 Ils ne les ont pas voulues.

9 Je ne l'ai pas écrite.

10 Le voyez-vous là-bas?

11 Il le lui apportera.

12 Expliquez-la-moi.

13 Elle ne l'a pas aimé.

14 Nous la leur montrerons.

15 Pourquoi la lui as-tu dit?

02 強勢形人称代名詞　(p.282)

(1)

1	Moi	5	lui	9	moi
2	eux	6	les / lui	10	le
3	le / lui	7	moi	11	vous
4	moi	8	la	12	vous

(2)

Nous parlions d'elles.

(3)

Je n'ai pas confiance en vous.

03 所有代名詞　(p.290)

(1)

1 la vôtre
私の妹はあなたの妹と出発しました。

2 les tiens
私には私の悩みがあり、君には君の悩みがある。

3 le sien
信濃川は日本を流れており、セーヌ河はフランスを流れている。

4 la nôtre
私たちの提案よりも彼(女)たちの提案がいいのかい？

5　les nôtres

　　おたくのお子さんはうちの子供たちと出かけましたよ。

6　la leur

　　私の娘とその人たちの娘さんは一緒に学校にいっています。

7　le leur

　　これは君の利益になるんであって彼（女）たちのためではない。

8　la mienne

　　彼はあなた（たち）の考えも私の考えもバカにした。

9　le sien

　　うちの犬はしばしば彼（女）のところの犬と遊ぶ。

10　les leurs

　　あなたの本と彼（女）たちの本も貸していただけませんか？

11　le vôtre

　　最初に僕の計画を言いたいんだ。次にあなた（たち）の計画を聞こう。

12　les miennes

　　これはあなたのネクタイですか？　ーええ、私のです。

（2）

　　トランプ氏の名前を私の名前と一緒に口にするのは適切ではありません。

04　不定代名詞　（p.300）

1	rien	4	personne	7	Quelque chose
2	Personne	5	quelqu'un	8	tout
3	Chacune	6	chacun		

05　副詞的人称代名詞（中性代名詞）en　（p.310）

1　J'en ai beaucoup.

2　N'en parlons pas.

3　Il n'en est pas content.

4　J'en ai oublié le titre.

5　Elle en a apprórté.

6　Tu en as besoin?

7　J'en ai vendu trois.

8　Vous en avez.

9　Vous en avez acheté?

10　Je n'en connais pas le nom.

11　Ils en ont fait.

12　Nous en avons beaucoup.

13　J'en voudrais un kilo, s'il vous plaît.

14　Ils en ont assez.

15　Il y en a dans la forêt.

16　En veulent-ils?

06 副詞的人称代名詞（中性代名詞）y　(p.317)

1　Je vais m'y inscrire.
　　私はそこに登録します。

2　Je m'y habitue.
　　私はそれに慣れます。

3　Il y a pris part.
　　彼はそれに参加した。

4　Elle y a renoncé.
　　彼女はそれをあきらめた。

5　Ils y ont assisté.
　　彼はそこに出席した。

6　Tu y a répondu?
　　君はそれに返事した？

7　Y allez-vous?
　　あなたはそこに行きますか？

8　Je vous y invite.
　　あなたをそこに招待します。

9　Il faut y faire attention.
　　それに注意しなければいけません。

10　Il y songe toujours.
　　彼はいつもそれについて考えている。

11　J'y ai réussi.
　　私はそれに成功しました。

12　Il y a enfin renoncé.
　　彼はついにそれを絶ちました。

07 中性代名詞 le　(p.323)

(1)

1　Il le faut.

2　Il le dit.

3　Je l'ignore.

4　Je l'ai regretté.

5　Nous le voulons.

6　Elle me l'a confirmé.

7　Elle voudrait l'être.

8　Si tu es heureuse, je le suis aussi.

9　Ils le savent.

10　Nous le désirons.

(2)

彼は以前よりずっと丈夫そうです。

08 指示代名詞　(p.330)

1　celui

2　celle

3　celle（celle-ci, celle-là も可）

4　celui-ci / celui-là

5　celui

6　celui

7　ceux-ci / ceux-là

8　celle-ci / celle-là

9　ceux / ceux

10　celle（celle-ci, celle-là も可）

第8章　否定の表現をめぐって　(p.344)

(1)

1	du	5	absolument
2	plus	6	guère
3	jamais	7	peine
4	aucun	8	Tous

9　ne
10　que

(2)

1　恋は盲目でありうるが友情は決してそうではない。

2　この言葉はもはやほとんど使われない。

第9章　前置詞をめぐって　(p.364)

(1)

1	avec	6	D'après	11	sur
2	au lieu de	7	au	12	de
3	pendant	8	en	13	à
4	pour	9	dans	14	chez
5	au-dessous de	10	sauf	15	derrière

(2)

1　Cette belle fille est venue me voir à bicyclette.

2　Est-ce que votre mère est en bonne santé?

3　Sa voix est toujours agréable à entendre.

4　Il y avait un beau village le long de ce fleuve.

5　Je n'ai pas d'argent sur moi.

6　Tu vois un camion devant le magasin?

7　Cette revue a pour but de critiquer la littérature.

第10章　接続詞をめぐって　(p.378)

1　f　彼女はとても若いけれども常に分別がある。

　　　(Bien qu'elle soit très jeune, elle reste toujours prudente.)

2　c　妻は不満に違いない、なぜならよりイライラしているようだから。
（Ma femme doit être mécontente, car elle semble plus nerveuse.）

3　d　君が邪魔さえしなければ、好きにしていいよ。
（Pourvu que tu ne me déranges pas, tu peux faire ce que tu veux.）

4　a　私たちが少しでも望めば成功できる。
（Pour peu que nous le voulions, nous réussirons.）

5　b　私たちの間は終わったのだからこれからは自由よ。
（Étant donné que c'est fini entre nous, nous reprendrons notre liberté.）

6　e　彼は彼女がＯＫしたのでいっそう嬉しい。
（Il est d'autant plus heureux qu'elle est d'accord.）

7　i　彼女はそうしないと私に約束したのに、彼に会った。
（Alors qu'elle m'avait promis de ne pas le faire, elle l'a vu.）

8　g　その赤ちゃんはお乳をたくさん飲んだので満足だ。
（Le bébé est content parce qu'il a beaucoup tété sa mère.）

9　l　私はとても疲れたので、もう歩くことができなかった。
（J'étais si fatigué que je ne pouvais plus marcher.）

10　h　私はとても苦しくてひきこもりたい。
（Je me tourmente à tel point que je veux me confiner chez moi.）

11　j　たとえ私が死んでも、息子が私の名を継ぐだろう。
（Même quand je serai mort, mon fils héritera mon nom.）

12　k　だってあなたがたが賛成したのだから、オリンピックは必ずあります。
（Puisque vous êtes d'accord, les jeux Olympiques aura lieu assurément.）

13　p　人は有名だから偉大なのではない。
（On n'est pas grand parce qu'on est renommé.）

14　q　あなたが彼のために何をしようとも、彼は決して成功すまい。
（Quoi que vous fassiez pour lui, il ne réussira jamais.）

15　o　雨が降っているので、すべての植物はきれいに見える。
（Comme il pleut, toutes les plantes paraissent belles.）

16　r　彼がどんなに金持ちでも、絶対結婚しないわ。
（Aussi riche qu'il soit, je ne me marierai jamais avec lui.）

17 m 一人が働いているいっぽうで、もう一人は休んでいた。
 (Tandis que l'un travaillait, l'autre se reposait.)

18 n 雨さえ降らなければサッカーの試合は行われるだろう。
 (À moins qu'il pleuve, le match de football aura lieu.)

解答と解説

付録 2　精選問題 100 題　(p.407)

1

1 car（私は帰った。なぜなら病気だったから。）
ここ 10 題は等位接続詞を集めた問題です。

2 mais（彼は一生懸命働いた。しかし失敗した。）

3 ou（私は飛行機か電車で行きます。）

4 ni, ni（私はどちらも買いません。）
ne ＋ ni...ni ～で「…も～もない」（＝ neither...nor ～）の意味です。

5 et（カド氏は誠実な人です。だからとても人々に愛されています。）

6 mais（お金では幸福にならない。しかしみんながそれを追い求める。）
逆接の接続詞を選びます。

7 et
（12 月と 1 月はとても寒い。）
「～月に」は普通 au mois de décembre のように言いますが上のように en ～も可能です。

8 car（両親は離婚するだろう。なぜならもう愛し合っていないから。）
car は理由を表します。等位接続詞ですから文頭に置くことはできません。

9 ou（あなたはコーヒーそれとも紅茶、どちらがお望みですか？）

10 ou（動くな、さもないと死ぬぞ。）
（命令文）＋ ou で「さもないと～だ」となります。

2

1 Comment est votre jardin? (Comment est ton jardin?)
（おたくの庭はどんな感じですか？（君んちの庭はどんな感じ？））
Comment は〈状態〉をきく疑問副詞です。

2 Comment les Japonais mangent-ils du riz?
（日本人はお米をどうやってたべますか？）
ここでは Comment は〈方法〉をきいています。

3　Où irez-vous?（あなたたちはどこに行くのですか？）

4　Comment êtes-vous venu ici? (Comment es-tu venu ici?)
（あなたはどうやってここに来たのですか？（君はどうやってここに来たの？））

5　Combien de frères a-t-elle?（彼女は何人の兄弟を持っていますか？）

6　Quand me téléphonerez-vous? (Quand me téléphoneras-tu?)
（あなたはいつ私に電話をくれますか？（君はいつ私に電話をくれる？））

7　D'où arrivent-ils?（彼たちはどこから到着しますか？）
De ＋ où ＝ D'où　です。

8　Comment trouvez-vous ce film? (Comment trouves-tu ce film?)
（あの映画をあなたはどう思いますか？（君はあの映画をどう思う？））
trouver ＋（目的語）＋（属詞（補語））で「（目）を（属）と思う」です。

9　Combien de kilos pèse-t-il?（彼の体重はどれくらい？）
peser ～「重さが～ある」の意味です。

10　Quand partiront-ils?（いつ彼たちは出発しますか？）

3

1　s'est perdue（彼女はうちに来る途中、道に迷った。）
この s' は直接目的語ですから、過去分詞 perdu は女性形の perdue となります。

2　s'est acheté（彼は自分のためにきれいなシャツを買った。）
この s' は間接目的語ですから、過去分詞 acheté は変化しません。

3　se sont montré（彼女たちはお互いに宝石を見せ合った。）
この se は間接目的語ですから montré は変化していません。

4　se sont rassemblés（デモの参加者たちはエリゼ宮（大統領官邸）前に集まった。）
この se は直接目的語ですから、過去分詞 rassemblé は男性複数形の
rassemblés となります。

5　s'est brûlé（彼女は指を火傷した。）
この s' は間接目的語ですから、過去分詞 brûlé は変化しません。les doigts
が直接目的語です。

6　se sont battus（彼たちはお互いに激しく戦った。）
この se は直接目的語です。

7　se sont baignées（彼女たちは海水浴をした。）
この se は直接目的語ですから、過去分詞 baigné は女性複数形の baignées
となります。

8　êtes-vous amusés（カドさん、散歩は楽しかったですか？）

9　s'est écroulée（ついに彼の権威は地に落ちた。）
　　s'écrouler は本来的代名動詞（se ～の形でしか使わないもの）ですから過去
　　分詞 écroulée は主語に性・数一致させています。

10　s'est acheté（彼女は自分のためにジーンズを買った。）

4

1　revienne（彼女が戻ってくるとは思わない。）

2　prêtiez（この本を私に貸してほしいんだけど。）

3　finisses（君ができるだけ早く終えてしまうことを願います。）

4　refusions（彼女は私たちが彼女の招待を断るのを残念がっています。）

5　fasse（私が出張することが必要なのですか？）

6　vienne（彼が時間どおりに来るかどうか疑わしい。）

7　aille（彼が彼女にまた会いに行くことはありえない。）

8　tombe（娘が病気になるのではないかと心配だ。）
　　この ne は虚辞の ne と呼ばれるものです。心の中では【病気になってほしくな
　　い】気持ちがあることを表しています。

9　sorte（正午前の外出は禁じます。）
　　défendre は「守る」の他に「禁じる」の意味があります。

10　aie（私が座れるように詰めてもらえませんか？）
　　se serrer は「（電車の中などで）間隔をつめる」の意味です。

5

1　soit partie（彼女がイギリスに行ってしまったので私は驚いた。）
　　elle soit partie は Je suis étonné の前に完了していることを示しています。

2　aient vendu（彼たちがカンヌのアパルトマンを売ってしまったのは残念だ。）

3　ait réussi（彼が試験に合格したとは信じられない。）

4　soit venu（彼が来てしまう前に出発したほうがいい。）
　　il soit venu は Il vaut mieux という現在からみて〈未来における完了〉を
　　表す接続法過去の用法です。

5　n'ait dépensé（母がお金をあまりにも浪費してしまったのではないかと不安だ。）

6　ait donné（彼が快い返事をくれたので彼女は嬉しい。）

7　ait commis（彼が犯罪を犯した可能性がある。）

8 **sois revenu(e)**（私が戻ってくるまでここで待っていてくれますか？）
ここも je sois revenu(e) は〈未来における完了〉を示しています。

9 **aies accepté**（君が私たちの提案を受けいれてくれることを願います。）
〈未来における完了〉です。

10 **ayez demandé**
（あなたがすぐに彼の意見をきいてしまうことがいいと思います。）
〈未来における完了〉です。

6

1 **moins**（富士山はエヴェレストほど高くない。）
劣等比較の moins です。

2 **mieux**（彼、病気だったよね。今はどう？ －今は前よりよくなったよ。）
bien「よく」の比較級の mieux「よりよく」です。

3 **très**（集中できない。だってとても眠いんだ。）
très は動詞句の avoir sommeil「眠い」を強めています。

4 **peu**（彼はコンディションが悪かったから、ほとんどメダルを取れなかった。）
peu de ～「～がほとんどない」の意味です。

5 **beaucoup**（北国の富山ではたくさん雪が降る。）

6 **assez**（私にはその本を買うだけのお金はない。）
assez...pour ～「～するのに十分な…」の意味です。

7 **trop**（彼は疲れすぎていて働き続けることはできなかった。）
trop...pour ～「～するには…すぎる」の構文です。

8 **que**（またなんて雨だ、外は！）
que de ～「何という～」で感嘆文を作ります。

9 **plus**（私の会社の社長は私よりも金持ちだ。）

10 **si**（彼たちの演技はとてもまずかったので、やじられた。）
si...que ～「とても…なので～だ」の構文です。

7

1 **par**（その女子学生は試験官から口頭試問を受けた。）
受動態で〈行為者〉を表す par です。

2 **pendant**（私は高校でドイツ語を 3 年間やりました。）
このように、ある区切られた期間があるときの過去時制は複合過去となります。

3 **sur**（僕のステュディオは通りに面している。）
donner sur ～「～に面する」というイディオムです。

4 avec（彼は友人を呼んで、そして一緒にでかけた。）
このときの avec は副詞です。前置詞ならうしろに名詞が必要です。

5 dans（僕のクルマで連れて行ってあげるよ。）
〈特定のクルマ〉だと dans ＋（限定詞）＋（クルマ）のように dans を用います。

6 pour（これは美貌で名高い女性だ。）
理由を表す pour です。

7 en（クルマで連れて行ってあげるよ。）
一般的にクルマ、あるいは交通手段なら en を用います。

8 avant（その展覧会はパリのあとルーアンで開かれる。）
avant 〜「〜の前に」ですから上のよう訳になります。

9 à（私は友人にクルマを借りた。）
emprunter（物）à（人）で「（人）に（物）を借りる」です。

10 de（私は君を思い出した。）
se souvenir de 〜で「〜を思い出す」です。

8

1 de quoi vous parliez.（何について話していたのか教えてください。）
de quoi つまり（前置詞＋疑問詞）がありますから間接疑問文にするにはその
ままこの疑問詞を用い、あとは平叙文語順です。

2 ce qui se passe.（何が起こっているのか、教えて。）
Qu'est-ce qui「何が」があると間接疑問文では ce qui と変化します。（第5
章4間接疑問文の作り方 参照）

3 qui vous êtes.（あなたは誰なのか、教えてください。）

4 ce que tu fais.（何をしているのか、教えて。）

5 ce que tu as fait hier soir.（昨夜何をしたのか、教えて。）
Qu'est-ce que「何を」があると間接疑問文では ce que と変化します。（第
5章4間接疑問文の作り方 参照）

6 à quelle conférence vous avez assisté.
（どんな会議に出席したのか教えてください。）

7 si tu vas m'écrire un de ces jours.
（近いうちに便りをくれるのかどうか、教えて。）
疑問詞が使われていないので、si「かどうか」を使います。

8 si vous avez reçu mon invitation.
（私の招待状を受け取ったかどうか、教えてください。）
上と同様に si を使います。

9　si tu penses à moi de temps en temps.
（時々は私のことを考えるのかどうか、教えて。）

10　pourquoi ce livre coûte si cher.
（なぜこの本はこんなに高価なのか、教えてください。）
ce livre coûte-t-il si cher? を平叙文に直して ce livre coûte si cher とし
て間接疑問文を作ります。

9

1　チ　彼はたくさんしゃべったので喉がカラカラだ。
　　　　tant...que ～「とても…なので～だ」構文です。

2　ハ　時間が十分あれば彼はその城を見学するでしょうに。
　　　　「もし（今）…ならば～するのに」という〈仮定〉の文です。

3　ヌ　彼が戻ってくるのを待ちながら、この雑誌を読んでいよう。
　　　　En attendant que ～「～するまで」の que 節では接続法を用います。
　　　　En attendant de（不定詞）も可能です。

4　ト　彼はたくさんミスをしたので、やり直さねばならない。
　　　　Comme「～なので」は〈理由〉を表す接続詞です。

5　イ　ここの雪はとても粉っぽいので、彼はスキーができなかった。
　　　　〈絶対分詞構文〉と言われるものです。
　　　　Comme la neige fut très poudreuse, il ne put pas faire de ski.
　　　　が元の文です。

6　リ　彼は 17 時前にはその仕事を終えていると明言した。
　　　　過去から見た未来の一点（ここでは 17 時）の前に完了していることがらを
　　　　表しています。（第 1 章 2 条件法過去 参照）

7　ニ　私をそっとしておいてくれる限り、彼は好きなことをしてよい。
　　　　Pourvu que ～「～するかぎり」のあとは接続法ですから、この laisse
　　　　は接続法です。

8　ホ　彼はとてもよく働いたので、上司は給料をあげてやった。
　　　　si...que ～「とても…なので～だ」構文です。

9　ヘ　彼が当面は全力を尽くすことが必要だ。
　　　　Il est nécessaire que ～のあとは接続法です。

10　ロ　彼は猛烈に働いたけれども、成功しなかった。
　　　　Bien que ～「～だけれども」のあとは接続法です。

1 **serait**（もし彼がもっと裕福なら妻はもっと幸せだろうに。）
serait は être の条件法現在形です。

2 **ferais**（もし君が私の立場ならどうする？）
ferais は faire の条件法現在形です。

3 **pourrions**（もし私たちがこんなに貧乏でなければ生活も何とかなるだろうに。）

4 **auriez**（すみませんが、火をお持ちでしょうか？）
表現を緩和する条件法現在形です。（第 1 章 2 条件法現在形 参照）

5 **pourraient**（もし人々が助け合えば平和が保てるだろうに。）

6 **l'aurait regretté / l'eût regretté**
（もし彼女が彼と結婚していたら、遅かれ早かれそれを悔やんでいただろうに。）
l'aurait regretté は（avoir の条件法現在形 aurait）＋（過去分詞）＝（条件法過去形）
l'eût regretté は（avoir の接続法半過去形 eût）＋（過去分詞）＝（接続法大過去形）です。

7 **l'aurait pas quitté / l'eût pas quitté**
（もし彼が断酒していたら、彼女は出て行かなかっただろうに。）
上と同じ規則です。
l'aurait pas quitté は（avoir の条件法現在形 aurait）＋（過去分詞）＝（条件法過去形）
l'eût pas quitté は（avoir の接続法半過去形 eût）＋（過去分詞）＝（接続法大過去形）です。

8 **n'aurais jamais achevé / n'eusse jamais achevé**
（もしあなたの援助がなかったなら私はこの小説を絶対読み終えられなかったでしょうに。）

9 **aurions été / eussions été**
（もし私たちがそのお金を受け取っていたなら、警察に逮捕されていただろうに。）

10 **aurait totalement changé / eût totalement changé**
（もしクレオパトラの鼻がそれほど高くなかったなら、世界の歴史はすっかり変わっていただろうに。）
totalement は複合形では助動詞と過去分詞のあいだに置きます。

〈本文イラスト〉
　illustAC
　　アート宇都宮
　　8march
　　てがきや＋

著者紹介

吉田 泉（よしだ・いずみ）

▶富山県生まれ。東京大学文学部仏文科卒業。
パリ第3大学大学院文学修士取得。
東京大学大学院仏文学専門課程博士課程修了。
立教大学、日本女子大学講師を経て高岡法科大学助教授。後に教授。
現在、富山県芸術文化協会名誉会長を務める。
NHKテレビ『世界名画劇場』にてフランス映画の字幕翻訳を長年担当。主なものとして
「巴里の空の下セーヌは流れる」「北ホテル」「死刑台のエレベーター」「太陽がいっぱい」
「恐怖の報酬」「かくも長き不在」など。
著書に『［音声DL付］フランス語会話 話しかけ＆返事のバリエーションを増やす』
『［音声ＤＬ付］フランス語 話すための基本パターン86』（共にベレ出版）『フランス文化・
文学の〈現地〉』（TC出版プロジェクト）などがある。

◉──カバーデザイン　　　竹内 雄二
◉──DTP・本文図版　　WAVE 清水 康広
◉──音声ナレーション　　Nathalie Lo Bue ／森麻衣

おんせい　つき　ほん　き　まな　ちゅう　じょうきゅう　　　ご
［音声DL付］本気で学ぶ中・上級フランス語

2022年7月25日	初版発行	
2024年3月3日	第3刷発行	

	よしだ いずみ
著者	**吉田 泉**
発行者	内田 真介
発行・発売	ベレ出版
	〒162-0832　東京都新宿区岩戸町12 レベッカビル
	TEL.03-5225-4790 FAX.03-5225-4795
	ホームページ　https://www.beret.co.jp/
印刷	モリモト印刷株式会社
製本	根本製本株式会社

ISBN 978-4-86064-697-4 C2085　　　　　　　　　編集担当　綿引ゆか

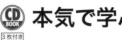 **本気で学ぶフランス語**

石川佳奈恵 著

A5 並製／定価 2750 円（税込）■ 280 頁

ISBN978-4-86064-272-3 C2085

発音の章と文法の章の 2 部構成になっています。発音の章では、イラスト図解による細やかな解説、徹底した発音・読み取り練習でしっかりと発音を身につけていきます。文法の章では、入門レベルから中級レベルまで、比較できるようになるべくたくさんの例文を紹介しながら、しっかりポイントをおさえた解説をしていきます。中級以上を目指す人のための、フランス語の基礎力が確実につけられる本気の一冊です。

[音声 DL 付] フランス語会話
話しかけ & 返事のバリエーションを増やす

吉田泉 著

四六並製／定価 2640 円（税込）■ 448 頁

ISBN978-4-86064-578-6 C2085

「おはよう」「やあ」「元気?」とあいさつ 1 つにもさまざまな表現があり、それに返す表現もさまざまです。日常的なあらゆる場面での会話は話しかけて返す、の繰り返しなので、話しかけと返しの表現をセットで覚えるのはとても効率的で、表現の幅もぐっと広がります。レストランで「ボナペティ（召し上がれ）」と言われたときなんて返す?人にぶつかってしまったときになんと言えばいい?クシャミをした人にひとこと言うなら?などとっさには出てきにくいけど覚えておきたいフランス的表現も紹介します。

[音声 DL 付] フランス語
話すための基本パターン 86

吉田泉 著

四六並製／定価 2200 円（税込）■ 264 頁

ISBN978-4-86064-628-8 C2085

フランス語の習得に必須の、重要で基本となるパターン 86 を厳選。それらを学んでほしい順番に紹介していきます。パターンごとに会話に使える例文と詳しい解説が入り、話せるようになるための学習が効率よくできるようになっています。入門書を終えた後におススメの、実用的な学習書としてぴったりの一冊です。また、中級レベルの人の表現のバリエーションを増やすためにも役立ちます。フランス語ネイティブによる例文を読み上げた音声 DL 付き。